U0687146

现代经济管理学新视野研究丛书

面向应对决策的
网络舆情信息聚合研究

陈忆金 著

A Study on the Information Aggregation of
Network Public Opinion for Decision-making

WUHAN UNIVERSITY PRESS
武汉大学出版社

图书在版编目(CIP)数据

面向应对决策的网络舆情信息聚合研究/陈忆金著.—武汉:武汉大学出版社,2020.12
现代经济管理学新视野研究丛书
ISBN 978-7-307-22024-9

Ⅰ.面…　Ⅱ.陈…　Ⅲ. 互联网络—舆论—信息处理—研究
Ⅳ.G206.2

中国版本图书馆 CIP 数据核字(2020)第 256711 号

责任编辑:詹　蜜　　　责任校对:汪欣怡　　　版式设计:韩闻锦

出版发行: **武汉大学出版社**　　(430072　武昌　珞珈山)
(电子邮箱:cbs22@ whu.edu.cn 网址:www.wdp.com.cn)
印刷:武汉中科兴业印务有限公司
开本:720×1000　1/16　印张:23　字数:326 千字　插页:2
版次:2020 年 12 月第 1 版　　　2020 年 12 月第 1 次印刷
ISBN 978-7-307-22024-9　　　定价:66.00 元

版权所有,不得翻印;凡购买我社的图书,如有质量问题,请与当地图书销售部门联系调换。

2.2 网络舆情分析相关研究 ……………………………………… 30

2.2.1 网络舆情基础理论研究 ……………………………… 30

2.2.2 网络舆情分析技术 …………………………………… 36

2.2.3 网络舆情应用实践 …………………………………… 53

2.3 信息聚合相关研究 ……………………………………………… 55

2.4 相关研究述评 …………………………………………………… 60

第3章 网络舆情信息聚合的理论基础 ……………………………… 62

3.1 信息资源理论与方法 …………………………………………… 63

3.1.1 信息需求 ……………………………………………… 63

3.1.2 信息利用与不确定性 ………………………………… 65

3.1.3 信息增值与 DIKW 价值链 …………………………… 67

3.2 知识组织理论 …………………………………………………… 74

3.2.1 知识组织理论与方法 ………………………………… 74

3.2.2 本体论 ………………………………………………… 76

3.2.3 知识元理论 …………………………………………… 77

3.2.4 知识图谱 ……………………………………………… 78

3.3 网络舆情应对阶段与应对活动分析 …………………………… 80

3.3.1 网络舆情应对阶段划分 ……………………………… 80

3.3.2 网络舆情应对决策过程 ……………………………… 82

3.3.3 面向应对决策的网络舆情分析活动 ………………… 88

3.4 网络舆情信息分析与利用的功能、模型和方法 ……………… 95

3.4.1 网络舆情信息分析与利用的功能 …………………… 95

3.4.2 网络舆情信息分析与利用的模型 …………………… 97

第4章 网络舆情工作现状与需求研究 ……………………………… 103

4.1 网络舆情工作制度建设现状 …………………………………… 104

目　录

第1章　绪论 ……………………………………………………… 1

1.1　研究背景 …………………………………………………… 1

1.1.1　互联网是中国社会最大的舆论出口 ………………… 1

1.1.2　网络舆情信息资源开发利用面临挑战 ……………… 3

1.1.3　网络舆情信息聚合的产生与发展 …………………… 6

1.2　研究意义 …………………………………………………… 12

1.3　研究总体问题与目标 ……………………………………… 14

1.4　研究思路、内容与研究方法 ……………………………… 15

1.4.1　研究思路 ……………………………………………… 15

1.4.2　研究内容 ……………………………………………… 17

1.4.3　研究方法 ……………………………………………… 20

1.5　社会管理领域网络舆情的选择 …………………………… 21

1.6　研究创新之处与难点 ……………………………………… 22

1.6.1　研究创新之处 ………………………………………… 22

1.6.2　研究难点 ……………………………………………… 23

第2章　研究综述 ………………………………………………… 25

2.1　国内网络舆情研究主题发展 ……………………………… 25

的信息需求以及网络舆情信息的复杂性，理解网络舆情信息分析的"数据—信息—知识—智慧"价值链，对于构建一个科学合理且有效的网络舆情信息管理机制是最为关键的前提和基础。作者从网络舆情信息文本要素构成的角度，重新思考网络舆情信息文本的多源异构性和复杂性，剖析多种要素和多种主体之间的彼此缠绕和互相影响，从而形成一种彼此关联、整体功能不等于局部分析功能简单叠加的网络舆情信息聚合模型。在该信息聚合模型基础上，作者突破已有研究局限，对网络舆情信息文本中包含的主体间关系、主体与事件要素间的关系等进行了深入全面的分析，将舆情信息文本所包含复杂的主体与事件要素置于信息价值开发的整体链条中加以把握。

作者所开展的面向应对决策的网络舆情信息聚合研究密切结合社会现实，兼顾微观和宏观，既提出了科学的信息聚合模型，又构建了一套可行的方法体系，还将其应用于组织机构形象评价，符合当前的实践需要，也在一定程度上响应了大数据环境下实现社会管理智慧化的需求。

总之，作者这一系统化的研究成果，很好地运用了情报学的相关理论和方法，拓展了网络舆情的研究视野和空间，允分体现了情报学研究面对新情境、新趋势和新挑战所能发挥的核心作用。相信陈忆金博士这部著作的出版能让相关领域的专业人员、工作人员和决策者都有所获益。

曹树金

中山大学信息管理学院教授

2020 年 12 月 12 日于康乐园

序

    网络舆情识别与分析是当代情报学研究的重要前沿问题之一，也是体现社会主义网络安全观基本需求的研究热点之一。陈忆金博士从 2011 年开始专注于网络舆情信息分析的研究，在其承担的国家社会科学基金青年项目、广东省社科规划青年项目研究成果以及博士学位论文的基础上，立足网络舆情研究的新语境、新趋势和新挑战，本书选择网络舆情信息聚合作为切入点，把握多源异构信息来源的网络舆情特征，探索网络舆情信息分析的新途径；以满足决策者的信息需求为核心，着重运用情报学方法，研究网络舆情信息文本分析为网络舆情应对决策服务的理论和方法，有较大的理论意义和应用价值。

    作者构建了网络舆情信息聚合模型，提出并验证了相应的实现方法，可以达到网络舆情信息多维度、细粒度的聚合，有效促进网络舆情信息的开发和增值。作者的研究有所创新，因为，一方面，虽然网络舆情信息文本分析领域在自然语言处理方面做出了较多探索，但是文本分析结果多以意见挖掘、情感倾向值等来呈现，使网络舆情信息中包含的许多细节被掩盖，无法全面呈现各方观点，发挥其价值。另一方面，网络舆情信息的复杂性未能在局部的舆情分析中得到呈现，阻碍了人们清晰和可靠地理解与把握网络舆情事件发展的进程与结果，使决策者的认知受限于局部视野，无法在网络舆情信息治理规制的构建中体现复杂性需求，诚如法国学者莫兰所言："自然界没有简单的事物，只有被简化的事物"①。因此，认识网络舆情应对决策者

---

    ① ［法］莫兰. 复杂思想：自觉的科学［M］. 北京：北京大学出版社，2001：137.

4.2 舆情研究机构常用的舆情分析方法调查 ·············· 105

4.3 组织机构网络舆情工作现状与需求调查 ·············· 107

    4.3.1 调查问卷设计 ····························· 107

    4.3.2 问卷发放与样本概况 ······················· 108

    4.3.3 网络舆情工作现状分析 ····················· 109

    4.3.4 组织机构对网络舆情信息分析的需求 ·········· 115

4.4 舆情事件中的公众利益诉求分析 ················ 122

    4.4.1 舆情事件中的公众利益诉求分析 ·············· 123

    4.4.2 舆情报告折射的我国政务公开存在的问题 ········ 130

4.5 实践调查结果分析与启示 ···················· 131

    4.5.1 实践调查结果 ··························· 131

    4.5.2 调查结果启示 ··························· 135

4.6 本章小结 ····························· 137

第5章 面向应对决策的网络舆情信息聚合模型 ·········· 139

5.1 网络舆情信息聚合目标与知识供给障碍 ·············· 140

    5.1.1 网络舆情信息聚合目标 ····················· 140

    5.1.2 网络舆情应对决策的知识供给障碍分析 ·········· 142

5.2 面向应对决策的社会管理领域网络舆情信息的聚合对象 ········ 145

    5.2.1 三种拥有主体 ··························· 145

    5.2.2 四种知识类型 ··························· 146

    5.2.3 网络舆情应对决策中的知识供给框架 ·········· 148

    5.2.4 舆情应对决策过程中存在的主要信息鸿沟 ········ 149

5.3 应对决策视角下的网络舆情信息聚合五层模型 ·········· 151

第6章 信息聚合单元分析与网络舆情事件本体构建 ·········· 160

6.1 基于本体的信息聚合方法 ···················· 160

6.2　本体在网络舆情信息聚合的作用 ………………………… 163

6.3　网络舆情事件本体模型构建 ………………………… 165

　　6.3.1　资源采集与筛选 ………………………… 167

　　6.3.2　数据构成与信息聚合单元分析 ………………… 169

　　6.3.3　核心类提取及定义 ………………………… 175

　　6.3.4　聚合单元间关系分析 ………………………… 181

第7章　基于本体的网络舆情信息聚合单元抽取 ………… 199

7.1　基于本体的网络舆情信息挖掘模型 ………………… 199

7.2　数据库设计 ………………………………………… 201

7.3　聚合单元及聚合单元间关系的抽取 ………………… 204

　　7.3.1　聚合单元的抽取 ………………………… 204

　　7.3.2　聚合单元间关系的抽取 ………………… 207

　　7.3.3　聚合单元属性的提取 ………………………… 208

7.4　聚合单元抽取实际效果检验 ………………………… 208

第8章　网络舆情信息聚合网络 ………………………… 216

8.1　网络舆情观点聚合 ………………………………… 216

8.2　网络舆情信息聚合模式 ……………………………… 223

　　8.2.1　不添加时间轴的聚合模式 ………………… 225

　　8.2.2　基于时间轴的主题聚合模式 ………………… 233

8.3　信息聚合网络实例 ………………………………… 237

第9章　舆情信息主题自动抽取与情感倾向分析 ………… 241

9.1　舆情信息文本主题的自动抽取 ……………………… 241

　　9.1.1　数据预处理 ………………………………… 241

　　9.1.2　数据探索性分析 ………………………… 245

9.1.3 LDA 模型的构建 ··· 248

9.1.4 Kmeans 的构建 ··· 249

9.1.5 主题抽取效果检验 ··· 250

9.1.6 基于 LDA 和 Kmeans 模型的文本自动抽取小结 ·········· 255

9.2 用户评论的情感倾向分析 ··· 256

9.2.1 网络舆情意见句分割 ·· 256

9.2.2 网络舆情意见句主题抽取 ···································· 257

9.2.3 回帖情感倾向计算 ··· 258

9.2.4 回帖意见句观点挖掘 ·· 259

9.2.5 回帖意见挖掘 ·· 260

9.2.6 用户评论的情感倾向分析实验检验 ························· 261

第 10 章 信息聚合实践：组织机构网络形象分析 ··················· 266

10.1 基于舆情信息聚合的政府形象评价研究 ······················· 266

10.1.1 政府网络形象评价研究基础 ······························· 267

10.1.2 舆情事件中的政府形象评价指标体系 ···················· 268

10.1.3 舆情事件中的政府形象评价指标权重分析 ··············· 277

10.1.4 舆情事件中的政府形象评价实例 ························· 279

10.2 基于舆情信息聚合的高校形象评价 ···························· 281

10.2.1 舆情事件中的高校网络形象指标分析 ···················· 282

10.2.2 舆情事件中的高校形象指标权重分析 ···················· 283

10.2.3 基于舆情信息聚合的高校形象评价分析实例 ············ 293

第 11 章 结论与展望 ·· 296

11.1 研究结论 ··· 296

11.2 理论价值与应用展望 ··· 305

11.2.1 理论价值 ·· 305

11.2.2 应用展望 …………………………………………… 308

11.3 研究不足之处及建议 …………………………………… 309

参考文献 ………………………………………………………… 311

附录一 政府网络舆情管理制度建设情况(部分) ………… 343

附录二 组织机构网络舆情工作情况及需求调查问卷 ……… 348

附录三 访谈提纲 ……………………………………………… 353

附录四 舆情事件案例概述 …………………………………… 355

后记 …………………………………………………………… 357

第1章 绪 论

随着信息技术的深入发展、信息传播方式和用户信息行为的深刻变化，社会管理领域的网络舆情信息资源数量巨大、增长速度快、热点变换快而且杂乱无序，不开发或不能有效开发，均不能发挥其辅助决策的重要作用。网络舆情研究的重点正逐步向信息深度分析与利用、为决策者提供有效知识供给的方向转变，其难点是面向应对决策的主体的信息需求的信息分析。本章主要阐述本书写作的立题背景和意义，提出研究问题和总体解决思路。

1.1 研究背景

总体上看，本书的立题背景可以概括为三个方面：第一，互联网是我国社会最大的舆论出口，网民通过各种连接方式获取网络信息，在网络空间中留下痕迹，并通过转发、点赞或评论等行为制造了大量用户自生成内容；第二，网络舆情信息资源开发利用成为管理者必须面对的一个重要挑战；第三，网络舆情信息聚合自出现开始，经历了三个不同的发展阶段，相关理论和方法的积累为本书提供了一定的研究基础。

1.1.1 互联网是中国社会最大的舆论出口

互联网是一个强力的社会发展变量，它不仅作为一种信息传播技术和工具存在，而且拓展为一个时代的宏观语境，亦如毛细血管一般普泛至社会生活的每一个领域①。从传统的报纸、广播电台、电视，到网络论坛、微博、微信、新闻 APP 客户端，都在进行着释放社会话语的尝试与突破，在一定程度上，媒介技术成为整个社会舆论生态演变的最直接推动力量②。由中国互联网络信息中心（CNNIC）发布的第 44 次中国互联网发展状况统计报告指出，"截至 2019 年 6 月，中国网民规模达 8.54 亿，互联网普及率达到 61.2%，半数中国人已接入互联网。其中，2019 年新增网民 2598 万人，较 2018 年底提升 1.6 个百分点，网民规模增速有所提升。网民的上网设备正在向手机端集中，手机成为拉动网民规模增长的主要因素。截至 2019 年 6 月，我国手机网民规模达 8.47 亿，有 99.1% 的网民通过手机上网。"③随着移动终端的迅速普及，网民数量日益增加，在借助网络传播工具表达自身观点和诉求的过程中，由于网民在性别、学历、年龄、身份、收入水平、所处地域、经济情况等方面各不相同，他们对政府行政机关、公共事业、社会发展等方面的意见、态度大相径庭，在跟风心态、信任危机和网络推手等因素的影响下，网络舆情事件频频爆发，给政府公共管理部门带来了极大的挑战。2018 年互联网上热点话题丰富，舆情热度高位运行，网络态势总体平稳，人民网舆情数据中心对 2018 年 1 月 1 日至 12 月 15 日的 600 个全国网络舆情热点统计显示，中美经贸摩擦、全国两会、问题疫苗时间、范冰冰偷逃税事件、个税改革、中非合作论坛北京峰会、美国制裁中兴事件、滴滴顺风车乘客遇害系列事件、幼儿园虐童事件连续曝光，高铁霸座、殴打公交司机等乘客霸凌行为，为舆情热度排名前十位的热点话题。从话题类型看，网络热点舆情更多围绕与普通人利益攸关的民生、生命健康等展开，表明社会各阶层对获得感、幸福感、安全感的诉求日益强烈，但相应领域的社会建设水平和

---

① 胡百精，李由君. 互联网与信任重构[J]. 当代传播，2015(4)：19-25.

② 喻国明谈"社会舆情"[EB/OL]. [2015-11-12]. http://study.ccln.gov.cn/fenke/xinwenchuanboxue/xwyqts/212717.shtml.

③ CNNIC. 第 44 次中国互联网发展状况统计报告[EB/OL]. [2020-01-20]. http://www.cnnic.cn/.

治理能力还有所欠缺。从传播媒介看，短视频平台蓬勃发展，但也带来复杂信息管理问题①。

党在十六届四中全会就已经明确提出要建立社会舆情汇集和分析机制，要求政府作为国家管理者，及时了解民众诉求，建立与民众之间的良好交流与互动关系，协调政府与民众之间、民众内部的矛盾，实现社会和谐发展②。十八大以来，党和国家领导人高度重视网络生态建设，多次强调要充分发挥网络引导舆论、反映民意的作用，使网络空间清朗起来。近年来网络平台管理得到加强，网民自律意识增强，网络舆论热度近年持续下降，但社会转型期各种利益诉求并未消减，对比传统媒体，互联网仍然是中国社会最大的舆论出口③。

党的十九大对我国未来社会发展指定新目标，树立新期待，同时，习近平同志在十九大报告中指出："当前，国内外形势正在发生深刻复杂变化，我国发展仍处于重要战略机遇期，前景十分光明，挑战也十分严峻。"网络舆情态势分析在党和国家的发展进程中，在社会公共管理决策中发挥不可或缺的重要反馈作用④。

1.1.2 网络舆情信息资源开发利用面临挑战

信息技术与经济社会的交汇融合引发了数据迅猛增长，包括来自各行各业日常业务工作的管理数据、对大自然或动植物的特点和变化进行监控而产生的环境数据、社交媒体环境下用户生成的内容、科研数据等，其发展各有先后、来源各不相同，并且在以不同形式如潮水般涌来。Gartner 公司在一份

① 七个角度看 2018 年网络舆情新特点［EB/OL］．［2019-12-01］．http：//yuqing. people. com. cn/n1/2019/0102/c209043-30499957. html.

② 艾新革. 政府舆情信息需求理论初探［J］. 图书馆论坛，2011，31（2）：9-13.

③ 祝华新等，2015 年网络舆情分析报告［EB/OL］．［2016-05-30］．http：//yuqing. people. com. cn/n1/2015/1224/c401685-27972434. html.

④ 从网络舆情态势看人民对美好生活的向往［EB/OL］．［2019-12-01］．http：//ex. cssn. cn/zx/bwyc/201711/t20171121_3749875_2. shtml？COLLCC=2343674340&.

研究报告中指出,数据的爆炸是"三维的",分别是:同类型数据的数量快速增长、数据增长速度在不断加快、数据来源和种类不断增加①。IDC 的一份报告则测算到 2020 年全球数据总量超过 40ZB(相当于 4 万亿 GB,是 2011 年的 22 倍),其中有 33%左右的数据能被分析利用,从而产生有价值的信息②。埃森哲认为,2020 年,数字经济从 2015 年占全球 GDP 的 22%增加到25%③。我国高度重视信息化工作,提出了"大力推进信息化,加快建设现代化"的战略方针,先后出台了一系列重要政策文件,涉及国家信息化发展战略、信息资源开发利用、电子政务建设、政务信息公开等多个方面。特别是在中共中央办公厅、国务院办公厅《关于加强信息资源开发利用工作的若干意见》中,就加强信息资源的公益性开发利用和服务提出了明确的要求。国家信息中心《全球信息社会发展报告 2017》显示,2017 年全国信息社会指数为 0.4749,比上年增长 4.60%,在全球 126 个国家中排第 81 位,在 55 个"一带一路"沿线国家中排第 35 位,在亚洲 35 个国家中排第 19 位,到 2020年前后全国信息社会指数达到 0.6,全国有 38 个城市已经进入信息社会,其中深圳、广州、北京三个城市信息社会指数超过 0.8,已经进入信息社会发展中级阶段。2017 年全国数字生活指数为 0.5443,移动电话指数、电脑指数和互联网指数分别为 0.5781、0.4960、0.5589,移动电话指数开始负增长,电脑指数有所提高,互联网指数继续提升④。

来自社会管理领域的网络舆情数据的产生同样呈指数级增长趋势,如何收集、管理、分析和利用这些数据正在日渐成为社会管理者必须面对的一个

① Laney D. 3D Data Management: Controlling Data Volume, Velocity and Variety, 2001[R/OL]. http://blogs.gartner.com/doug-laney/files.

② Gantz J, Reinsel D. IDC iView: Big Data, Bigger Digital Shadows, and Biggest Growth in the Far East, 2012[R/OL]. [2016-04-26]. http://www.emc.com/collateral/analyst-reports/idc-the-digital-universe-in-2020.pdf.

③ Digital Disruption: The Growth Multiplier [EB/OL]. [2016-09-10]. https://www.ccenture.com/us-en/insight-digital-disruption-growth-multiplier.

④ 中国信息社会发展报告 2017[EB/OL]. [2017-10-21]. http://www.sic.gov.cn/archiver/SIC/UpFile/Files/Htmleditor/201705/20170518160003970.pdf.

重要挑战。科学研究领域和社会应用领域最近几年对于网络舆情的研究兴趣稳定且持续的增长，主要表现为这一领域涌现出了大量的信息资源、监测系统、文本挖掘应用程序，然而这一领域仍然面临着巨大的科研挑战和应用挑战。

一方面，在 Web2.0 时代，人们的信息传播力正在被激发出来，一个人的声音在网络效应下可以被迅速放大，并传播到人群的各个角落，同时很多个体都受到他们所接收到的带情感倾向的文本信息的影响。因为个体间高度互联的特性，现实中的社会关系影射到虚拟空间，在人们虚拟空间也建立起各种社会关系，现实社会关系和虚拟社会关系之间相互影射，单个节点产生的内容不再是孤立、零散地分布在现实中，而是同时存在于虚拟空间，使得虚拟空间中个体之间的对话、政府与民众之间的对话(官方舆论与公众舆论)、消费者与商家的对话(产品评论)成为实时泛在的社会政治和商业状态①。自媒体的出现以及其持续发展，免费的、可获取的用户生成数据量和传感器产生的数据量均达到了前所未有的数值。这一数量是非常庞大的，而且单个文本资源长度较短、特征稀疏，资源碎片化和个人化特征明显，人类想在一个合理的时间内理解全部数据已经变得不现实、不可能，这也就是为什么科学界对一种具备从多来源数据中获取信息的能力的研究兴趣持续高涨的原因。

另一方面，从文本内容、格式以及扩展的角度来讲，可获得信息的多样性也是前所未见的。在网络舆情事件中，公众意见经由网络传播，散见于各种电子传播载体，表达方式各异，这正是网络舆情信息分析者所要解构的，然而由于上网习惯、"沉默的螺旋"以及抽样统计方法等原因，从网络上归纳的意见，并非现实中全部、真实的民意，某种程度上就难免出现雅斯贝尔斯所言的"意见的幻象"情况②。确实，整体上看，从微博、论坛等用户自生成

① 胡百精. 新媒体、公关"元话语"与道德遗产[J]. 国际新闻界，2010(8)：15-20.
② 韩长青. 从雅斯贝尔斯看舆情研究[EB/OL]. [2016-05-28]. http://toutiao.com/i6264306393113690626/.

5

的内容中获取的信息是不充分、不全面的，用户往往不会过多在意其表达的语法或完整性，然而，科研领域中的综述相关的数据会更多并且遵循更为严格的语法规则①。所以，当试图去开展任何信息分析的时候，需要容纳不同的思维方式和思考角度。尤其是网络舆情分析，在总结网络民意、评价事件性质和提出应对建议时，应在综合利用多源信息的情况下谨慎断言，避免以偏概全。

1.1.3 网络舆情信息聚合的产生与发展

《牛津现代英汉双解字典》中，"聚合"一词与"aggregation"对应，指异类成分组成的集合，或由很多细小单元组成的一个整体②。聚合原用于化学研究领域，后来在图书情报学界的信息组织领域开始受到重视，出现了信息聚合、内容聚合、资源聚合等概念。Arguello 等学者认为，内容聚合是指特定情境下围绕核心内容和垂直内容进行信息筛选、组织、排序与呈现的任务与方法③。曹树金等在比较各种不同概念的基础上，提出信息聚合是"在当前内容搜索系统并未满足用户复杂多样的信息需求的情况下，以情景因素的融入为主要特征，在相应技术和理论基础上发展而来的信息组织与搜索模式的革新"④。本书采用了信息聚合的概念，着重分析面向用户决策需求的网络舆情信息组织与检索模式。

早期的网络信息聚合是以 RSS 技术为代表的、基于网页层面的简单信息聚合，即把不同网址的信息聚合，使多个网址的内容集合在同一网页或系统中。其中以利用 RSS 阅读器订阅新闻等各类型的信息最为常见。网站信息聚

---

① Pang B, Lee L. Opinion mining and sentiment analysis, found [J]. Trends Inf. Retrieval, 2008, 2(1-2): 1-135.

② 牛津现代英汉双解词典[M]. 北京：外语教学与研究出版社，2003：38.

③ Arguello J, Diaz F, Shokouhi M. Integrating and ranking aggregated content on the Web[EB/OL]. [2016-06-13]. http://www2012.org/proceedings/nocompanion/TUTO_09.pdf.

④ 曹树金，马翠嫦. 信息聚合概念的构成与聚合模式研究[J]. 中国图书馆学报，2016(3)：4-19.

合模式发展的第二阶段是 Web API 层面的信息聚合，即 Mashup，通过 API 获取相应的信息，例如通过 Google maps Api 获取地图信息。目前，大部分应用是通过调用 Web API 来实现信息聚合，互联网上每天都有新的 API 发布，同时也有新的聚合应用被开发，为用户提供各式各样的聚合信息阅读方式。这两种聚合模式都是数据来源层面的粗粒度信息聚合。

广泛意义上的网络舆情信息聚合包含了网络挖掘、自然语言处理、文本挖掘和信息检索等领域的研究，是在多来源网络信息的基础上实现的文本信息聚合，按照聚合的层面可以划分为：

(1)基于统计规则的模式识别，按照数据来源划分为某一网络平台上的统计分析和基于搜索日志的统计分析①

1)某一网络平台上的统计分析，例如，统计网民在某个时间间隔内关注的信息，构建网络舆情热点、重点、焦点、敏点、频点、拐点、难点、疑点、黏点和散点等各种模式的识别规则和判据②③。这种聚合主要是应用统计原理，归纳出识别异常事件的相关规则和阈值，用作单一网络平台(例如 BBS、天涯论坛等)上网络突发异常的监测，是网络舆情早期研究中常用的信息聚合模式。

2)基于搜索日志的统计分析，主要是根据搜索引擎后台的搜索日志，分析网民 IP 地址、搜索时间、用户的搜索词、点击的搜索结果网址等多种维度的数据进行统计分析④。通过统计分析用户的搜索词，可以发现网民关注的热点；对一段时间内与某个社会事件相关的搜索词的词频进行统计，可以描述网民关注点的产生和变化过程；对网民所点击的搜索结果进行分析，可

① 陈忆金，曹树金，陈少驰，等．网络舆情信息监测研究进展[J]．图书情报知识，2011(6)：41-49.

② 谢海光，陈中润．互联网内容及舆情深度分析模式[J]．中国青年政治学院学报，2006(3)：95-100.

③ Tang X，Yang C C．TUT：A statistical model for detecting trends，topics and user interests in social media[C]．ACM，2012：972-981.

④ 唐涛．基于情报学方法的网络舆情监测研究[J]．情报科学，2014(1)：35-42.

以发现影响网络舆情产生和变化的源头①。

（2）根据所聚合内容粒度的大小，分为文档级的聚合、句子级的聚合和词语级的聚合

基于文本内容挖掘的网络舆情信息聚合，起源于数据挖掘和信息检索领域，涉及较多自然语言处理技术相关的研究子领域。根据所聚合内容粒度的大小，可以分为：文档级的聚合、句子级的聚合和词语级的聚合。

1）文档级的聚合，聚合的基本单元是整篇文档，例如在现有网络舆情监测系统中常见的同主题文本聚类、文本情感倾向聚合、根据文本点击率聚合的排行榜等。在同主题文本聚类研究中，判断网页页面内容与主题相关性的常用方法是基于关键词的模型匹配，主要采用布尔模型和向量空间模型建立用户索引进行信息主题过滤和聚合，然后进行语义信息匹配度计算②。而影响力传播模型则被用于分析帖子或者用户间的影响传递，以此来发现焦点人物或热点话题③。利用 TF-IDF 和词语影响力因子来选择特征项可以实现基于主题的文本聚类④。研究尝试结合文档的特征与其包含的话题信息来构建话题模型⑤⑥⑦。文本情感倾向聚合研究主要通过构建极性词典匹配并计算

① 王继民，等. Web 搜索引擎日志挖掘研究框架[J]. 数字图书馆论坛，2011(8)：25-31.

② Charles L. Topic detection and tracking overview and perspective[C]. Proceedings DARPA Broadcast news transcription and understanding workshop, Lansdowne, VA, 1998：17-31.

③ Matsumura N, Ohsawa Y, Ishizuka M. Influence diffusion model in text-based communication[J]. Journal of the Japanese Society for Artificial Intelligence, 2002, 13(3)：259-267.

④ 蒋凡，高俊波，张敏，等. BBS 中主题发现原型系统的设计与实现[J]. 计算机工程与应用，2005，41(31)：151-153.

⑤ Blei D M, McAuliffe J D. Supervised topic models[C]. Proceeding of NIPS, 2007, 21：121-128.

⑥ Ramage D, Hall D, Nallapati R, Manning C D. Labeled LDA：A supervised topic model for credit attribution in multi-labeled corpora[C]. Proceedingsof the 2009 conference on empirical methods in natural language processing. Association for Computational Linguistics, 2009(1)：248-256.

⑦ Zhu J, Ahmed A, Xing E P. Medlda：Maximum margin supervised topic models[J]. The Journal of Machine Learning Research, 2012, 13(1)：2237-2278.

文本中的相应的语句、词语的情感极性值①②③，以及根据语气或表情符号等来计算文本的情感极性值④⑤，得到某一话题的文本情感极性值，作为舆情聚合的依据。文档级聚合假定每篇文档所包含的意见完全由一个主体发出，而且仅仅指向一个客体(即被评论的对象)⑥。传统的机器学习方法中的朴素贝叶斯分类、最大熵分类或支持向量机分类等分类方法是早期用于实现文档级聚合的主要方法⑦，随后一种文档中的极性词线性组合方法被研发出来，实验效果显示其更为直接而简单⑧。人民网舆情监察室将文本情感倾向扩展为共识度模型，从情感极性、正能量指数、理性程度指数、网民对政府的认同度等方面构建指标，计算热门话题的网民共识度值，实现了基于共识度指标的文档级信息聚合，可以实现短时间内的舆情信息监测⑨。

2)句子级的聚合。从网络舆情研究的角度，句子级的聚合是指从文本中分割出意见句来，根据意见句的极性实现聚合。意见句是指能够表达发帖者

① 陈桂鸿，网络舆情主题标引与意见挖掘研究[D]. 中山大学，2010：63-70.
② 杜振雷. 面向微博短文本的情感分析研究[D]. 北京信息科技大学，2013：49-57.
③ 潘明慧. 基于词典的中文微博情绪分析[D]. 南京航空航天大学，2014：38-49.
④ 王文远. 面向情感倾向分析的微博表情情感词典构建及应用[D]. 东北大学，2012：29-33.
⑤ 黄军. 社交网络热点话题公众情感极性实时计算研究[D]. 杭州电子科技大学，2015：54.
⑥ Kumar A, Sebastian T M. Sentiment analysis: A perspective on its past, present and future[J]. International Journal of Intelligent Systems & Applications, 2012, 4(10).
⑦ Pang B, Lee L, Vaithyanathan S. Thumbs up? Sentiment classification using machine learning techniques [C]. Proceedings of the Conference on Empirical Methods in Natural Language Processing(EMNLP), 2002：79-86.
⑧ Turney P. Thumbs up or thumbs down? Semantic orientation applied to unsupervised classification of reviews [C]. Proceedings of the Association for Computational Linguistics (ACL), 2005：417-424.
⑨ 人民网. 2015 年第一季度网络舆论共识度研究报告[EB/OL]. [2016-01-29]. http://yuqing.people.com.cn/n/2015/0420/c364391-26874520.html.

对舆情事件中某个人物、机构或者事件的侧面意见或看法的句子，或者指包含一个以上主题词和极性词的句子①。早期对意见句的情感分析多采用分类聚合的方法来实现②。随着词语种子库的不断发展，Liu 等人探索了通过聚合一个意见句中的所有词在向量空间中的值来计算句子的极性③。汉语文本情感分析研究中，Zhang 等人探索文本依存句法分析的句子级情感极性分析，并通过句子极性的聚合来实现文本倾向分析的目的④。

3) 词语级的聚合，或称为特征级聚合，以词语或特征为单元进行信息聚合。文档级聚合和句子级的聚合所得到的情感倾向仅分别代表了整篇或整句，并没有直接指向某一个实体或实体的某一个方面。词语级聚合通过情感目标对的识别和分类，其情感直接与实体对应，聚合粒度更细，分析结果更有针对性。例如在总统大选中，以"希拉里"为中心实现与之相关的形容词、副词或机构的多维度聚合。这种聚合是以词语级或特征级情感分析为基础的，通常分为三个步骤：识别、分类和聚合。首先从文本或句子中识别出情感目标对，再对其按照预先设计的规则进行分类，目前的研究大部分是以情感极性进行分类，有些则是从观点的角度进行分类，即不是简单的赋予情感极性的正向或负向，而是直接指向其观点。识别和分类完成后，就可以按照用户需求实现特定情境下的信息聚合。在词语级聚合中，常用的方法是话题

---

① 陈忆金，曹树金，陈桂鸿. 网络舆情意见挖掘：用户评论情感倾向分析研究[J]. 图书情报知识，2013(6)：90-96.

② Yu H. Hatzivassiloglou V. Towards answering opinion questions：Separating facts from opinions and identifying the polarity of opinion sentences[C]. Proceedings of the Conference on Empirical Methods in Natural Language Processing (EMNLP)，2003.

③ Liu B，Hu M，Cheng J. Opinion observer：Analyzing and comparing opinions on the web[C]. Proceedings of the 14th international world wide web conference (WWW-2005). ACM Press，2005：10-14.

④ Zhang C，Zeng D，Li J，et al. Sentiment analysis of Chinese documents：From sentence to document level[J]. Journal of the American Society for Information Science & Technology，2009，60(12)：2474-2487.

建模，基于语料库发现热点话题①②③、进行话语分析④⑤、结合评论者权重为每个评论单独呈现关于评论对象的评级⑥、根据实体特征聚合用户关于每个特征的意见或评论⑦等。从研究领域分布来看，特征级的聚合主要集中在产品评价分析、金融预测等经济领域。反映社会管理网络舆情分析方面的研究成果，能体现对网民评论观点的聚合的是标签云，即从中文分词结果按照词频大小呈现，每个词是一个标签，词频越大标签越大且位置居中，是社会管理领域网络舆情信息词语级聚合的常见方式。

在词语级聚合方面，稳健性、灵活性和速度是研究或实际应用中密切关注的三大方面。稳健性是指识别情感目标对时系统的稳定性，由于网络舆情信息中很大一部分属于用户自生成内容，用户用语的随意性、非正式说法或语法错误等情况时常出现，还可能常用一些俚语、歇后语、反讽等表达情感的方式，这些对系统的稳健性产生了较大的挑战。灵活性是指系统可以应用于多个领域，词语级聚合直接面向信息的最小单元，而社会管理涉及范围广泛，有些系统在一个领域可以体现出较高的分析准确率，但是在其他领域则可能无法适应。速度问题也是目前研究中较为关注的一个方面，尤其是在处理大规模、不规范数据的时候，识别速度、分类速度和聚合速度都是目前面

---

① 吴文岫. 短文本分类语料库的构建及分类方法的研究［D］. 安徽大学，2015：33-46.

② 赵爱华. 面向网络新闻的话题检测技术研究［D］. 山东师范大学，2013：45.

③ 王洁. 基于确定话题的网络舆情分析系统的设计与构建［D］. 南京邮电大学，2013：46-49.

④ 邓瑛. 基于语料库的英国媒体关于中国制造报道的话语分析［D］. 上海交通大学，2011：55-63.

⑤ Mohey D，Hoda M O，Ismael O. Online Paper Review Analysis［J］. International Journal of Advanced Computer Science & Applications，2015，6(9)：242-258.

⑥ Wang H，Lu Y，Zhai C. Latent aspect rating analysis on review text data：a rating regression approach［C］//ACM SIGKDD International Conference on Knowledge Discovery and Data Mining，Washington，Dc，Usa，July. 2010：783-792.

⑦ Dai Y，Kakkonen T，Sutinen E. SoMEST：a model for detecting competitive intelligence from social media［C］//International Academic Mindtrek Conference：Envisioning Future Media Environments. ACM，2011：241-248.

临的较大挑战。

综上可知，自然语言处理和情报学两大领域最近几年保持了对网络文本挖掘持续高涨的研究热情，中文文本信息处理研究、网络舆情传播规律和分析方法与技术等研究成果为本书提供了一定的理论、方法和技术基础。

1.2　研究意义

面向应对决策的网络舆情信息聚合研究的总体研究意义可以体现在回答为什么要进行网络舆情信息聚合以及信息聚合与应对决策之间有何关系这两个问题的答案上，涉及网络舆情应对决策的过程与特征研究、网络舆情信息聚合框架和方法研究，以及聚合信息的可视化研究等。由于网络舆情范围太宽，本书将研究对象限定在社会管理领域。从情报学的角度看，社会管理领域网络舆情信息聚合研究主要是探讨如何满足应对决策者的信息与知识需求，为其提供有价值、有意义、有针对性的网络舆情分析报告，研究成果对于完善网络舆情理论研究体系、发挥情报学方法的应用价值、构建社会管理领域网络舆情事件的知识库、实现网络舆情信息的增值等方面均具有重要理论意义，同时也对辅助社会管理领域网络舆情应对决策、提升决策水平等方面具有重要的实践意义。

具体来看，理论价值体现在：

1)把信息需求理论和决策理论与网络舆情信息分析过程深入结合，在网络舆情意见挖掘和舆情引导等已有研究的基础上，以多维度、多层次网络舆情信息资源细粒度聚合为目标，深入揭示网络舆情应对决策所需知识的整体与局部层级聚合单元的类型和逻辑关系，解答聚合对象是什么、对象间有怎样的关系等基本问题。通过决策需求构建网络舆情信息聚合的整体框架，并进行面向应用的探讨，丰富并完善了知识发现理论、网络社会治理的相关理论、信息聚合理论和网络舆情分析方法体系。

2)从聚合的角度，将本体构建方法引入网络舆情信息资源组织，在网络舆情信息聚合框架的基础上，以深度开发信息资源为目标，通过构建网络舆情事件本体，深入揭示网络舆情信息资源的本质特征，为实现面向用户需求的网络舆情信息组织与呈现提供理论及方法依据，推动新技术环境下网络信息组织理论的发展。

3)以社会管理领域的网络舆情信息为研究对象，使信息聚合的理论研究以该领域的资源、知识为依托，理论研究更具有代表性和针对性，可以为网络舆情信息的知识组织理论提供更多的研究依据和研究实例，促进网络舆情研究体系的丰富和完善。

应用价值体现在：

1)促进网络舆情信息资源向网络舆情知识资源的转化。社会管理领域的网络舆情信息资源经过高质量聚合之后，对用户的作用将成倍放大，其价值也会相应增加。本书通过对网络舆情信息资源的深入分析和聚合来形成符合用户需求、基于逻辑关系的知识产品，重视对已有网络舆情信息资源的开发利用，致力于通过更微观的层次发现资源之间的逻辑关系，使网络舆情信息有序化、知识化呈现，使网络舆情信息资源转化为知识资源，研究结果不但有利于社会管理和网络舆情研究的发展，也有利于提高管理决策的科学性。

2)全面满足社会管理决策者对网络舆情多样而复杂的信息需求，提高网络舆情信息资源的效用。网络舆情信息资源能在一定程度上反映网民参政议政时所表达的观点和情绪，对于管理者来说，是其制定决策、评价决策效果时的重要参照。目前相关舆情研究机构提供的报告大部分是从粗粒度的层面进行信息聚合，决策者无法获得全面有序的信息，会影响管理决策的科学性和可行性。以用户需求为导向，充分利用细粒度、知识化的聚合单元来实现多维度、多层次的信息聚合，能全面满足不同层次、不同角色管理者所需，有利于提高管理者的决策水平，从而提高社会管理领域网络舆情信息资源的效用。

3)促进网络舆情信息服务向网络舆情知识供给的发展。本书基于网络舆情分析过程来建立面向应对决策的网络舆情信息聚合框架，对海量网络舆情信息进行知识化处理并充分考虑用户的知识需求，指出网络舆情信息聚合面向的是应对决策过程中的知识供给，研究成果可以为知识供给实践提供一定程度上的方法和技术借鉴。

4)从长远来看，将分散网络舆情信息资源聚合成有机联系的知识化聚合单元，并深入结合用户需求来呈现分析结果，能极大地方便用户使用相关信息，社会管理领域网络舆情应对决策的水平也可以得到显著提高，最大限度地发挥网络舆情信息资源在推动社会实践良性发展的作用，使整个社会都可以从中获益。

1.3 研究总体问题与目标

本书的总体问题是如何运用深度聚合手段进行社会管理领域网络舆情信息分析以有效辅助舆情应对决策。要满足用户信息需求、实现网络舆情信息资源的有效开发和利用，必须根据用户需求和现有技术能力，创新思路、综合分析、系统设计，探索对分散重复、异质异构、真伪交织的网络舆情信息进行最优采集、抽取、聚合和呈现。

最主要的研究目的就是探索通过对网络舆情信息进行深度聚合，将分散的信息聚合成有机联系的知识化聚合单元，在情境下呈现信息分析结果，形成符合用户需求的网络舆情分析报告，用以辅助社会管理领域的决策。

从情报分析的角度，为了达到这一研究目的，需要将其细分为以下子目标：

1)分析网络舆情应对决策过程与网络舆情信息分析活动。

2)结合网络舆情信息分析和利用的过程，分析决策者和分析人员对网络舆情信息的需求、对所需信息的利用存在哪些障碍，明确信息聚合对象。

3)结合决策过程与网络舆情分析过程，构建网络舆情信息聚合基本框架。

4）在分析用户需求和对网络舆情信息聚合单元的基础上，构建网络舆情事件本体，为信息聚合提供知识基础。

5）实现网络舆情信息资源多维聚合，建立网络舆情信息资源聚合的多维度关联关系，构建多种聚合网络，呈现舆情信息聚合结果。

6）在理论研究基础上，选择一些网络舆情事件实例，对网络舆情事件本体构建、信息抽取和聚合等过程进行验证。

7）以政府和高校两类机构实体为研究对象，探索基于多源网络舆情信息聚合的机构形象评价指标体系的构建。

1.4 研究思路、内容与研究方法

1.4.1 研究思路

本书的思路如图 1-1 所示。

第一，梳理网络舆情信息聚合的国内外相关研究现状以及应用实践现状。

第二，从应对决策过程、网络舆情分析和信息价值增值三个方面构建本书的理论基础。

第三，对国内目前网络舆情工作开展现状以及用户对网络舆情分析的需求进行问卷调查，分析当前组织机构对网络舆情工作的重视程度、应用程度以及需求水平。

第四，提出面向决策不同阶段的网络舆情信息聚合模型。结合网络舆情分析过程、网络舆情应对决策过程以及网络舆情信息增值路径，解构网络舆情信息分析活动，以及剖析网络舆情应对决策过程中所需的知识类型，明确社会管理领域网络舆情信息聚合的聚合对象有哪些，聚合对象具有怎样的特

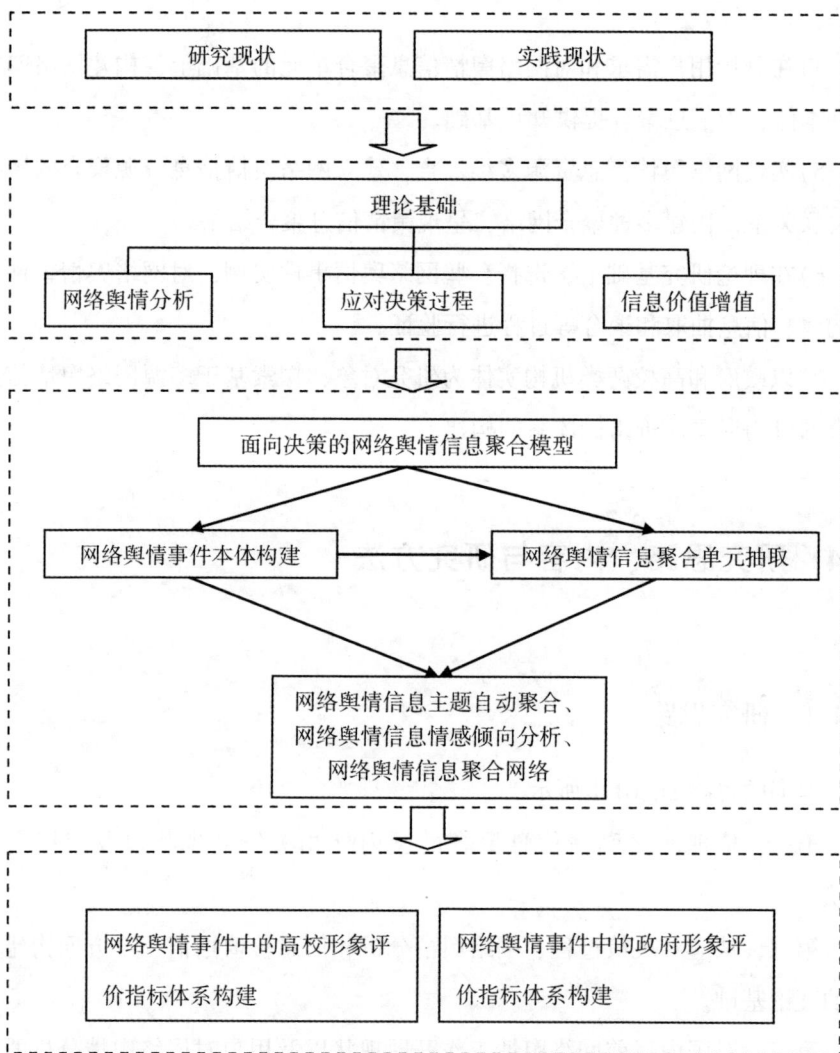

图 1-1　研究思路

征，提出网络舆情信息聚合模型。

　　第五，根据聚合模型，分析网络舆情信息的聚合单元，以及聚合单元之间的关系，建立网络舆情事件本体再以网络舆情事件本体为基础，探索主题自动聚类、意见倾向分析，提出基于聚合单元的细粒度、多维度的信息聚合模式，系统解决网络舆情信息如何聚合的问题。

第六，根据聚合单元，提取与机构网络形象评价相关的信息单元，实现基于多源聚合的舆情数据开展机构网络形象评价。

1.4.2 研究内容

本书的主要内容及其架构见图 1-2。

（1）绪论

绪论部分对选题背景、选题意义、研究思路、研究方法、创新点与难点进行总体论述。

（2）研究综述

对国内网络舆情研究主题的演进进行分析，概括梳理国内外关于网络舆情分析与信息聚合的研究成果的主要观点，并对相关研究进行评价。

（3）面向应对决策的网络舆情信息聚合的理论基础

网络舆情信息聚合是网络舆情分析的有效手段和方法，信息聚合需要密切结合网络舆情应对决策过程而展开。本书从信息需求、信息利用与不确定性、信息价值增值、决策理论和活动理论等理论中为面向应对决策的网络舆情分析与聚合寻找理论支点，深入剖析面向应对决策的网络舆情信息分析活动，形成本书的理论基础。

（4）组织机构网络舆情工作现状与需求调查研究

从实践层面采集数据，对组织机构网络舆情工作现状以及实践中对网络舆情分析的具体需求进行调查研究。首先，本书探讨社会管理领域的网络舆情信息聚合问题，实践工作的推动离不开高层政策的指导，我国政府对网络舆情工作高度重视，本书梳理了在网络舆情工作的制度建设等方面做了哪些努力。其次，网络舆情研究机构提供了大量的舆情分析报告，本书从报告内容中总结目前网络舆情研究机构采用了哪些网络舆情分析方法。最后，通过问卷采集数据，从网络舆情分析的方法、技术、用户认知等角度对目前组织机构中的网络舆情工作机制，以及决策者对网络舆情分析的具体需求，判断当前的舆情分析是否能满足应对决策者的需求。

研究内容 　　　　　　　　　　　研究目的

第1章 绪论	→	选题背景、选题意义、研究思路、研究方法	⇢	提出研究目的和技术路线
第2章 综述	→	梳理网络舆情、信息聚合相关理论与应用	⇢	对相关理论进行评价
第3章 理论基础	→	网络信息资源理论和方法、网络舆情应对决策过程和信息分析活动	⇢	明确网络舆情信息聚合的理论基础
第4章 实践需求	→	网络舆情工作现状、网络舆情分析需求、舆情研究机构调查	⇢	分析实践现状与存在问题，分析网络舆情分析需求
第5章 信息聚合模型	→	面向网络舆情应对决策的不同阶段，提出信息聚合模型	⇢	明确网络舆情信息聚合的对象，以及面向决策的信息聚合概念框架
第6章 本体构建	→	分析网络舆情信息要素以及实体间关系，构建网络舆情事件本体	⇢	明确网络舆情信息聚合单元，提出聚合单元的抽取与组织方案
第7章 信息抽取	→	基于本体提出网络舆情信息挖掘模型，并进行聚合单元抽取的实验验证	⇢	实验抽取信息聚合单元、聚合单元间关系
第8章 信息聚合网络	→	观点聚合算法、多维关联信息聚合网络	⇢	构建聚合网络，实现可视化
第9章 主题与情感	→	主题自动抽取算法与自动聚类效果、情感倾向分析	⇢	自动抽取主题、情感倾向挖掘
第10章 形象评价	→	基于信息聚合的高校与政府网络形象评价体系构建	⇢	聚合信息，评价舆情事件中的机构形象

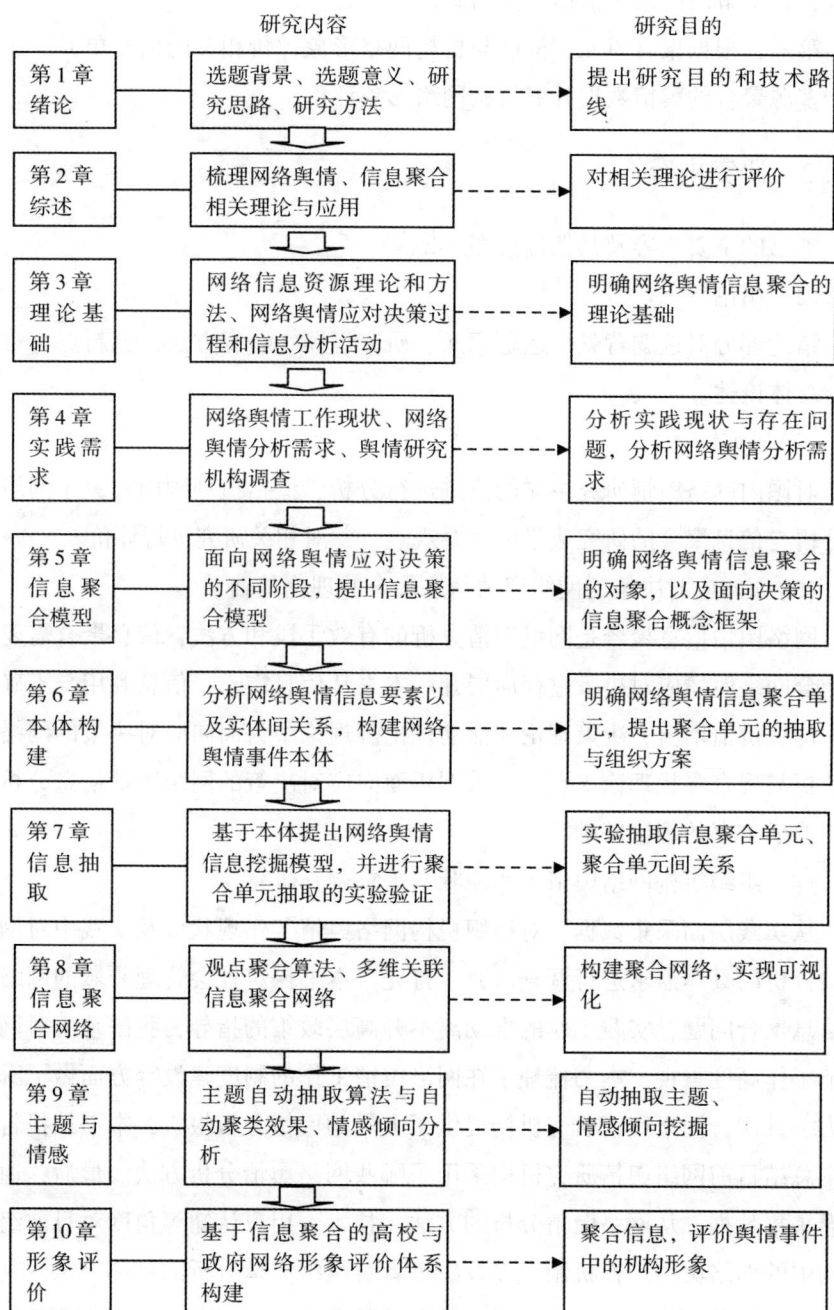

图1-2 研究内容

（5）面向应对决策的网络舆情信息聚合模型

在理论和实践需求基础上，提出面向应对决策的网络舆情信息聚合模型。结合网络舆情应对决策过程、网络舆情信息分析过程，从数据—信息—知识—智慧转化的角度，与决策阶段和分析阶段对应，提炼网络舆情信息聚合的五个层次，并分析五个层次对应的聚合任务、方法和目标。

（6）信息聚合单元分析与网络舆情事件本体构建

为了实现信息聚合，本书在分析本体在网络舆情信息聚合中能发挥作用的基础上，通过分析面向应对决策的网络舆情信息来源、信息要素，提取出网络舆情信息聚合的核心类及其属性，并分析聚合单元之间的关系，构建网络舆情事件本体。

（7）基于本体的网络舆情信息聚合单元抽取

基于网络舆情事件本体构建网络舆情信息挖掘模型，对聚合单元和聚合单元之间的关系进行识别和抽取。以山东疫苗事件的网络舆情数据集为素材，基于本体进行聚合单元抽取的验证。

（8）网络舆情信息聚合网络

该部分首先借鉴 TFIDF 提出网络舆情信息中的实体与属性相关度算法，分析文本中包含的观点的主题。以本体中的七个核心类作为聚合单元，以实体间关系和共现耦合关系等作为聚合依据，从用户数据维度、资源数据维度和主题数据维度构建细粒度、多维度的关联聚合网络。每种聚合网络对应不同的分析结果，丰富网络舆情信息情境。

（9）舆情主题自动抽取与情感倾向分析

主题作为本体中的重要元素，自动抽取对于提高舆情信息分析的能力至关重要。本研究将探究基于 LDA 算法和 Kmeans 算法的主题自动抽取效果，以知识共享社区知乎为例，采集人工智能话题的数据，进行主题自动抽取与聚类的研究。此外，将基于情感词库和意见挖掘，探究主帖和跟帖的情感倾向分析。

（10）舆情信息聚合实践：组织机构网络形象评价

该部分将基于多源数据中抽取的信息聚合单元，以高校和政府两大机构实体为研究对象，从网络形象评价的角度，构建评价指标体系，从舆情数据获得机构网络形象评价的信息单元，从观点和情感两个维度，形成对涉事机构主体的形象评价依据。

（11）结论与展望

提出本书的研究结论、应用展望，指出本书的不足之处和未来研究方向建议。

1.4.3　研究方法

（1）文献调查法

总结国内外网络舆情、意见挖掘和信息聚合的相关研究现状，以及决策理论、知识论、信息行为理论、文本挖掘的理论和方法等相关研究，作为本书的理论基础。

（2）网络调查法

由于缺少网络舆情管理制度文件、网络舆情研究机构的相关资料，本课题首先使用网站调查方法，对于网络舆情管理和研究有关的组织机构、领导讲话、管理制度文件进行汇总和分析，以总结归纳目前国家、政府对网络舆情工作的具体要求，再结合对全国25个网络舆情研究机构及其提供的网络舆情分析报告内容的汇总和对比，分析社会实践环节中的网络舆情管理制度建设现状及机构舆情分析报告的概况。

（3）问卷调查法

"组织网络舆情工作发展现状调查"（见附件二）的调查对象是包括各级政府和行政机构、企事业单位、社会组织等，旨在了解：①目前各单位的遭遇危机与网络舆情的关系；②各单位网络舆情工作受重视程度与舆情应对能力；③各单位网络舆情信息采集手段；④各单位对网络舆情工作人员的培训、人员对网络舆情分析的知识与方法的掌握情况；⑤对网络舆情分析功能方法的需求等。

　　问卷设计出来后首先进行前测，对每个问项的表述、选项的设定等进行了规范和优化。受资源与权限所限，问卷调查采用便利取样法抽取样本，经由朋友填写，再请朋友邀请其非同单位的朋友填写，尽量避免同单位样本的情况。

　　问卷调查获取的一手数据全部录入 SPSS20.0 进行后续处理。采用的数据分析法有：描述统计和频率统计。

　　(4)访谈法

　　为更深入细致了解面向应对决策的网络舆情信息聚合机制，本书分别对网络舆情信息分析人员和组织管理者(决策者)进行了采访，访谈对象主要来自政府行政机关和事业单位。访谈目的是为了解：①分析者对网络舆情信息聚合过程中的知识鸿沟、知识传递障碍、理解决策者的需求等方面的看法和建议；②决策者对网络舆情工作、对网络舆情应对决策所需知识和能力的认识、对网络舆情分析结果的需求等。访谈提纲见附件三。

　　(5)内容分析法

　　根据网络舆情应对决策者与网络舆情信息分析者的知识需求框架，本书选择了网络上的舆情信息、政府文件、科研成果三种来源的语料，对其构成要素进行分析，提取出信息聚合单元，以及概括人物、机构等实体之间关系，作为提炼核心类和实体间关系、构建网络舆情事件本体的依据。

　　(6)实例分析法

　　采用实例分析方法，进行本体构建实例和网络舆情信息聚合实例，检验本书提出的本体构建、网络舆情信息聚合等理论方法，对实例结果进行比较分析和评价。并且以两类组织实体为例，构建舆情事件中的机构形象评价指标体系，为系统、快速分析舆情事件中的机构形象提供参考。

1.5　社会管理领域网络舆情的选择

　　网络舆情的概念使用目前较为泛化，研究内容广泛分布于社会管理、经济、商业等领域，相关的信息资源的数量庞大，本书不可能面面俱到，从研究目的出发，只能选择其中一个领域的信息资源作为研究对象，对本书所提出的聚合模型、方法等进行实例探讨。研究对象范围的界定，也将使本书的实际应用价值更高。

从社会实践层面看，社会管理领域舆情事件频发，常常形成网络舆论倒逼社会管理决策的态势，从中央到地方均已对网络舆情监测、应对、管理的重要性、迫切性达成共识。从社会科学研究层面看，对网络中用户自生成内容的研究主要面向商业领域的产品评论意见挖掘、财经领域的评论文本意见挖掘与财经预测等，社会管理领域的网络舆情信息特征与产品特征相比差异较大，相关研究成果也较少。从研究素材的获取难易程度看，社会管理领域的网络舆情信息资源数量充足，便于获取。

因此，本书决定选择社会管理领域作为网络舆情信息聚合研究的特定领域，从该领域中选择相应的素材进行深入研究。

1.6　研究创新之处与难点

1.6.1　研究创新之处

（1）结合决策过程与网络舆情信息分析过程，提出网络舆情信息聚合框架

从面向应对决策角度出发，基于知识论、数据—信息—知识—智慧框架和网络舆情知识累积模型，分析网络舆情应对决策过程中的知识需求与知识利用障碍，从知识拥有主体和知识维度两个方面概括确定网络舆情信息聚合对象，一方面明确了社会管理领域决策者和分析者对网络舆情信息分析的需求，另一方面则明确了网络舆情信息的聚合对象的来源及其层次。

再以决策阶段为纵轴，以网络舆情信息分析过程为横轴，将决策者与分

析者的知识需求与 DIKW 价值链的四种要素相互映射，提出面向应对决策的社会管理领域网络舆情信息聚合框架，从整体上概括信息聚合的具体处理过程，以及伴随信息聚合处理过程的信息增值过程。

（2）提出网络舆情观点聚合算法及关联聚合网络

借鉴 TFIDF 的算法，结合上下文特征与向量特征，提出实体与其属性相关度的计算方法，计算属性对于实体的重要程度，据此生成观点聚合网络，全面还原网络舆情事件中参与各方表达的观点及其重要性。

根据网络舆情事件本体，从核心类以及类间的关联关系出发，利用实体间关系、共现耦合分析等方法构建网络舆情信息聚合网络共计 20 种，用于表达聚合资源的复杂相关性，有助于网络舆情信息分析结果的可视化呈现。

1.6.2　研究难点

（1）面向应对决策的网络舆情事件本体的构建

本书旨在构建一个通用本体作为信息聚合的重要基础，然而关于社会管理领域的网络舆情事件本体的研究较少，面向应对决策应用的本体研究更少。本体类中实体间关系的研究目前还处于空白阶段，需要从大量的源文本中分析、概括，研究难度较大。

（2）聚合单元及聚合单元之间关系的抽取

从网络舆情信息聚合对象来看，来自社会实践领域的网民评论文本挖掘是本书的第二大难点，已有研究基本未涉及聚合单元之间关系分析，可以参考或借鉴的理论或研究成果极少，而且由于评论文本常常出现错别字、缩略语、省略评论对象、表达随意等情况，对其进行规范化、格式化处理，抽取出相应的聚合单元以及聚合单元之间的关系，难度较大。

（3）观点聚合与网络舆情信息聚合网络

目前网络舆情意见挖掘领域的研究多以识别实体特征意见对、统计意见倾向极性值大小为主，以观点内容为目标的聚合研究几乎没有。此外，网络舆情信息聚合模式的研究也较少，基于实体层面的观点聚合更少。本书要达到聚合观点内容的研究目标，需要首先提出观点聚合的可行的算法，以及选择恰当的聚合依据来概括聚合模式，研究难度较大。

第 2 章　研　究　综　述

由于网络舆情研究在我国的兴起主要是社会管理实践领域的需要，本章将首先从总体上分析国内网络舆情研究概况及研究主题的演进。其次，分析国内外网络舆情在基础理论、分析技术、应用实践三个方面的研究概况。最后，将信息聚合作为网络舆情分析的方法和手段，专门综述国内外信息聚合的研究。

2.1　国内网络舆情研究主题发展

自 2008 年始，我国已有众多学者机构从不同的视角分析和研究网络舆情的发展情况，也发表了很多具有代表性的作品，但是其中多数属于定性分析，定量分析成果相对较少，而且从 2012 年开始的研究概况尚缺。许鑫等认为"我国舆情思想和制度建设历史悠久，但是在理论上真正对舆情的研究始于 2003 年，对网络舆情的研究则始于 2005 年"①。最近几年，网络舆情研究和实践都进入蓬勃发展时期，研究成果和舆情报告数据量均呈爆炸性增长。

以"主题"为入口，"网络"+"舆情"作为检索词在中国期刊全文数据库

---

① 许鑫，章成志，李雯静. 国内网络舆情研究的回顾与展望［J］. 情报理论与实践，2009，32(3)：115-120.

（CNKI）中检索 2005—2015 年的核心期刊文献，截至 2015 年 12 月 31 日共检索到 1603 篇公开发表的核心期刊文献，对检索得到的文献进行去重清洗后，得到有效文献 1573 篇用于此次分析。其中，受到国家社会科学基金资助的文献总量为 240 篇，国家自然科学基金资助的文献量为 215 篇，江苏省教育厅人文社会科学研究基金资助的文献总量为 31 篇，国家高技术研究发展计划支持的文献总量为 27 篇，此外还有受到各级社科基金、软科学研究计划、博士后科学基金资助的文献。

　　利用可视化工具 NetDraw 生成关键词网络，去除该网络中无任何连线的孤单节点以及与中心节点无直接联系的坠饰节点得出图 2-1。

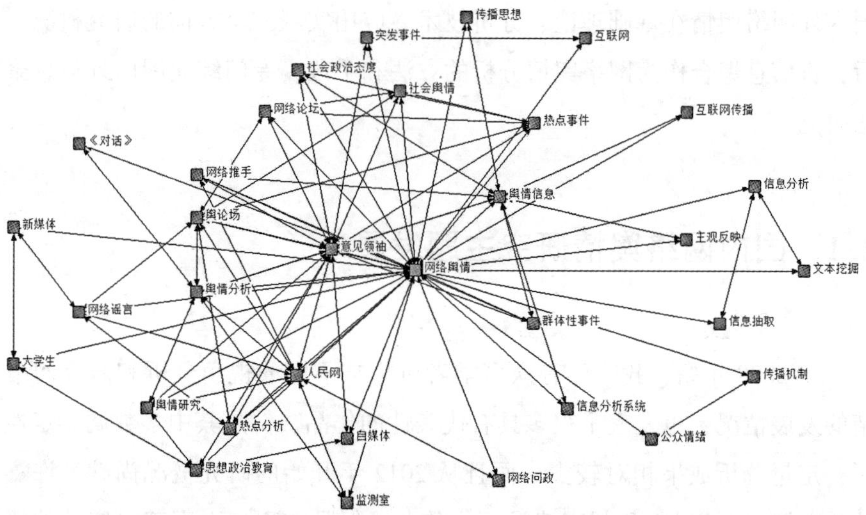

图 2-1　CNKI 网络舆情高频关键词的共现网络

　　结合图 2-1 与 Citespace 生成的关键词及重要文献列表信息可知，我国"网络舆情"研究领域，关键文献中的高频热点词汇包括：意见领袖、突发事件、舆情分析、人民网、舆论场、舆论信息、大学生、舆情研究、群体性事件等。

　　根据度数中心度的定义，在一个社会网络中，一个行为者与其他行为者存在越多的直接联系，那么该行为者就居于中心地位①。由图 2-1 可知，CNKI 检索结果中的高频关键词共现网络呈现星型结构，其中，处于决定性中心地位的概念是"网络舆情"。由此可以判断，国内网络舆情的研究在近十年间已形成围绕着"网络舆情"为核心概念实现了研究领域本身的成长。

以 1573 篇中文核心期刊文献为对象，对 Citespace 软件进行如下设置：选择主题类型为"NounPhrases"即名词性短语，并创建一个 POS 标签，节点类型"NodeTypes"中选择"Term"，选择标准"selection criteria"中设置选择被引或出现次数前十的主题，在形成的知识图谱中选择以"TimeZone"的布局形式呈现中文网络舆情主题研究的发展时间流图，如图 2-2 所示。

根据图 2-2，2005—2015 年，我国网络舆情研究热点前沿主题在时间分布上主要分为基础、发展、成熟三个阶段。

（1）奠定基础阶段

2005—2008 年为第一阶段，即网络舆情研究奠定研究基础的阶段。从图 2-2的左下角可以看到，该阶段网络舆情的研究主题主要应对互联网这一类正在不断成长的新传播媒介。研究主题交织着传统传播理论与互联网信息管理的理论探讨，这说明较早关注网络舆情的研究领域来自传播学。在国内网络舆情研究初期，研究对象以网络舆情信息传播模式及网络媒介的功能为主。由图 2-2 可以看到，受网络设施普及、网络技术等因素的限制，2005—2008 年网络舆情的研究主题主要是传播学及媒介研究的相关术语名词，如引入"沉默的螺旋""把关人""议程设置"等理论解释网络环境下的舆情发展规律，以及对网络舆情概念内涵和外延的探讨，研究成果总体上以理论研究为主，也有部分学者开始关注舆情分析的核心技术和关键技术，但是占比较小。这一阶段的研究成果为之后网络舆情研究的发展和成熟奠定了坚实的基础。

（2）发展上升阶段

---

① 王程韡．"大数据"是"大趋势"吗？基于关键词共现方法的反事实分析[J]．科学学与科学技术管理，2015，36（1）：3-11.

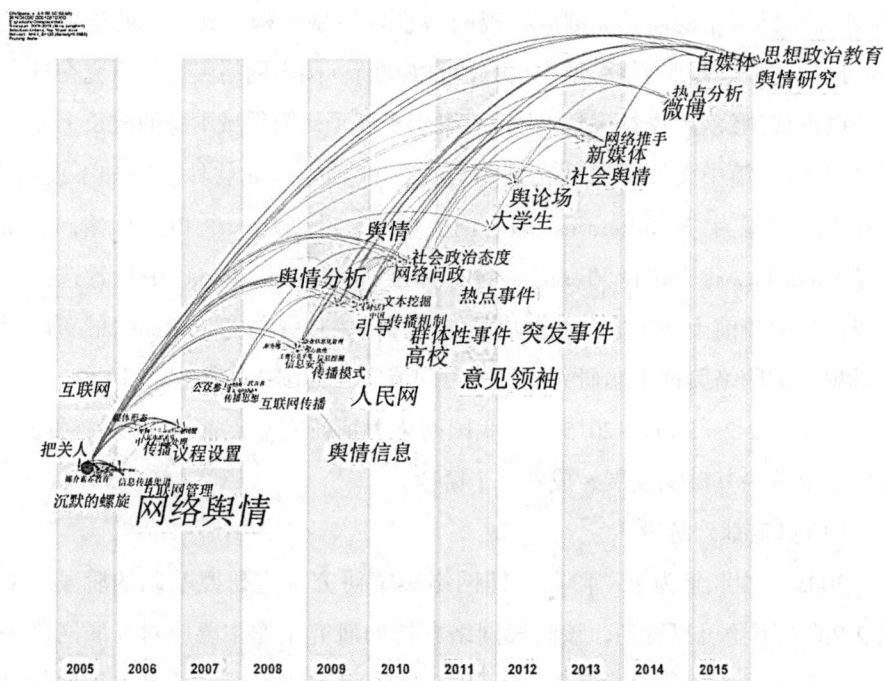

图 2-2　CNKI 网络舆情研究文献主题共现时区图

2009—2012 年为第二阶段，即网络舆情研究的发展上升阶段。随着国民经济的腾飞，互联网发展迅猛，各种网络平台、门户网站应运而生，对民众的信息获取和发布行为产生了极大影响，出现了许多互联网舆论群体，借助着互联网开放性、虚拟性、匿名性的特征，网民愈来愈倾向于通过网络媒介发出声音。这一阶段的研究主要集中于舆论团体及各种舆论事件，由图 2-2 可见，本阶段的主要研究主题分布在"高校""舆论场""大学生""舆情分析""群体性事件""突发事件""意见领袖"等。学者们也注意到，网络空间与现实社会事件常常会出现舆论共振现象，现实社会中的小范围事件，如果没有得到及时、妥善的处理，经由网络传播后将很快被放大，发展成为网络舆情危机，其中对网络舆情信息传播起着关键作用的意见领袖首先成为舆情分析研究者关注的对象。表 2-1 为 2009—2012 年 CNKI 检索结果中"网络舆情"研究的部分高频次主题列表。

表 2-1   **2009—2012 年我国网络舆情研究高频主题列表**

年份	主题	频次	年份	主题	频次
2009	意见领袖	154	2010	舆情	92
2009	高校	113	2010	热点事件	54
2009	舆情分析	109	2010	网络问政	36
2009	引导	55	2010	社会政治态度	31
2009	传播机制	19	2011	大学生	72
2009	文本挖掘	11	2012	舆论场	74
2010	突发事件	126	2012	社会舆情	59

以微博为代表的自媒体受到网民的热捧，"意见领袖"成为第二阶段研究的重点，以"草根"为代表的民间舆论场在自媒体技术推动下成为"网络舆论场"，与官方舆论场一起开始进入研究视野，网络舆情与社会舆情的边界渐趋模糊，关于社会舆情的探讨也逐渐增加。由于网络突发舆情事件发生概率大、传播速度快、覆盖范围广等特点，这一时期，学界研究以网络舆情预警及引导机制研究为主。由于信息发布和获取渠道的迅速增加，需要实时跟踪监控的网站多、内容广，有必要依靠信息通信技术，建立网络舆情监控分析系统，对网络舆情的应对也需要实现由被动防堵转向为主动引导①。除了及时预警网络舆情、进行有效引导外，还应该从网络舆情分析方法与技术、网络空间中的道德与法律等多方面规范网络言论，加强对网络空间的管理和监督，尽量使网络舆情中可控范围内发生和发展、减少负面舆情带来的负面影响效应。

（3）成熟稳定阶段

---

① 王娟. 突发事件中网络舆论的治理[J]. 长春理工大学学报(高教版)，2007(4)：71-75.

2013 年以后我国核心期刊与网络舆情相关的发文量增速逐渐放缓，总体被引用率也放慢，可见网络舆情的研究热点已经基本稳定。在这一阶段我国的网络媒体、传播平台持续发展，"两微一端"开始成为网络舆情研究中的主要数据来源，互联网成为社会民众发表言论的主要途径之一。技术是把双刃剑，廉价的网络信息传播成本，催生了一批"网络推手"，网络推手的识别也成为该阶段网络舆情研究热点。从图 2-2 的右上角可以看到"思想政治教育"在 2015 年的网络舆情研究中属于前沿主题之一，而大学生、高校一直是近些年网络舆情的热点主题，这是由于研究者和管理者已经普遍发现网络舆论的片面性，需要增加对分布密度大、处于三观形成期的高校学生的引导和教育，传递更多正能量，将容易引发社会公共危机的因素从源头上消除，同时鼓励高校大学生多了解网络舆情信息的传播规律，提高网络环境下大学生的信息素养，提高信息甄别与判断能力，将高校思想政治教育工作切实与解决大学生实际问题相互结合。

2.2　网络舆情分析相关研究

总体而言，国内外已经对广泛意义上的网络舆情信息资源类型、特征、网络舆情演化规律等作了一定程度的研究，根据舆情信息资源管理的过程，与之相关的研究包括舆情信息采集、抽取、预处理、信息整合、意见倾向分析、观点挖掘、知识发现、预警指标、应对机制等，研究成果为网络舆情信息资源聚合提供了一定的参考。网络舆情监测与分析行业已经开发使用的系统较多，相关机构提供了各种层面的舆情分析报告，为本书提供了丰富的借鉴成果。

2.2.1　网络舆情基础理论研究

国内外对于网络信息资源的研究始于 20 世纪 90 年代初互联网兴起之

后。随着计算机技术和互联网的发展，网络信息资源逐渐成为科研和决策信息的重要来源之一。网络舆情是具有中国特色的研究概念，其基本含义来自舆情的概念，但更强调网络环境下的群体性和公共性，是目前的研究热点。早期关于网络舆情的研究多以网络民意调查为主。随着网络环境的普及、新媒体的兴起、用户参与程度的增加，网络舆情与网络舆论逐渐进入社会管理者和研究人员的视野并成为关注焦点，相关研究迅速增加，内容涉及网络舆情的概念与特征、信息资源的类型与特征研究、网络舆情信息传播规律研究、网络舆情对社会治理的影响研究、网络舆情信息监测与预警机制研究、网络舆情意见倾向分析研究、网络舆情应对策略研究等方面，研究方法包括定性分析、统计分析、数据挖掘、系统动力学模型、情景模拟、专家法等，研究领域涵盖传播学、思想政治教育、计算机科学、图书情报学、社会心理学等学科。与国外相关研究相比，国内在研究内容的广度上更广泛，深度基本与国外研究相当，按照网络舆情信息研究发展的历史与研究范围，相关研究历史与现状如下：

（1）网络舆情概念与特点研究

"舆情"是一个被广泛应用，但又缺乏普遍共识的本土概念①。王来华等认为舆情在下狭义是指在一定的社会空间内，围绕中介性社会事项的发生、发展和变化，作为舆情主体的民众对国家管理者产生和持有的社会政治态度，简略地说，舆情就是民众的社会政治态度②。张元龙认为，舆情是社会民众在一定历史阶段和社会空间内对关乎自己切身利益的公共事务或自己关心的特定事件所持有的群体性情绪、意愿、态度、意见和要求的总和及其表现③。刘毅认为，舆情是由个人以及各种社会群体构成的公众，在一定的历史阶段和社会空间内，对自己关心或与自身利益密切相关的各种公共事务所

① 冯希莹，王来华. 舆情概念辨析[J]. 社会工作，2011(5)：83-87.
② 王来华，林竹，毕宏音. 对舆情、民意和舆论三概念异同的初步辨析[J]. 新视野，2004(5)：64-66.
③ 张元龙. 关于"舆情"及相关概念的界定与辨析[J]. 浙江学刊，2009(3)：182-184.

持有的多种情绪、意愿、态度和意见交错的总和①。孙玲芳等针对学界对网络舆情的探讨，认为网络舆情就是公众以网络为平台通过新闻、评论、发帖、微博等为载体表达的对于在特定时空中发生的针对特定组织或个人的与自身利益相关或感兴趣的各种事项的具有群体性倾向的所有态度、意见、情绪和行为倾向的集合②。邢梦婷和王曰芬认为舆情的概念研究一般是从舆情的主体、客体、激体与本体这四个方面进行界定的③。张克生等④、李昌祖⑤认为舆情主体是民众、客体是执政者，激体即中介性社会事项，本体就是社会政治态度。

网络舆情的传播具有"自由性和可控性、互动性和及时性、丰富性和多元性、隐匿性和外显性、情绪化和非理性、个性化和群体极化性"⑥，"直接性、突发性、丰富性、互动性、偏差性"⑦，"传播影响范围和程度比较大"⑧，"呈现出类似波浪运动的一些基本特征与类型"⑨等特点。

（2）网络舆情信息资源的类型与特征研究

网络舆情信息资源的类型研究是网络舆情分析研究的范围与起点，相关研究大多包含于网络舆情信息资源采集、网络舆情信息资源抽取和利用等相关研究中。在通过采集一手数据进行分析的研究成果中，大体上，按照舆情

---

① 刘毅. 略论网络舆情的概念、特点、表达与传播[J]. 理论界，2007，2007(1)：11-12.

② 孙玲芳，周加波，徐会，等. 网络舆情危机的概念辨析及指标设定[J]. 现代情报，2014，34(11)：25-28.

③ 邢梦婷，王曰芬. 国内外社会舆情研究的回顾与展望[J]. 情报理论与实践，2015，38(11)：139-144.

④ 张克生. 舆情机制是国家决策的根本机制[J]. 理论与现代化，2004(4)：71-73.

⑤ 李昌祖. 论社会舆情的汇集与干预机制[J]. 社会科学，2007(9)：75-82.

⑥ 刘毅. 网络舆情信息理论体系的构建研究[D]. 天津外国语学院，2007：33-40.

⑦ 姜胜洪. 网络舆情的内涵及主要特点[J]. 理论界，2010(3)：151-152.

⑧ 黄晓斌，赵超. 文本挖掘在网络舆情信息分析中的应用[J]. 情报科学，2009，27(1)：94-99.

⑨ 廖卫民. 突发公共事件中网络舆论传播特征[J]. 新闻前哨，2010(11)：19-22.

信息资源呈现的形式，网络舆情的孕育载体和表现形态可分为博客①、推特（Twitter）、新浪微博、播客、个人空间、新闻网站、跟帖区、新闻列表、问政平台、网络论坛、网络社区、贴吧、聊吧、微信、QQ 群、游戏平台、搜索引擎、百度工具等②。按照网络舆情信息资源结构化程度可以分为结构化、半结构化与非结构化等类型。按照舆情信息产生领域可以划分为政府舆情信息、高校舆情信息、企业舆情信息等。可见，不同应用领域中不同类型的网络舆情信息资源的使用情况各不相同，全面的舆情分析和管理需要全面的信息资源，舆情应对决策更需要不同来源信息的支持，因此，有必要探讨网络舆情信息的共性以及对异源异构数据的有效聚合机制。

（3）网络舆论形成与发展的研究

Noelle Neumann 基于沉默的螺旋理论，认为在网络舆情生成过程中，公众意见会因另一方意见的沉默而逐渐强化，并通过反复形成具有某种一致性的舆论，演化为具有群体倾向的网络舆情③。韩运荣和喻国明提出舆论的形成包括事件的发生、意见领袖的发现、意见的产生、事实与意见信息的传播、意见的互动与整合、舆论的形成等六个阶段④。Zaller 认为，每个意见都是信息和既有倾向相结合的产物，信息使给定议题在头脑中形成图像，既有倾向促使得出对该议题的某些结论⑤。Toscani G 从个体意见交换和信息扩散的角度探讨了舆论形成的动力学模型⑥。程慧总结了网络舆情形成机制的

---

① Dwyer P. An approach to measuring influence and cognitive similarity in computer mediated communication[J]. Computers in Human Behavior, 2012(28): 540-551.

② 谢金林. 网络舆论生态系统内在机理及其治理研究——以网络政治舆论为分析视角[J]. 上海行政学院学报, 2013, 14(4): 90-101.

③ Noelle-Neumann E. The spiral of silence: Public opinion—Our social skin[J]. Social Forces, 1986, 64(3): 110-122.

④ 韩运荣, 喻国明. 关于舆论领袖的"素描"[J]. 新闻知识, 2005(6): 9-12.

⑤ 扎勒. 公共舆论[M]. 北京: 中国人民大学出版社, 2013: 7.

⑥ Toscani G. Kinetic models of opinion formation[J]. Communications in Mathematical Sciences, 2006, 4(3): 481-496.

整体框架①。柳军和蔡淑琴通过对微内容信息特征及其网络汇聚特性和演化
特性分析发现，由微内容信息特征所决定的微内容舆情汇聚的便利性、易爆
发性和社会化特性，以及微内容舆情演化的马太效应与观点极化特性等是导
致网络舆情热点形成的主要原因②。谢金林从生态学的角度剖析了网络政治
舆论生态系统互动机理以及网络"舆论旋风"形成的一般机理③。

（4）网络舆情传播与演化研究

这方面的研究主要可以分为传播模型、传播模式、传播效应和演变规律
四个方面。国外学者对网络舆情的传播模型开展研究，概括出的传播模型
有：Sznajd 模型、Krause-Hegselmann 模型、Deffuant 模型，成为后续研究网
络舆情传播的重要理论基础④。最近几年的重要研究成果还包括：重点分析
中心元胞鉴定度和领域权重影响对传播作用的元胞自动机传播模型⑤⑥、能
准确呈现舆情信息"裂变式"传播特性和舆情话题衍生性的传染病模型⑦⑧、
能反映出虚拟空间中人际关系的基于小世界网络的网络舆情传播模型⑨。在
传播模式方面，刘继等⑩将微博舆情的信息传播模式概括划分为单关键点

---

① 程慧. 网络舆情的形成机制研究[D]. 江西师范大学，2011：64-70.

② 柳军，蔡淑琴. 微内容的网络舆情传播特征分析[J]. 情报杂志，2013（1）：1-4.

③ 谢金林. 网络舆论生态系统内在机理及其治理研究——以网络政治舆论为分析
视角[J]. 上海行政学院学报，2013，14（4）：90-101.

④ 邢梦婷，王曰芬. 国内外社会舆情研究的回顾与展望[J]. 情报理论与实践，
2015，38（11）：139-144.

⑤ 方薇，何留进，宋良图. 因特网舆情传播的协同元胞自动机模型[J]. 计算机应
用，2012，32（2）：399-402.

⑥ 戴建华，杭家蓓. 基于模糊规则的元胞自动机网络舆论传播模型研究[J]. 情报
杂志，2012，31（7）：16-20.

⑦ 朱恒民，李青. 面向话题衍生性的微博网络舆情传播模型研究[J]. 现代图书情
报技术，2012（5）：60-64.

⑧ 陈福集，陈婷. 基于 SEIRS 传播模型的网络舆情衍生效应研究[J]. 情报杂志，
2014（2）：108-113.

⑨ 姜鑫，田志伟. 微博社区内信息传播的"小世界"现象及实证研究——以腾讯微
博为例[J]. 情报科学，2012（8）：1139-1142.

⑩ 刘继，李磊. 基于微博用户转发行为的舆情信息传播模式分析[J]. 情报杂志，
2013（7）：74-77.

式、链式型、多关键点型三种类型，陈福集提出六阶段传播模式及热点话题双核心的手抓哑铃宏观传播模型①。在群体性事件中，网络舆情传播出现有蝴蝶效应②、群体极化、匿名制服③、羊群效应④等，这些效应不仅会影响网络舆情的传播过程，还会影响舆情的最终演化方向。网络舆情演变具有较大的复杂性，国外学者主要以物理学视角的粒子交互作用为思路，构建粒子交互作用模型以解释演变过程和现象，如 Sznajd 模型及其修正模型、有限信任模型及其变形模型、协商模型（Deffuant）模型及其变形模型等。Zhang J 和 Hong Y 提出并分析了两个广义的 Deffuant-Weisbuch（DW）模型，以两种不同方式对传统的 DW 模型进行拓展，研究证明，当只考虑置信区域内的观点时，短期多选择 DW 动态模型中的个体意见最终呈现出可靠的收敛性，即趋于一致；当使用甲醛组合来考虑置信区间内的意见时，长期多选择 DW 模型的动态行为与短期模型的收敛情况完全不同⑤。张合斌具体分析了网民在线回复或点击及线下反思与聚集等会促使网络舆情沿着形成、喷涌、方向转变、渐微乃至湮灭的路径演变⑥。方付建将突发事件网络舆情演变划分为孕育、扩散、变化和衰减四个阶段⑦。网络推手或意见领袖的研究，促进了学者对网络舆情演变规律的深入。网络推手在网络舆情演化过程中起着越来越

①　陈福集，胡改丽. 网络舆情热点话题传播模式研究［J］. 情报杂志，2014（1）：97-101.

②　杨永军，张彩霞. 社会舆情的传播效应探析［J］. 现代传播（中国传媒大学学报），2012，34（1）：137-138.

③　陈潭，黄金. 群体性事件的网络舆情及其传播逻辑［J］. 理论探讨，2011（4）：140-142.

④　陈福集，黄江玲. 基于演化博弈的网络舆情传播的羊群效应研究［J］. 情报杂志，2013（10）：1-5.

⑤　Zhang J, Hong Y. Opinion evolution analysis for short-range and long-range Deffuant-Weisbuch models［J］. Physica A Statistical Mechanics & Its Applications，2013，392（21）：5289-5297.

⑥　张合斌. 高校百度贴吧舆情研究［J］. 新闻爱好者月刊，2009（9）：122-123.

⑦　方付建. 突发事件网络舆情演变研究［D］. 华中科技大学，2011：130-142.

重要的作用，可以在一定程度上左右民意，影响舆情演化的方向①。

(5)网络舆情引导与应对

Mceoy以美国"黑色联盟"为研究对象，分析了新闻修复权威地位②。Brooks认为"把关"在网络舆情引导中式非常重要的，需要善于运用议程设置理论③。Benoit从公共危机传播理论出发，将传播策略划分为否认、逃避、亡羊补牢和自责等四种，指出政府在危机传播中要积极面对、勇于负责，及时传播有效的危机事件信息，减少负面传播④。

2.2.2 网络舆情分析技术

网络舆情监测与分析技术大致可以分为两大类：基于统计规则的模式、基于文本挖掘的主题监测⑤。

2.2.2.1 网络舆情模式识别研究

基于模式识别的网络舆情监测具有一定的有效性。谢海光、陈中润以中国某大学校园网论坛的热点话题数据，对其关键参数如某段时间间隔内用户所关注信息点记录，构建了互联网内容与舆情的热点(热度)、重点(重度)、焦点(焦度)、敏点(敏度)、频点(频度)、拐点(拐度)、难点(难度)、疑点(疑度)、黏点(黏度)和散点(散度)多个分析模式和判据⑥。李恒训等人以

---

① 陈福集，黄江玲．三方博弈视角下政府应对网络推手的对策研究[J]．中国行政管理，2013(11)：18-21.

② Mccoy M E. Dark alliance：News repair and institutional authority in the age of the Internet[J]. Journal of Communication，2002，51(1)：164-193.

③ Brooks B S. Journalism in the Information Age：A Guide to Computers for Reporters and Editors[M]. Allyn & Bacon，Inc. 1996：128-135.

④ William L Benoit. Sears' repair of its auto service image：Image restoration discourse in the corporate sector[J]. Communication Studies，1995，46(1)：89-105.

⑤ 陈忆金，曹树金，陈少驰，等．网络舆情信息监测研究进展[J]．图书情报知识，2011(6)：41-49.

⑥ 谢海光，陈中润．互联网内容及舆情深度分析模式[J]．中国青年政治学院学报，2006，25(3)：95-100.

TDT4 语料的98245篇报道的汉语语料，以及新浪新闻网、中国新闻网、南方周末、千龙网信息作为补充，将获取的候选主题词多重过滤和加权计算，对语料进行分词并采集百度等网站提供的热门搜索词构造主题词词典，对网页分类并根据权重进行排序，提出了基于主题词的热点话题发现算法①。刘勤等收集了 79 个网络热点舆情数据(包括真实舆情事件 41 个和伪舆情事件 38 个)，首先构建针对网络舆情真伪的评价指标，基于支持向量机的分类机理，结合网络舆情的评价指标，提出基于支持向量机的网络伪舆情识别模型，采用多项式核函数以及优化之后的径向基核函数产生的分类器，构建网络为舆情识别算法②。然而，由于不同的信息源信息产生规律有较大的差异，该方法具有较大的局限性，只能进行小规模的定点监测。

2.2.2.2 基于内容挖掘的网络舆情主题监测技术研究

一般来说，基于内容挖掘的网络舆情主题监测技术包括一系列步骤：信息采集、预处理、文本挖掘核心过程、结果聚合、可视化。

(1)网络舆情信息采集与预处理

任何一种文本挖掘的第一个步骤都是数据获取，即获取用来进行文本挖掘的数据集。目前有两种方法：一是利用网站 API，这也是 Twitter 和微博最受欢迎的服务之一，二是从目标网站中捕获数据③，这种方法与网络爬虫用法一致。基于 API 的方法执行起来较为简单，采集的数据有序而且结构一致，但是它依赖于接口提供者，具有一些局限性。流应用程序结构虽然没有明显的下载速率限制，但是在诸如同一时间、同一被连接的 IP 地址的用户

---

① 李恒训，张华平，秦鹏，等 . 基于主题词的网络热点话题发现[C]. 全国信息检索学术会议，2009.

② 刘勤，朱怀萍，刘秀芹 . 基于支持向量机的网络伪舆情识别研究[J]. 现代图书情报技术，2013(11)：75-80.

③ Soylu A , Modritscher F , Wild F, Causmaecker P D, Desmet P. Mashups by Orchestration and widget-based personal environments：Key challenges, solution strategies, and an application[J]. Electronic Library and Information Systems，2012，46(4)：226-234.

数量以及用户可读数据的比例方面可能受到限制①。此外，并非所有网站都能提供可获取的应用程序接口，即使提供，该接口也未必具备所需要的每一种功能，未必能获取所需数据的所有字段。相形之下，基于爬虫的方法难度较大，因为它所获取的数据噪音更大，且结构差异大，优点是受限少②。理论上讲，网络舆情采集信息源主要来自动态网页③。为了提高网络舆情处理的效率和准确率，系统需要在网络舆情预处理之前判断采集到的页面是否有冗余信息，即信息过滤。判断页面内容与主题的相关性的方法仍然是基于关键词的模型匹配方法④，信息主题过滤和聚合主要采用布尔模型和向量空间模型建立用户索引，然后进行语义信息匹配度计算⑤。杨梅提出提取文本中的关键词列表，用一定数量的关键词来表示该文本信息⑥。陈桂鸿提出基于Web-harvest 的定点信息采集和基于输入法平台的新词收集策略，构建了一个互联网用语扩展词库⑦。郭岩等提出 SrcRank 算法对网络舆情信息源的重要度进行排名，并构建了一个网络舆情信息源影响力评估体系⑧。龙宇研究系统实现方式，搭建基于 Net Visual Studio 的系统开发环境，采用目前主流的B/S 三层架构开发模式，重点研究业务逻辑层与数据层的交互，实现舆情信

---

① 刘锦锦. 基于 BitTorrent 的流媒体系统关键技术研究与实现[D]. 浙江大学，2011：101-113.

② 王佳. 支持 Ajax 技术的主题网络爬虫系统研究与实现[D]. 北京交通大学，2011：90-92.

③ 高天宏. 互联网舆情分析中信息采集技术的研究与设计[D]. 北京邮电大学，2015：80-86.

④ Turney P D. Learning to Extract Keyphrases from Text[C]. NRC Technical Report ERB-1057，National Research Council，Canada，1999：1-43.

⑤ Mesbah A，Bozdag E，Deursen A V. Crawling AJAX by Inferring User Interface State Changes[C]//Eighth International Conference on Web Engineering，ICWE 2008，14-18 July 2008，Yorktown Heights，New York，USA. 2008：122-134.

⑥ 杨梅. 网络舆情热点发现的研究[D]. 北京交通大学，2008：63-71.

⑦ 陈桂鸿，曹树金，陈忆金. 网络舆情信息提取与预处理研究[J]. 图书情报知识，2011(6)：50-54.

⑧ 郭岩，刘春阳，余智华，等. 网络舆情信息源影响力的评估研究[J]. 中文信息学报，2011，25(3)：64-71.

息采集系统的主要功能①。孙玲芳等开发了一套由舆情信息采集、中文分词、特征选择、向量空间模型及改进的 K-means 算法等技术模块组成的网络舆情热点事件发现系统②。金燕为解决已有信息抽取系统中方法不具有重用性及不能抽取语义信息的问题，提出了一个基于领域本体的面向主题的 Web 信息抽取框架③。Fu 等提出聚焦爬虫的概念，即能够搜集关于特定主题的富文本内容④，并且通过建立起基于情感的网络爬虫框架对基于情感的网络挖掘进行了正式定义⑤，促进网络舆情信息的发现。

预处理包含的主要技术有：

断句：将段落切分成句子⑥。中文断句通常可以用句号、感叹号等来实现切分，但是在英文文本中，因为句号不但可以用来标注一个句子结束，也表示缩写和小数⑦，因此处理难度较大。

分词：将全部文本串切分成若干词或词组并形成词表。英语、西班牙语、法语等具有空格间隔的语言来说分词难度小，但是汉语、日语、泰语等语种的文本中，词语之间没有空格间隔，分词难度较大⑧。现有的开源汉语分词系统较为有名的有中国科学院计算技术研究所研发的 ICTCLAS(又名 NLPIR 汉语分词系统)、HTTPCWS 分词系统、SCWS 分词系统、盘古分词、PhpanAlysis 无组

① 龙宇. 互联网舆情信息采集系统的设计与实现[D]. 电子科技大学，2013：3-19.

② 孙玲芳，周加波，徐会，等. 基于改进 K—means 的网络舆情热点事件发现技术[J]. 计算机与现代化，2014(4)：143-147.

③ 金燕. 基于本体的 Web 信息抽取研究综述[J]. 图书馆学研究，2012(16)：2-6.

④ Fu T, Abbasi A, Zeng D, et al. Sentimental spidering: Leveraging opinion information in focused crawlers[J]. Acm Transactions on Information Systems，2012，30(4)：1-30.

⑤ Vural A G, Cambazoglu B B, Senkul P. Sentiment-focused Web Crawling[C]//ACM International Conference on Information and Knowledge Management. ACM，2012：2020-2024.

⑥ Kiss T, Strunk J. Unsupervised multilingual sentence boundary detection [J]. Computational Linguistics，2006，32(4)：págs. 485-525.

⑦ Bird S, Klein E, Loper E. Natural Language Processing with Python[M]. 南京：东南大学出版社，2010：10-19.

⑧ Palmer D, Text Preprocessing[M]//Handbook of Natural Language Processing, 2nd Edition, Machine Learning and Pattern Recognition, CRC Press, New York, NY, USA, 2010：31-35.

件分词系统、MMSEG4J 分词系统、IKAnalyzer 中文分词工具包等。

截词：英文文本处理中删除单词词缀的启发式过程，用一种恒定的标准格式或者是"词干"将这些词缀分离①。例如，对 person，person's，personality 和 personification 进行截词运算就变成 person。目前最受欢迎的截词算法是波特截词算法②。

词元化：确定一个单词的固定的字典格式的算法过程。它和截词类似，但是它的实现步骤更为严格，需要对每一个单词进行词法分析③。

停用词删除：即删除对语言结构来说有用但是对内容没有贡献的单词。例如普遍来说，个、只、是、在、将、的、地、得、但是、可是等属于无用词。无用词的删除还与文本数据的语境相关，尤其是在网络舆情事件中，有些词在某种事件中属于有用词，但是在另外一个事件中却属于需要删除的无用词。

词性标注：标注句子中的每一个单词及其词类，例如形容词、名词、动词、副词和介词④⑤⑥，它既可以被用来作为诸如依存关系语法分析这类进

① Bing L. Web Data mining: Exploring hyperlinks, contents, and usage data (Data-Centric Systems and Applications)[J]. Acm Sigkdd Explorations Newsletter, 2008, 10(2): 23-25.

② Porter M F. An algorithm for suffix stripping [C]//Morgan Kaufmann Publishers Inc. 1997: 130-137.

③ Manning C D, Raghavan P Sch&#, et al. Introduction to Information Retrieval[M]. CambridgeUniversity Press, 2008: 153-169.

④ Brill E. A simple rule-based part of speech tagger[C]. Proceedings of the Workshop on Speech and Natural Language, Association for Computational Linguistics, Harriman, New York, 1992: 112-116.

⑤ Gimpel K, Schneider N, O'Connor B, et al. Part-of-speech tagging for twitter: annotation, features, and experiments[C]//The Meeting of the Association for Computational Linguistics: Human Language Technologies, Proceedings of the Conference, 19-24 June, 2011, Portland, Oregon, Usa-Short Papers. 2011: 42-47.

⑥ Das D, Petrov S. Unsupervised part-of-speech tagging with bilingual graph-based projections[C]//Meeting of the Association for Computational Linguistics: Human Language Technologies. Association for Computational Linguistics, 2011.

一步处理的输入①，也可以被用来作为一种机器学习过程的参数②③。

以上这些步骤并非全部必需，需要根据具体的文本挖掘程序来做出选择。例如为了减少维度和噪音，一个依赖于词包、基于机器学习的系统可能会用到上述所有方法④，但是一个无监督方法可能需要建立停用词表来建立依存规则，并用在文本挖掘的核心过程中⑤。数据源和数据采集方法的差异也会带来预处理方法选择的差异。例如通过网络爬虫采集的数据必须进行加工以过滤网页信息、标签信息和图片或广告等非文本信息⑥⑦⑧，从微博采集的数据则要注意对话题标签、点赞、博文、评论文本、情感符号、带有重复字符的单词等网络用词的处理。

（2）文本表示与主题发现

文本主题分析旨在确定一个文本的主题结构，即识别所讨论的主题，界定主题的外延，跟踪主题的转换，觉察主题间的关系等，它是很多信息处理领域，比如文本理解、语言建模、信息的检索与抽取、文本分类等应用的基

---

① Vilares D, Alonso M A, Gómezrodríguez C. A syntactic approach for opinion mining on Spanish reviews[J]. Natural Language Engineering, 2014, 21(1): 1-25.

② Sanda R, Baizal Z K A, Nhita F. Opinion mining feature-level using Naive Bayes and feature extraction based analysis dependencies[J]. 2015, 1692(1): 43-50.

③ Perkowitz M, Etzioni O. Towards adaptive Web sites: Conceptual framework and case study[J]. Computer Networks, 2000, 31(99): 1245-1258.

④ Hangya V, Farkas R. Target-oriented opinion mining from tweets [C]//IEEE, International Conference on Cognitive Infocommunications. 2013: 251-254.

⑤ Gimpel K, Schneider N, O'Connor B, et al. Part-of-speech tagging for Twitter: annotation, features, and experiments[C]//The Meeting of the Association for Computational Linguistics: Human Language Technologies, Proceedings of the Conference, 19-24 June, 2011, Portland, Oregon, Usa-Short Papers. 2011: 42-47.

⑥ Zarsky B T. Mine your own business!: Making the case for the implications of the data mining or personal information in the forum of public opinion[J]. Yale Journal of Law & Technology, 2012.

⑦ Lu B. Overview of the Study of Internet Public Opinion Mining[J]. Information & Documentation Services, 2010, 31(2): 41-45.

⑧ Pang B, Lee L, Vaithyanathan S. Thumbs up? Sentiment classification using machine learning techniques[J]. Computer Science, 2009: 79-86.

础与核心部分①。目前网络舆情主题识别技术，正在从传统的线性文本聚类分析，向更注重内容特征的话题标引统计识别技术发展。王小华等通过基于共词分析方法对文本主题词进行聚类从而发现当前的主题，首先通过停用词过滤和 TF-IDF 关键词提取技术提取出主题词串，然后构建共词矩阵，再通过 Bisecting K-means 算法对主题词串进行聚类分析，从而发现主题②。陈友等开发了一套由中文分词、向量空间模型、特征提取、降维处理和文本聚类等模块组成的舆情分析系统，实现互联网舆情信息的主题发现③。唐晓波和房小可认为采用适当的方法是影响微博短文本信息检索质量的关键，并针对文本聚类和 LDA 主题模型的互补特征，提出了基于频繁词集的文本聚类和基于类簇的 LDA 主题挖掘相融合的微博检索方法，给出了针对微博文体的一种主题检索模型，实现文本划分以及挖掘类簇中的潜在主题④。阮光册通过评论文本的词性标注、语义分析形成语料库，然后利用 HowNet 对语料库中的词项进行语义相似度计算，完成语义去重、合并，通过 LDA 主题模型将用户评论的内容映射到主题上，实现对用户评论信息主题的发现⑤。董婧灵等提出基于 LDA 主题模型的文本聚类和聚簇描述方法，利用 LDA 模型挖掘隐藏在文本内的不同主题与词之间的关系，得到文本的主题分布，并将此分布作为特征融入传统的向量空间模型来计算相似度进而对文本进行聚类，再利用主题信息对聚类结果进行聚簇描述，实验结果表明该方法能明显提高

---

①　石晶. 中文文本的主题分析技术研究[D]. 中国科学院软件研究所，2007：4-20.

②　王小华，徐宁，谌志群. 基于共词分析的文本主题词聚类与主题发现[J]. 情报科学，2011(11)：1621-1624.

③　陈友，程学旗，杨森. 面向网络论坛的突发话题抽取[C]. 全国信息检索学术会议，2009.

④　唐晓波，房小可. 基于文本聚类与 LDA 相融合的微博主题检索模型研究[J]. 情报理论与实践，2013，36(8)：85-90.

⑤　阮光册. 基于 LDA 的网络评论主题发现研究[J]. 情报杂志，2014(3)：161-164.

文本的聚类效果①。

LDA 模型把文档、主题和词汇构建成三级的贝叶斯模型，将文档主题按照概率分布的形式给出，模型认为每篇文档的每个词都可以通过以一定概率从文档抽取主题，再以一定概率从主题抽取词汇所得。它假设文档-主题概率 θ_d（d 为文档编号）服从超参数为 α 的狄利克雷（Dirichlet）分布，主题-词汇概率 β_k（k 为主题个数）服从超参数为 η 的狄利克雷分布，具体的生成过程分为四步：

第一步，对每个主题，将主题 θ_d 从超参数为 α 的狄利克雷分布中抽取出来。

第二步，在 Step1 中得到的主题分布 θ_d 进行采样得到主题 Z_d。

第三步，将主题-词汇分布 β_k 从超参数为 η 的狄利克雷分布中抽取出来。

第四步，将词语 W 从主题-词汇分布 β 中选择出来。

不断迭代此过程，直至所有的主题收敛，这时候模型中的隐含变量 θ_d 和 β_k 会在抽样更新过程中达到收敛。模型构建过程示意图如图 2-3 所示。

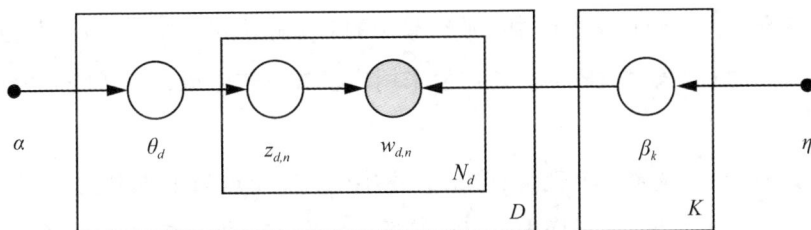

图 2-3　LDA 主题模型生成原理②

图中参数含义解释：D 代表语料库文档的集合，K 是所有主题的集合，N_d 表示第 d 篇文档的词汇总数。W_d, n 代表第 d 篇文档中的第 n 个词汇，

---

① 董婧灵，李芳，何婷婷，等. 基于 LDA 模型的文本聚类研究[C]. 中国计算语言学研究前沿进展，2012.

② 董婧灵. 基于 LDA 模型的文本聚类研究[D]. 华中师范大学，2012.

Z_d，n 则表示文档 d 第 n 个词汇的主题。θ_d 和 β_k 分别表示第 d 个文档下的主题分布和第 k 个主题下词的分布①。

通过距离计算进行类别文本模型主要有 Kmeans、DBSCAN、层次聚类等。这些算法在主题分类过程中采用特定的距离衡量方法实现类别归属划分，常见的距离衡量方法有欧氏距离、曼哈顿距离、切比雪夫距离、汉明距离和马氏距离等。DBSCAN 基于密度可达概念依据对文本向量计算距离后进行聚类，在聚类过程中无需指定类别个数，但需要指定邻域的距离阈值和邻域的样本数阈值。层次聚类根据文本向量距离由近到远，分层逐步聚集相同的类别。Kmeans 是一种无监督算法，它根据样本到簇的距离不断进行迭代，动态地调整样本类别归属直至最终收敛，适用于无类别标注的文本聚类。Kmeans 算法具有实现简单、收敛速度相对较快、分类效果好等优点，在文本聚类领域得到了非常广泛的应用。

Kmeans 即 K 均值算法，是一种基于距离的无监督聚类算法。K 均值算法具有简单、迭代速度快、分类效果较好等优点，被广泛用于各种数值型和文本型的数据挖掘中。K 均值算法以簇数量 k 为输入参数，把 $n(n \geq k)$ 个对象的集合依次划分在 k 个簇中，使得簇中的对象距离尽可能小，从而达到对相似度高的对象聚类划分②。K 均值采用启发式方式生成，算法的生成过程如下：

➢ Step 1：选定 k 个簇，随机在样本中生成 k 个点为簇的质心。

➢ Step 2：计算每个样本到每个簇质心的距离，把每个样本归属到距离最近的簇中，距离计算方式常用为欧氏距离。

➢ Step 3：以样本数据之间的平均距离为标准重新计算簇的质心，得到新的 k 个簇的质心。

➢ Step 4：重复 Step 2 到 Step 3 这两个步骤，直到模型目标函数收敛，样本归属不再发生变化。

---

① 陈磊. 文本表示模型和特征选择算法研究[D]. 中国科学技术大学，2017.
② 陈险峰. 微博舆情分析系统的设计与实现[D]. 华南理工大学，2015.

K 均值算法的优化目标是所有样本到所属簇质心的总和，优化的目标函数 J 如下所示：

$$J = \sum_{n=1}^{n} \sum_{k=1}^{k} r_{nk}(X_n - C_k)^2$$

其中 r_{nk} 是表示数据点是否在簇 k 中，取值为 1 和 0；C_k 为第 k 个簇的质心；X_n 代表第 n 个样本数据[1]。

（3）文本挖掘和观点分析

网络舆情应对决策过程中，无论是个人还是组织层面，信息文本都起着基础作用，因为它们深刻地影响着人们的态度和利益[2]，这是直接驱动人们利用现有力量去实现自动监测和理解文本的动力，例如，文本挖掘技术推动电子商务行业免费获得客户及客户对产品的评价[3]，让企业能够预估到他们的股票交易量和财政收益[4]，推动政府和其他组织机构在不付费进行调查的情况下对公众和当前状况有更深的了解，促使改进公共政策环境中的议程设置[5]。而这些信息在互联网用户自生成内容之前，都需要通过开展大规模用户调查才能获得。因此，网络舆情的研究中，最热门的一个研究领域就是自然语言处理中的文本挖掘。迄今为止，计算机科学界已经出版的关于该领域的论文超过了 7000 篇[6]。

从分析层级看，文本挖掘的分析层级经历了好几个阶段，首先是基于文

① 刘江华. 一种基于 Kmeans 聚类算法和 LDA 主题模型的文本检索方法及有效性验证[J]. 情报科学，2017，35(2)：16-21，26.

② Liu B. Sentiment Analysis and Opinion Mining[C]. Synthesis Lectures on Human Language Technologies，2012：152-153.

③ Hu M. Mining and summarizing customer reviews[J]. Proc. Acm Sigkdd Int. conf. Knowledge Discovery & Data Mining，2004：194-210.

④ Tsytsarau M, Palpanas T, Castellanos M. Dynamics of news events and social media reaction[J]. Climatic Change，2014，90(1-2)：31-55.

⑤ Suen C, Huang S, Eksombatchai C, et al. NIFTY：A System for Large Scale Information Flow Tracking and Clustering[C]. International Conference on World Wide Web，2013：1237-1248.

⑥ Zhao Y, Qin B, Liu T. Creating a fine-grained corpus for Chinese sentiment analysis[J]. Intelligent Systems IEEE，2015，30(1)：36-43.

档层面，目的是发现整个文档的普遍极性。随后人们对分析层级的兴趣转移到实体和方面层面，分析粒度越细所产生的结果则越容易实现聚合，例如基于方面的文本挖掘过程能够用于计算一个给定句子的情感极性从而产生一个句子层级的分析结果。

文档层级：将一个观点文档类分成积极的或者消极的。这一分析层级的适用性常常受到限制，而且它通常属于综合分析的文本内容①。Pang 和 Lee 使用贝叶斯朴素算法、最大熵算法和支持向量机这三种不同的机器学习方法去预测电影评论的极性。他们随后还探讨影评情感极性与用户对电影评分之间的关系，而不仅仅是将影评情感极性类分为积极等级或者消极等级②。

句子层级：这一层级与文档层级类似，因为一个句子可以视为一个短小的文档。但是，句子层级首先需要实现断句处理，也面临着和分词相似的困难即难以对没有间隔符分隔的语言进行切分。Riloff 和 Wiebe 使用诱导法对未知数据进行标注，发现抽取模型，实现主观句抽取③。Yu 和 Hatzivassiloglou 通过使用朴素贝叶斯分类器以及一个包含单词、双字母组、三字母组、词性标签和极性的特征集，实现更高效的信息聚类以及更高的精确度（达到80%～90%）④。周杰依据网络舆情话题评论在形式上的一些共性，在情感词典和观点主题识别基础上，对网络舆情话题整体的情感倾向性进行识别，首先利用句法分析计算情感词在上下文环境中的倾向值，然后对评论中的语句进行语义模式匹配，实现部分结构简单并能反映评论者观点的语句的情感倾向性识别，最后通过聚类算法对具有相似解释型语言评论的倾向值

①　Liu B. Sentiment Analysis and Opinion Mining［C］. Synthesis Lectures on Human Language Technologies，2012：152-153.

②　Pang B，Lee L. Seeing stars：Exploiting class relationships for sentiment categorization with respect to rating scales［C］. Meeting on Association for Computational Linguistics. Association for Computational Linguistics，2005：115-124.

③　Riloff E，Wiebe J. Learning extraction patterns for subjective expressions［J］. Proceedings of Emnlp，2003：105-112.

④　Cambria E，Schuller H，Xia Y，et al. New avenues in opinion mining and sentiment analysis［J］. IEEE Intelligent Systems，2013，28(2)：15-21.

进行修正并判断话题的情感倾向性①。

实体和方面层级：这一层级代表了文本挖掘的最细粒度的层级，其任务不仅是发现文本的极性还要发现它的目标(实体，方面，或者两者都需要)。当被测试的文本包含一个实体和一个方面时，文档层级和句子层级的分析都显得卓有成效。但是如果提供更多的实体和方面，它们则显得软弱无力②。因此，基于实体或方面的文本挖掘试图通过探测文本中每一个涉及的实体或方面，并将这些实体或方面与相应的文本相结合来解决这一问题。施寒潇在现有情感词极性强度量化算法基础上，针对不同类型的情感词设计不同的计算规则和方法，联合评价对象属性及其情感表达元素进行情感表达对的识别，再基于半监督学习的属性分类进行情感极性的计算③。Hu 和 Liu 寻找那些经常被用户评论的产品特征(方面)，然后确定包含这些特征的句子的极性，最后对结果进行总结④。执行基于方面的文本挖掘任务时，其过程通常是首先确定产品特征，其次辨识有关这些特征的文本，然后评估它们的极性，最后基于它们的特性进行等级排列⑤。Marrese-Taylor 等将实体表达和方面表达合并到分析过程中进而拓展文本的定义，按照方面辨识、情感预测和总结发展的步骤，将方面层级的文本挖掘应用于旅游领域，从 TripAdvisor 上的用户评论中获取有价值的信息⑥。他们还进一步研究将其整合到一个模块

---

① 周杰. 网络舆情话题情感倾向性分析技术研究[D]. 解放军信息工程大学，2010：3-19.

② Zhao Y, Qin B, Liu T. Creating a fine-grained corpus for Chinese sentiment analysis [J]. Intelligent Systems IEEE, 2015, 30(1)：36-43.

③ 施寒潇. 细粒度情感分析研究[D]. 苏州大学，2013：4-21.

④ Hu M, et al. Mining and summarizing customer reviews [J]. Proc. Acm Sigkdd Int. conf. Knowledge Discovery & Data Mining, 2004：194-210.

⑤ Somprasertsri G, Lalitrojwong P. Extracting product features and opinions from product reviews using dependency analysis [C]//IEEE. Seventh International Conference on Fuzzy Systems and Knowledge Discovery, 2010：206-211.

⑥ Marrese-Taylor E, Velásquez J D, Bravo-Marquez F, et al. Identifying customer preferences about tourism products using an aspect-based opinion mining approach[J]. Procedia Computer Science, 2013(22)：182-191.

化软件中①，增加了结果可视化模块。Quan 等人分别从篇章、段落和词汇三个级别对博客文本进行细粒度标记的规范，并将情感倾向值表示的强度分为8 个层次②。杨超、冯时采用中科院计算技术研究所开发的汉语词法分析系统，针对网络上的新兴词语做了网络词汇词典，将数据人工分析结果与网络舆情倾向性分析系统分析结果对比③。

从文本挖掘核心方法看，目前用于文本挖掘核心过程的方法可以归纳为三种：第一种是无监督、基于词典的方法，需要依靠语法规则、语义规则和诱导法来实现。第二种方法是受监督的机器学习法，即从之前标注数据中学习潜在信息，允许它们去类分新的、未被标注的数据。这两种方法中许多研究被联合使用，且取得了较好的效果④⑤⑥。第三种方法是基于概念的方法，即利用本体解决文本挖掘中的问题。

➢ 不受监督的基于词典的方法，也被称作基于语义的方法，首先是利用词典标记每一个单词和词组相对应的情感极性，建立情感极性词典，再整合情感分析与情感变化分析结果，最后通过理解复杂的从句如何影响极性来处

① Marrese-Taylor E, Velásquez J D, et al. Opinion Zoom：A Modular Tool to Explore Tourism Opinions on the Web［C］//IEEE Wic. Acm, International Joint Conferences on Web Intelligence. IEEE Computer Society, 2013：261-264.

② Quan C Q, Ren F J. Construction of a Blog Emotion Corpus for Chinese Emotional Expression Analysis［C］. Proceedings of EMNLP'2009, 2009：1446-1454.

③ 杨超, 冯时, 王大玲, 等. 基于情感词典扩展技术的网络舆情倾向性分析［J］. 小型微型计算机系统, 2010, 31(4)：691-695.

④ Perkowitz M, Etzioni O. Towards adaptive Web sites：Conceptual framework and case study［J］. Computer Networks, 2000, 31(99)：1245-1258.

⑤ Wu Y, Zhang Q, Huang X, et al. Phrase dependency parsing for opinion mining［C］. Conference on Empirical Methods in Natural Language Processing：Volume. Association for Computational Linguistics, 2009：1533-1541.

⑥ Nakagawa T, Inui K, Kurohashi S. Dependency tree-based sentiment classification using CRFs with hidden variables［C］. Human Language Technologies：Conference of the North American Chapter of the Association of Computational Linguistics, Proceedings, June 2-4, 2010, Los Angeles, California, USA. 2010：786-794.

理转折关系的从句，在情感极性得分中反映出转折从句对极性的影响①。薛伟采用基于余弦相似度分析的 CSP 算法来挖掘舆情信息②。Miller 使用 WordNet 开发了一个文本单词表，通过确定常用词的位置来预测文本句子的位置③。Turney 首先遵循特定的语法规则提取二元组，然后利用 PMI 评估这些词的极性，最后计算所抽取的每一个二元组的极性进而评估一篇评论的极性④。

➢ 受监督的机器学习方法，也称为面向情感分类的基于机器学习的方法，从示例数据中类分新的、未标记的数据⑤。其步骤通常包括：抽取特征来表示将要被进行分析的目标，将这些特征（例如词条频率、POS 标签、情感词、文本规则、句法依存等）作为算法输入。在监督式学习下，输入数据被称为"训练数据"，每组训练数据有一个明确的标识或结果，在建立预测模型时，监督式学习建立一个学习过程，将预测结果与"训练数据"的实际结果进行比较，不断调整预测模型，直到模型预测结果达到一个预期的准确率，目前常见算法有逻辑回归和反向传递神经网络⑥。Pak 和 Paroubek 利用 Twitter 的快乐和悲伤情感符号建立起跟踪训练文本，分别测试了朴素贝叶斯分类器、CRM 和 SVM，发现朴素贝叶斯分类法的应用效果最好⑦。

---

① Liu B. Sentiment Analysis and Opinion Mining [C]. Synthesis Lectures on Human Language Technologies，2012：152-153.

② 薛玮. 网络舆情信息挖掘系统的研究[D]. 北京交通大学，2008：102-113.

③ Miller G A. WordNet：A lexical database for english[J]. Communications of the Acm，1995，38(11)：39-41.

④ Turney P. Thumbs up or thumbs down? Semantic orientation applied to unsupervised classification of reviews [C]. Proceedings of the Association for Computational Linguistics (ACL)，2005：417-424.

⑤ Rebolledo V L，L' Huillier G，Velásquez J D. Web Pattern Extraction and Storage[M]. Advanced Techniques in Web Intelligence-I. 2010：49-77.

⑥ 机器学习常见算法分类汇总[EB/OL]. [2016-05-18]. http：//www.ctocio.com/hotnews/15919.html.

⑦ Pak A，Paroubek P. Twitter as a Corpus for Sentiment Analysis and Opinion Mining [C]. International Conference on Language Resources and Evaluation，Lrec 2010，17-23 May 2010，Valletta，Malta. 2010.

不受监督的方法的好处是它不需要通过数量庞大的数据来获取训练算法，但是，获取或者建立一个情感极性词典仍然是必不可少的。相对于受监督的方法，不受监督的方法对领域依赖也更小。的确，在一个领域通过训练所得的分类器应用于另一个领域时往往效果不佳①②。

➤ 基于概念的方法，相对而言，这类方法是新兴的并且是利用本体实现对文本挖掘任务的支持。本体是一种描述术语及术语间关系的概念模型，是利用一种人类和计算机都能理解的语言实现对某一领域知识的概念化，通常被描述成图表并且通常被映射到由关系所连接的节点。

Zhou 和 Chaovalit 把本体整合到一个电影影评领域的文本挖掘系统中，综合采用监督与无监督方法，抽取出电影评论文本中包含的概念后实现基于概念的情感极性分类③。Cambria 等提出并构建了一个基于通识推理和领域专用本体的文本挖掘的语义源④。后续研究还对这个语义源进行了完善，增加了将其与 WordNet-Affect 整合所得的情感信息，另一个语义源中也增加了诸如愤怒、厌恶、开心和惊喜这一类的情感标签⑤。Miao 等提出了一个类分文本的新方法，将词汇知识、句法知识和本体结合⑥。Grassi 等人描述了建立"人类情感本体"的步骤，其中包括人类情感这一领域，同时也揭示了这一

① Aue A, Gamon M. Customizing sentiment classifiers to new domains：A case study[C]. International Conference on Recent Advances in Natural Language Processing, 2005：33-39.

② Xia R, Zong C, Hu X, et al. Feature ensemble plus sample selection：Domain adaptation for sentiment classification [C]. International Conference on Artificial Intelligence. AAAI Press, 2015.

③ Zhou L, Chaovalit P. Ontology-supported polarity mining[J]. Journal of the American Society for Information Science & Technology, 2008(59)：98-110.

④ Cambria E, Speer R, Havasi C, et al. SenticNet：A publicly available semantic resource for opinion mining[J]. Aaai Csk, 2010.

⑤ Poria S, Gelbukh A, Hussain A, et al. Enhanced SenticNet with Affective Labels for Concept-Based Opinion Mining[J]. Intelligent Systems IEEE, 2013, 28(2)：31-38.

⑥ Miao Q, Li Q, Zeng D. Mining Fine Grained Opinions by Using Probabilistic Models and Domain Knowledge[C]//IEEE Wic. Acm, International Conference on Web Intelligence and Intelligent Agent Technology, 2010：358-365.

语义源是如何运用于在线社交媒体发布的数据所相关的情感信息上的①。Peace 使用本体中的概念关系表示家庭健康护理知识，构建知识系统来促进临床实践的自动化检索②。王兰成和徐震在研究文本倾向性识别方法的基础上，分别实现基于文本分类、语义规则模式和基于情感词的倾向性分析算法，采用构建情感本体，并基于 HowNet 与主题领域语料的情感概念选择方法，两者结合提高情感本体中的概念全面性和领域针对性；利用情感本体抽取特征词并判断其情感倾向度，结合句法规则和程度副词影响，用特征情感倾向度作为特征权重，采用机器学习方法对主题网络舆情 Web 文本进行倾向性分析；这种分析结果的准确率和召回率都高，但是普遍性和稳定性值得进一步研究③。陈晓美通过构建基于本体的观点知识库和主题聚类，将基于观点词的一般挖掘与基于主题的深度挖掘相融合，通过领域知识实现互补，构建了观点—领域知识—主题多库融合的网络评论观点知识发现模式④。该模式对于本书构建网络舆情事件本体具有启发作用。

从研究素材上看，国外的意见挖掘始于商业管理领域的电子商务网站产品用户评论研究，从技术角度看，研究集中在情感分析、意见抽取、算法、文本挖掘、自然语言处理、机器学习、数据挖掘、特征抽取、情感词库、建模、框架等方面，从研究对象看，随着社交软件技术的发展，从电子商务网站逐渐转向博客、社会网络、推特等。中国大陆和香港地区的意见挖掘则始于社会管理领域的新闻及网民评论研究，从技术角度看，研究同样集中在文本挖掘和自然语言处理的核心过程上，从研究对象看，随着社交软件技术的发展，从新闻、论坛逐渐转向微博、微信等自媒体。

① Grassi M，Cambria E，Hussain A，et al. Sentic Web：A new paradigm for managing social media affective information[J]. Cognitive Computation，2011，3(3)：480-489.

② Peace J. The use of ontology to represent nursing knowledge about family health history and facilitate automated search for clinical practice guidelines [D]. Madison：University of Wisconsin-Madison，2008.

③ 王兰成，徐震. 基于情感本体的主题网络舆情倾向性分析[J]. 信息与控制，2013，42(1)：46-52.

④ 陈晓美. 网络评论观点知识发现研究[D]. 吉林大学，2014：194-210.

　　(4)网络舆情知识元应用

　　20 世纪 70 年代末，美国情报学家斯拉麦卡教授提出知识的控制单位将从文献深化到文献中的数据、公式、事实、结论等最小的独立的"数据元"，即"知识元"，知识的控制单元从文献表层深入到文献内容①。80 年代，英国情报学家布鲁克斯也指出："图书与情报工作者利用分类法和索引法对科技文献的处理是文献组织，而不是真正意义上的知识组织"，他认为知识组织应是对科技文献中所含的内容的分析，像地图一样展示知识之间的有机结构②。20 世纪 90 年代，马费成提出关键词和主题词是最便捷的语法层次的知识单元计量单位，虽然仍不能揭示文献中知识内容的逻辑联系，但是在难以准确抽取和识别知识单元的前提下，利用关键词和主题词表征知识单元，是构建知识网络的首选③。

　　知识元在逻辑上是完整的，众多知识元通过一定的语义连接在一起，可以让知识价值增值，甚至催生新知识。通过知识元的语义连接，发掘知识元之间的相关关系，是知识元服务的重要手段和目的，以此来揭示知识元之间的关联，创造新知识。

　　知识元在应急管理领域的应用始于 2011 年，对应急文档知识进行结构化建模，实现基于应急文档知识单元的快速检索。在细粒度网络舆情分析方面，大连理工大学以国家自然科学基金重大项目"非常规突发事件演化分析和应对决策的支持模型集成原理与方法"为依托，以"非常规突发事件领域"为研究对象，以"情景-应对"模式理论为基础，在舆情信息分析中首次引入"知识元"理论，从"情景-应对"，舆情知识元描述、组织、属性、关联等维度，开展了基于知识元的应急案例表示及检索、应急决策知识表示、情景建

---

　　①　温有奎. 知识元挖掘[M]. 西安：西安电子科技大学出版社，2005.

　　②　Brookes B C. The foundations of information science—Part III：Quantitative aspects：Objective maps and subjective landscapes[J]. Journal of Information Science，1980，2(6)：269-275.

　　③　马费成. 在数字环境下实现知识的组织和提供[J]. 郑州大学学报(哲学社会科学版)，2005，38(4)：5-7.

模、突发事件模型构建、突发事件风险分析等问题的深入研究。

王飞跃认为,"情景-应对"是意识转变的过程,可以部分解决可知与不可知、预测与不可预测、仿真与不可仿真的矛盾,其过程比结果重要,并且从有限的资源和实时决策两个角度对"情景-应对"与"预测-应对"进行了区分①。李建伟指出,非常规突发事件具有情景依赖性,构建"情景-应对"模式已广泛得到认可,并且在情景模型的基础上研究情景库中情景推理的一般过程、情景在情景库中的表达规则以及情景库的维护内容等,对突发事件情景内容的获取方法及具体的情景入库进行了深入分析②。郭艳敏对非常规突发事件的情景构成要素、要素属性以及情景中客观事件对象间的关系等进行分析,构建了知识元情景概念模型和形式化表示,提出情景生成方法并进行验证③。

2.2.3 网络舆情应用实践

随着网络舆情相关理论、方法、监测技术研究的深入开展,国内外学者从多学科、多视角、多领域对网络舆情研究进行深化,网络舆情研究虽然是一个新兴的研究领域,已经引起了社会各界日益广泛的关注和重视。

国外在舆情事件应用上比较成熟,舆情管理除了服务政治外,更多是在社会、经济、文化领域的广泛应用。研究项目比较知名的如美国的 TDT 项目和欧盟的 EMM News EXPLOER 项目。美国国家科学基金会资助的舆情相关项目,主要分布在政治学、法律和社会科学、测量和统计数据等方向,如2011 年加州大学河滨分校的"直接民主选举的舆论形成原因和后果"④、2011

① 王飞跃. 社会计算的基本方法与应用[M]. 杭州:浙江大学出版社,2013:15-40,132.

② 李建伟. 基于知识元的突发事件情景研究[D]. 大连理工大学,2012.

③ 郭艳敏. 基于知识元的非常规突发事件情景模型及生成[D]. 大连理工大学,2012.

④ 邢梦婷,王曰芬. 国内外社会舆情研究的回顾与展望[J]. 情报理论与实践,2015,38(11):139-144.

年宾夕法尼亚州立大学"面向公众舆论的多层次政策响应"、2011 年东北大学的"使用多模式数字足迹来推断公众情绪"以及 2014 年哥伦比亚大学的"基于多层次回归和事后分级测量研究动态公众舆论"等项目。国外网络舆情管理系统较知名的有 Buzzlogic、Nielsen、Visible Technologies、Reputation Defender、Cision 等，这些系统主要为企业服务，帮助企业发现有价值的商业情报，分析企业形象，评估行业或产品的竞争力和影响力，分析公众品牌认知度，提供产品反馈意见等，为客户或公众提供产品创意平台，为公关人员提供公关、沟通、跟踪产品问题和营销推广的渠道。

国内网络舆情管理方面的研究主要针对热点事件、突发舆情、群体极化现象、网民心态调适等方面开展，在行业应用中，目前国内比较出色的有人民网舆情监测室、新华网舆情频道、中青舆情监测室、红网舆情频道、中国上市公司舆情中心、天涯舆情等，可以实现对主要网络信息传播渠道的实时监测，并进行舆情分析，形成监测分析报告。

学术研究领域的成果在 2017 年以前以舆情对政府决策产生的影响、舆情引导和应对机制等研究居多。曾润喜等认为，网络舆情能够提高公民参与积极性，提高政府的行政回应性，促进政府信息公开，促进服务型行政文化的形成，推动行政问责制的完善以及强化政府公共性等方面，适应服务型政府的需要[1]。突发性公共事件发生后，网络舆情从产生到消亡的过程对政府的公共决策可能起到多层面的影响[2]。政府决策支持系统总的目标是为政府信息管理、服务水平的提高提供强大的技术和咨询支持[3]。为了发挥网络舆论在公共决策中的积极作用，可以从提高网络舆论主体的参与能力、探求公共决策主体工作的新思路、加强网络舆论的监控体系建设以及尝试新的协调

① 曾润喜，陈强，赵峰. 网络舆情在服务型政府建设中的影响与作用[J]. 图书情报工作，2010，54(13)：115-119.

② 孙健. 网络舆论对政府公共决策的影响及优化路向——以突发性公共事件为基本视角[J]. 西北师范大学学报(社会科学版)，2014(4)：16-21.

③ 谢耕耘，陈玮，刘锐，等. 大数据背景下的舆情决策支持系统研究综述[J]. 新媒体与社会，2014(4)：5-12.

网络舆论与公共决策方法等四个方面进行①。在具体的系统设计中，需要把信息内容推送机制、收集机制、个性化推荐服务、反馈机制融入统一的基于网络舆情的政府决策信息平台中②。

2019年，王兰成和娄国哲以舆情采集系统为基础，依托涉军领域网络舆情知识图谱，实现重点领域的舆情热点发现。该系统首先从舆情采集系统的舆情事件库中检索最新的文章进行主题发现，然后将主题实践更新到涉军网络舆情知识图谱中，系统后台通过基于图的检索方法定时遍历整个知识图谱，自动发现热点事件，并按照相应的预警登记发出预警③。

2.3　信息聚合相关研究

国内外关于信息聚合的研究偏向的领域不太一致，国外研究的研究对象较为广泛，偏向对多来源信息的聚合，国内研究以学术信息资源为主要研究对象。

（1）信息聚合的定义

聚合一词，《现代汉语词典》对其的解释为"一是聚集到一起；二是指单体合成为分子量较大的化合物（聚合物）"。互联网环境下，聚合指"相关网站将互联网上的海量信息（如论坛、播客、博客、音乐、供求信息等）进行内容挑选、分析、归类，最后为网民提供优秀有用的更具针对性的信息"④。图书情报研究领域对"聚合"的理解是将分布在不同载体、不同类型的资源汇

---

①　赵婷婷．网络舆论对我国公共决策的影响研究［D］．首都经济贸易大学，2010：13-20．

②　张芳源．基于网络舆情的政府决策信息平台功能设计［D］．安徽大学，2013：56-70．

③　王兰成，娄国哲．基于知识图谱的网络舆情管理方法与实践研究［J/OL］．［2019-12-26］．情报理论与实践：1-7. http：//kns. cnki. net/kcms/detail/ 11. 1762. G3. 20191223. 0858. 002. html.

④　聚合．百度百科［EB/OL］．［2016-01-10］．http：//baike. baidu. com/．

集到一起。与之相关的概念还有：融合(将分布的资源基于各种关联有机整合到一起，形成对有关领域更深层次的理解和认识)、整合(通过某种机制，链接不同来源、不同类型、不同载体的数字资源，使彼此间独立的信息实体之间产生关联，实现数字信息资源的全方位整合和一步到位的获取)①。

早期研究将信息聚合理解为整合来源不同的信息的过程，或者定义为将大量异质信息进行聚合而形成一种更加易于理解和便于管理的形式的过程。Bostrom 等将前人关于信息聚合的定义进行整合而提出了一种单一、通用的定义："信息聚合是指将来源不同、观点不同的信息自动或者半自动地、及时地转换成能为人机决策提供有效支持的表示的有效方法"②。在此定义中，"转换"能够实现任何一种数据整合和数据聚集，数据源有很多，例如数据库、传感器、模拟器或者人类自生成的内容，数据类型也有很多，例如数值型数据、文本型数据、图表型数据或者本体型数据。

(2)信息聚合的应用

大数据环境下，商业领域、政府管理领域、军事领域等的信息聚合常用于两种类型的数据处理：①硬数据，即由电子传感器所产生的数据的聚合。②软数据，即由人类自生成的数据。从根本上讲，两种数据的不同表现在精确度不同，倾向不同，观察层级不同以及每一种数据所提供的推论也不同③。例如，如果测算小鸟飞行的速率或者是心跳的速率，传感器优于人类；但是如果要辨识两个实体之间的关系、推断所观察到的现象背后的潜在原因，人类则更擅长。

与使用单一数据源的数据不同，从评论、博客和微博中抽取文本，并将其与所聚合的来源不同的信息进行联合，对人类获取更多信息来说更为有

---

① 杜晖. 基于耦合关系的学术信息资源深度聚合研究[D]. 武汉大学，2013：3-18.

② Boström H，Andler S F，Brohede M，et al. On the definition of information fusion as a field of research[J]. Neoplasia，2007，13(2)：98-107，IN1.

③ Hall D L，Mcneese M，Llinas J，et al. A framework for dynamic hard/soft fusion [C]. International Conference on Information Fusion. IEEE，2008：1-8.

用。例如，更高的权威性中一定程度上减少了模糊性以及更高的可获取性①。早期关于信息聚合的研究大部分一直集中在军事领域，这一领域的数据中有很大一部分是由电子传感器产生的，然而近年来，人类生成的数据（也称为软数据）的聚合引起了广泛关注。

Khalegi 等人记录了信息聚合应用到军事领域的文本中所体现出的优势并将其推广到其他领域②。信息聚合的主要优点是能够增加数据的权威性和可获取性。增加数据的权威性意味着提高了数据被发现率，增强了数据自信和数据的可信赖度并且减少数据的模糊性；增加数据的可获取性意味着更加广阔的空间和时间覆盖范围。

军事领域关于信息聚合的大部分研究一直专注于硬数据而较少关注软数据。然而，人类在软数据的生成这一领域所产生的作用越来越大。随着 Web 的快速发展，人类正在扮演软传感器的角色，为传统的聚合系统提供输入，并且通过大量的数字化媒介（诸如社交媒体或者评论网站）将硬数据和软数据进行整合，进行离散分析和决策支持过程。例如，用户会在他们享受饭店、酒吧和健康服务等不同种类的服务时描述他们的经历而形成评论。在这种情况下，每一个人都体现出软传感器的作用，他们会记录下对某种服务或某种产品的某一方面的印象，做出可能是关于服务质量、食物味道、产品质量、使用体验或者总体氛围方面的评价。通过聚合或者整合这些用户所发表的观点，商家就能够获得该服务或产品的精确描述。因此，基于方面（aspect）的细粒度信息聚合可以被看作是一种灵活的、高层级的信息聚合方式。

（3）信息聚合的模式与方法

Khalegi 等人介绍了 Kokar 等人的研究成果，并将其作为信息聚合理论形式化的第一步，其所提出的框架囊括了包括数据聚合、特征聚合、决策聚合

---

① Khaleghi B, Khamis A, Karray F O, et al. Multisensor data fusion: A review of the state-of-the-art[J]. Information Fusion, 2013, 14(1): 28-44.

② Khaleghi B, Khamis A, Karray F O, et al. Multisensor data fusion: A review of the state-of-the-art[J]. Information Fusion, 2013, 14(1): 28-44.

和相关信息聚合在内的每一种聚合类型①。同时，他们也认为这项研究成果最独特之处在于这个框架能够表示数据聚合和运算法则聚合而且这一框架也考虑到了一致的、可测量的和可确证的性能。Wu 和 Crestani 在信息检索的背景下提出了一个关于信息聚合的几何框架。在一个多维空间中，数据聚合能够用几何规则来表示，并且能够用欧几里得距离测试有效性和相似性，而这一框架的目标就是在多维空间中表示信息的每一个部分②。

早期的互联网信息整合以 RSS 技术为代表，通过直接拼贴实现信息整合③。维基、百度百科等以概念为对象的聚合与搜索平台实现了更细粒度的信息聚合。近年来国内学术界较为关注的是馆藏资源聚合，邱均平和王菲菲从贡献与耦合的理论原理出发，从文献特征关联、利用过程关联、知识关联、用户需求关联四维角度探讨了典型的八种馆藏文献资源聚合模式，以及构建基于共现与耦合的馆藏数字文献资源聚合四层模型，串联资源与用户之间的整个路径④。曾建勋等将信息聚合应用具化为面向资源主题的聚合服务、面向学术社群的聚合服务和面向科研实体的聚合服务⑤。杜晖基于学术资源间的各种关联，构建基于耦合关系的学术信息资源聚合应用系统，实现不同层次的聚合结果及其可视化展示，满足学术信息用户对于特定学科领域的知识网络从"概览"到"细节"的多层次、可视化的知识需求⑥。李劲等基于语义关系，以语义网络节点提供馆藏资源的知识服务体系，连接资源，使用 Super-peer 技术，从聚合结构层、网格结构层和客户端三个层次设计了馆藏

---

① Khaleghi B, Khamis A, Karray F O, et al. Multisensor data fusion: A review of the state-of-the-art[J]. Information Fusion, 2013, 14(1): 28-44.

② Wu S, Crestani F. A geometric framework for data fusion in information retrieval[J]. Information Systems, 2015, 50(2): 20-35.

③ 胡昌平, 胡吉明, 邓胜利. 基于社会化群体作用的信息聚合服务[J]. 中国图书馆学报, 2010, 36(3): 51-56.

④ 邱均平, 王菲菲, 基于共现与耦合的馆藏文献资源深度聚合研究探析[J]. 中国图书馆学报, 2010(3): 25-33.

⑤ 曾建勋. 基于引文的知识链接系统构建[J]. 情报理论与实践, 2012, 35(2): 58-63.

⑥ 杜晖. 基于耦合关系的学术信息资源深度聚合研究[D]. 武汉大学, 2013: 3-18.

资源深度聚合模型①。王雨通过比较分析数字图书馆资源聚合的维度、路径、模式和应用范围，从资源特征间关联和资源利用过程关联的视角出发，根据作者互引关系、作者合作关系、作者-关键词关系等关系图谱论证数字图书馆资源聚合的途径②。

曹树金在现有信息聚合相关概念进行阐释的基础上，认为信息聚合正成为信息组织与检索领域的研究热点，提出了以情景、关系和对象作为信息聚合概念点的主要构成，依据聚合的情景、关系和信息粒度大小，概括出情景聚合、语义聚合、引用聚合、社会网络聚合和粒度聚合等五种主要聚合模式，及其十二种具体表现形式③。邓胜利认为，社会化信息聚合服务研究的重点应转向基于用户关系的社会化信息聚合服务④，社会化推荐聚合服务可以有效提高信息推荐的准确度，将成为互联网环境下挖掘有价值信息的有效方式⑤。马翠嫦在回顾多类型网络信息资源聚合、细粒度检索与聚合和用户聚合需求与行为研究的基础上，提出按照学科领域用户认知规律划分聚合单元，通过揭示和利用用户与多类型网络学术文档内聚合单元的关联关系从而实现细粒度聚合的聚合模式，以优化用户网络学术资源获取的效率与效用⑥。司徒俊峰运用语义理论和方法，对特定学科领域的网络资源进行语义化聚合，根据用户的聚合需求，提出学科领域网络资源语义聚合的双控模式，通过构建学科领域本体、识别用户语义需求并将其与资源进行语义匹配，分散的学科领域网络资源聚合成有机联系的知识化聚合体，以聚合网络

———————

① 李劲，程秀峰，宋红文，等．基于语义的馆藏资源深度聚合模型探析[J]．湖北民族学院学报：自然科学版，2013，31(2)：212-215.

② 王雨．基于社会网络分析的数字图书馆资源聚合研究[D]．吉林大学，2014.

③ 曹树金，马翠嫦．信息聚合概念的构成与聚合模式研究[J]．中国图书馆学报，2016(3)：4-19.

④ 邓胜利．信息聚合服务的发展与演变研究[J]．情报资料工作，2012(1)：79-83.

⑤ 胡昌平，胡吉明，邓胜利．基于社会化群体作用的信息聚合服务[J]．中国图书馆学报，2010，36(3)：51-56.

⑥ 马翠嫦．多学科领域视角下网络资源聚合单元概念框架构建研究[C]．全国情报学博士生学术论坛，2014.

模式实现资源聚合的可视化呈现，提高网络学术资源的利用效率和效果①。马翠嫦等人从跨体裁聚合单元知识体系所蕴含的各类关联关系出发，从信息组织的角度阐述支持情境和语义关联的细粒度聚合理论框架、知识组织系统构建和聚合单元元数据标注等问题，提出聚合机制，并认为构建蕴含聚合单元语义关系、学科领域语义关系、任务和文本关系的本体，采用可反映聚合单元层级与关联关系的聚合单元元数据，是细粒度聚合机制发挥效用的关键②。范涛等融合网民所发文本及其附带图片特征来识别网民情感，利用词向量模型对文本进行表示，将提取的文本和图片情感特征进行特征层融合后输入 SVM 中，实现多模态融合网民情感识别③。

2.4　相关研究述评

从前述三大方面的研究回顾可以发现，国内网络舆情研究以理论研究为主，对网络舆情分析方法和技术的探讨成果较少。网络舆情分析以基于内容挖掘的主题监测技术为目前的主要方向，中文信息处理技术有了深入发展，研究成果包括断句、分词、截词、词元化、停用词删除、词性标注等预处理方法，文本表示与主题发现方法，文本挖掘与观点分析则从文档层级、句子层级逐渐向实体和方面层级的挖掘为主。信息聚合研究从军事领域的硬数据聚合发展到软数据与硬数据结合的聚合，聚合单元向概念级发展。通过比对研究内容，本书发现，网络舆情文本挖掘与观点分析中的信息识别、抽取、聚类或聚合，与信息聚合研究中的聚合单元识别、抽取与聚类在方法和技术

①　司徒俊峰. 特定学科领域的网络资源语义聚合研究[D]. 中山大学，2016.

②　马翠嫦，司徒俊峰，曹树金. 网络学术文档细粒度关联与聚合的信息组织机制研究[J]. 现代情报，2019，39(12)：37-45，54.

③　范涛，吴鹏，曹琪. 基于深度学习的多模态融合网民情感识别研究[J/OL]. [2019-12-26]. 信息资源管理学报：1-10. http：//kns. cnki. net/kcms/detail/42. 1812. G2. 20191217. 1412. 004. html.

上是可以相互对应的。网络舆情信息传播理论研究、中文信息处理技术研究和信息聚合方法研究的相关成果为本书提供了坚实的理论、技术和方法基础。

　　然而，目前，国内外网络舆情信息文本处理的研究对象以产品评论居多，对产品评论文本进行特征级的信息抽取和聚合研究成果较多，社会管理领域的网络舆情文本处理以情感倾向值的分析为主，对观点内容本身的分析处于空白状态。从信息聚合的研究成果看，研究对象以馆藏资源居多，概念级的网络舆情信息聚合研究也处于空白状态。这两个空白使社会管理领域的网络舆情分析仍然停留在浅层次分析水平，信息聚合研究也仍然处于较粗粒度和较浅层次的信息整合阶段。

　　对于社会管理领域的网络舆情应对决策来说，观点内容的缺失导致决策者所需知识无法得到满足，亟须一种可以深化网络舆情分析深度的解决方案，全方位呈现网络舆情事件的相关情境，满足应对决策的需求。

第3章　网络舆情信息聚合的理论基础

网络舆情应对决策必然需要网络舆情信息分析结果的支持，而网络舆情信息聚合是进行网络舆情信息分析的方法与手段。本书认为，网络舆情信息聚合是指在当前网络舆情分析未能满足应对决策者信息需求的情况下，在特定的应对决策情境下围绕网络舆情用户评论内容进行信息的识别、抽取、组织、关联与呈现的任务与方法。

因此，网络舆情信息聚合的理论基础需要从信息资源理论、网络舆情应对决策过程和网络舆情分析活动三个方面进行构建。

由于应对决策者与舆情分析者往往并非同一群人，辅助应对决策作为网络舆情信息分析活动的主要驱动因素之一，决策过程与舆情信息分析活动之间存在着必然的联系。决策理论的相关研究和信息需求的研究为分析网络舆情应对决策过程和解构网络舆情信息分析活动提供了参考。

信息行为研究中的信息不确定性理论为探索网络舆情应对决策过程中面临的不确定性提供了解构方法。已有学者运用信息不确定性理论进行决策行为和信息查寻与使用的研究，这为分析网络舆情应对决策过程中的知识供给与利用提供了理论基础和方法借鉴。

知识论中的数据—信息—知识—智慧框架（简称 DIKW 框架）则从知识产生和累积的角度探讨了数据—信息—知识—智慧的转化过程和路径。情报学领域所提及的信息需求与信息增值，实际上是情报分析者或决策者为了解决特定问题而产生的关于数据、信息、知识和智慧的需求，这与知识论领域的

DIKW 框架是一致的，使得 DIKW 可以融入情报学信息需求的研究中。这就为基于 DIKW 框架分析网络舆情应对决策者和网络舆情分析者的知识需求与知识供给提供了知识论的理论基础，通过 DIKW 框架实现决策者和分析者的需求映射，为进一步构建信息聚合概念模型提供了依据。

本章将构建社会管理领域网络舆情信息聚合的理论基础，以辅助应对决策为目标，以网络舆情信息分析过程为基础，系统剖析网络舆情应对决策过程、网络舆情信息分析活动，剖析信息分析与应对决策过程中各阶段对应的知识或信息需求，明确网络舆情信息的聚合对象。

3.1 信息资源理论与方法

3.1.1 信息需求

情报学领域国内外学者对信息需求的产生机制的研究成果主要有：

1965 年，Robert Taylor 研究①指出，信息需求可以划分为四种类型：第一种内藏需求，指普遍存在于个体中真实的、大脑没有意识到、也无法用语言表达出来的信息需求。如果外部环境刺激和个体内在认知的改变，内藏需求会随之改变。第二种是意识化需求，指大脑可以意识到，但无法用语言明确表达出来的信息需求，意识化需求可以通过与他人沟通而明确了解问题之所在，使其向正式需求转化。第三种是正式需求，指可以用语言或文字形式具体表达出来，同时个体明确知道以何种方式来获取信息的信息需求。第四种是妥协后的信息需求，指由于受到信息系统的限制而加以修改的信息需求，个体在获取或查询过程中，往往需要使用信息系统能够接受的语言或文字来表达其信息需求，而不是使用个体的主观表述。

---

① Taylor S R. Question-negotiation an information-seeking in libraries[J]. College and Research Libraries, 1968, 29(3): 178-194.

1973年，Charles Atkin将信息需求定义为：一个外在不确定性的函数，源于需求者感知到的重要环境对象的当前确定性水平与其希望达成的标准水平之间的差异。定义中提到的"环境对象"是指对个人具有重要心理意义的人、事物、事件或想法。这个定义说明，当考虑心智世界中某一显著"事物"的时候，人们可以感知他们已经知道的和他们想要知道的这两者之间的差异。

1977年，Belkin研究①提出的ASK理论认为，人类的信息需求产生于知识的非正常状态，人类在查询信息的过程中，通过描述、理解和解决非常态的问题，将"信息转换为知识结构"，"问题状况""差距""不确定性"等都是"知识非常态"的表现形式。该理论表明，因为用户无法精确表述自己的信息需求，所以不能单纯根据用户的表达或行为了解其需求，而需要深入信息需求表达的背后，了解其信息查找行为的根源，及其想要利用信息解决的问题②。

1982年，Dervin研究③提出由环境、鸿沟和使用等三种要素组成的意义建构模型，其中，"环境"包括时间环境和空间环境，"鸿沟"指信息需求或个体产生的"问题"，由于个体拥有信息的不连续而产生的理解差距，"使用"指个体根据环境做出反应，利用信息来弥补理解差异或解决问题，"使用"过程可以体现出信息对个体的作用和意义。Dervin认为，信息需求意味着个体内生的一种状态，表明某种需要填充的认知空白或间断。当需求一词被应用于信息时，它表明存在给可以被那些所谓"信息"填充的空白。个体需要在其所处的时空中建构意义，他需要不断地为自己提供信息，当脑子里满是问题，也就是有"信息需求"。

严怡民从决策行为角度出发，指出情报需求的产生源于决策知识的缺

---

① Belkin N J. Anomalous state of knowledge for information retrieval [J]. Canadian Journal of Information Science，1980：5.

② 艾新革. 政府舆情信息需求理论初探[J]. 图书馆论坛，2011，31(2)：9-13.

③ Dervin B L, Foremanwernet L, Lauterbach E. Sense-making methodology reader：Selected writings of brenda dervin[J]. 2003.

乏，或者说决策所需的知识与决策者的主观知识之间的差异，情报需求的产生机制可以用以下公式表达：

$$K[I]=K[D]-K[S]①$$

其中：$K[I]$ 指情报需求量，$K[D]$ 指决策所需知识量，取决于具体决策者选用的决策模型，$K[S]$ 指决策者在决策过程中具备的主观知识量，由具体决策过程决定；当 $K[S]<K[D]$ 时，说明在该决策过程中，决策者具备的主观知识量少于决策所需的知识量，因而产生情报需求；而当 $K[S]=K[D]$ 时，说明在该决策过程中，决策者具备的主观知识量足够其所需，因而不需要情报的支持。

信息、知识、情报是以离散形式分布的，在离散分布基础上趋向集中。由于信息、知识和情报的离散分布是绝对的、复杂的，所以，需要研究如何用科学的方法获取情报，为充分满足用户的情报需求提供最优服务②。

3.1.2 信息利用与不确定性

信息利用是在信息查找或获得信息以后的活动。在信息行为研究中，不确定性取得了广泛关注，如前文提及的贝尔金的 ASK 理论。此外还有 Kulthau 于 1993 年提出的信息查询过程模型（ISP 模型），旨在说明由于不确定性存在，信息查找行为可以划分为不同的阶段。然而，却鲜有在自然情境下如何使用信息以减少不确定性方面的深入研究。

不确定性常与任务复杂性、可获得资源的类型这两者联系在一起。任务越复杂，不确定性就越大③④。感知的不确定性越高，对个人和外部信息资

---

① 严怡民，等.现代情报学理论[M].武汉：武汉大学出版社，1996：89-90.

② 马费成.论情报学的基本原理及理论体系构建[J].情报学报，2007，26(1)：3-13.

③ Culnan M J. Chauffeured versus end user access to commercial databases：The effects of task and individual differences[J]. Mis Quarterly, 1983, 7(1)：55-67.

④ Vakkari P. Growth of theories on information seeking：An analysis of growth of a theoretical research program on the relation between task complexity and information seeking[J]. Information Processing & Management, 1998, 34(2-3)：361-382.

源的使用程度越高①。因此，不同类型的资源以及使用这些资源的能力差异，都会对降低不确定性产生不同程度的影响。

　　信息利用和不确定性的研究中，最有影响力的是 Wilson 于 1999 年提出的问题解决模型(如图 3-1 所示)，该模型把信息使用、问题解决和降低不确定性联系在一起，问题解决被划分为四个阶段②。

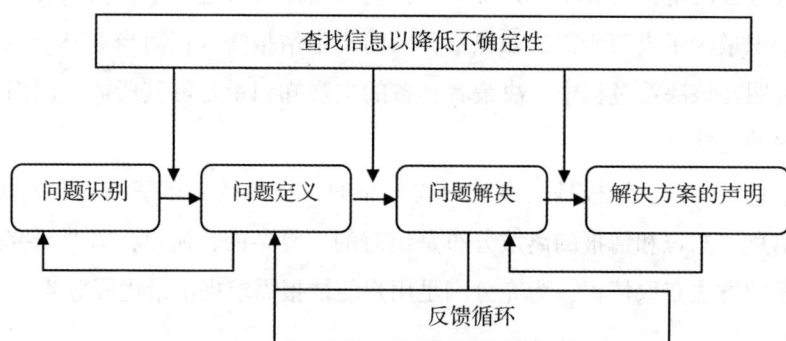

图 3-1　Wilson 的问题解决模型

　　(1)问题识别，即识别不同类型的问题。
　　(2)问题定义，即找出问题的本质。
　　(3)问题解决，即确定如何找到问题的答案。
　　(4)解决方案的声明，即展示问题的答案。

　　Wilson 进一步指出，不确定性在每个阶段都会降低，但可能在最后还是存在，不会消失。该模型类似于有限理性决策的过程③④，降低不确定的过

---

　　①　Daft R L, Lengel R H. Organizational information requirements, media richness and structuraldesign[J]. Management Science, 1986, 32(5): 554-571.

　　②　Wilson T. Exploring models of information behaviour: The "uncertainty" project[J]. Information Processing & Management, 1999, 35(6): 839-849.

　　③　Allen D. Information behavior and decision making in time-constrained practice: A dual-processing perspective[J]. Journal of the American Society for Information Science & Technology, 2011, 62(11): 2165-2181.

　　④　Savolainen R. Time as a context of information seeking[J]. Library & Information Science Research, 2006, 28(1): 110-127.

程被认为是信息查找和使用行为中的有限理性决策过程。

普遍意义上的信息分析是根据特定问题的需要，对大量相关信息进行深层次的加工，形成有助于问题解决的新信息的信息劳动过程①。而信息加工过程是指通过判别、筛选、分类、排序、分析和再造等一系列过程，使收集到的信息成为人们需要的信息，即信息加工的目的在于挖掘信息的价值方便用户使用②。信息加工是信息利用的基础，是使信息成为有用资源的重要条件。

决策制定研究中经常关注的一个问题是人们在决策过程中的理性程度，由于人们在信息处理的关注和能力方面存在局限，人们对备选方案属性的增加而不是备选方案数量的增加更为敏感，一旦备选方案的数量及其属性的数量分别增加到 10 个以上，人们就可能会体验到信息过载③。

3.1.3 信息增值与 DIKW 价值链

3.1.3.1 信息增值

梁占平认为，"information"是一个连续体的概念，由事实、数据、信息、知识、情报、职能五个要素构成"信息链"，信息的上游面向物理属性，信息的下游面向认知属性④。

信息资源管理理论兴起以后，于 20 世纪 80 年代中期以后，融入图书情报学的一些理念和方法，产生了信息管理学派⑤。研究者认为，信息作为重要的生产要素，通过有效开发利用和管理，能够实现价值的增值，并对组织

---

① 信息分析[EB/OL]．[2016-01-21]．http：//wiki. mbalib. com/wiki/信息分析.
② 信息加工[EB/OL]．[2016-01-21]．http：//wiki. mbalib. com/wiki/信息加工.
③ 凯斯．寻找信息[M]．北京：中国农业科学技术出版社，2018：111.
④ 梁战平．情报学若干问题辨析[J]．情报理论与实践，2003，26(3)：193-198.
⑤ 孟广均，徐引篪．国外图书馆学情报学研究进展[M]．北京：北京图书馆出版社，1999：161-167.

的决策和行为产生作用①。Taylor 提出的信息增值理论认为信息的价值在制定决策以及用户活动时体现得更为明显，信息增值过程包括初始的信息收集和处理、信息分析、判断过程，以及最终的决策和行动过程，增值过程的各个环节与不同的信息增值形态相对应②。其提出的信息增值图谱如图 3-2 所示。对于社会管理领域的网络舆情应对决策来说，进行网络舆情信息聚合的最终目的是要提高信息资源管理效率和效果，以此促进管理能力的提升，增进与民众的有效沟通，其价值增加链可以描述为：信息—知识—公共沟通—公信力。

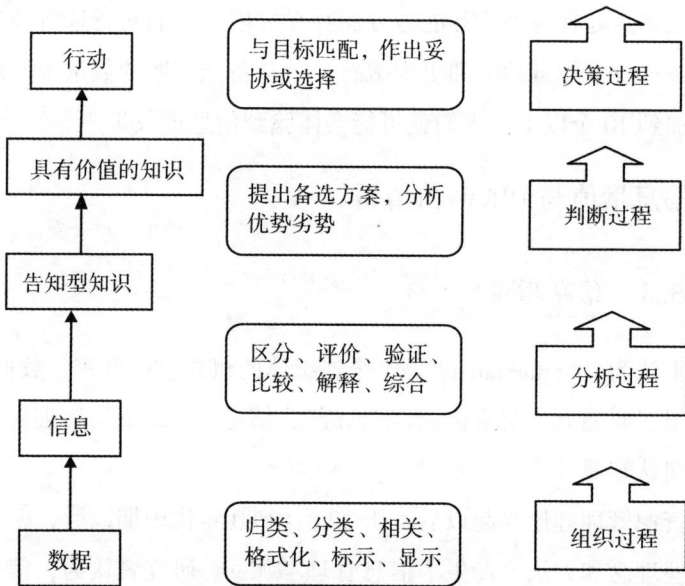

图 3-2 Taylor 提出的信息增值图谱③

① 马费成.IRM-KM 范式与情报学发展研究［M］.武汉：武汉大学出版社，2008：134.

② Taylor S R. Question-negotiation an information-seeking in libraries［J］. College and Research Libraries，1968，29(3)：178-194.

③ 马费成.IRM-KM 范式与情报学发展研究［M］.武汉：武汉大学出版社，2008：134.

3.1.3.2 DIKW 价值链

DIKW 价值链是阐述知识生成的科学体系，该体系指出将数据、信息与知识递进转化并被理解后就可以生产出指导未来做正确事情的智慧。

DIKW 元素和相应的分级结构可以追溯到 20 世纪 80 年代①，一系列扩展或改进 DIKW 框架的理论不断涌现，学术界也一直存在关于框架元素和结构的讨论，DIKW 框架的各个方面都存在争议，例如文献②。

3.1.3.2.1 DIKW 元素

信息社会环境下，不同类型的知识共存，信息的传递和使用的障碍在知识研究中要得到改良或者改进，才有利于促进知识生产或创新。Mittelstrass 认为，在一个信息技术已经为社会信息的发展铺平道路的社会里，知识逐渐被那些未被开发和使用的信息取代和混淆，因此引出了一个关于数据、信息、知识和智慧的讨论：如何从知识到智慧，什么是智慧，知识是否只是另一种信息③。从已有文献中我们可以简单地把 DIKW 框架中数据—信息—知识—智慧等级理解成区分不同层次的知识的广义模型，通过它，我们在处理网络舆情应对决策的内容时，就可以结合 DIKW 的元素进行针对性的诠释。

基于已有研究理论，广义上的 DIKW 元素可以概括为：

（1）数据

数据是事实或观察的结果，是对客观事物的逻辑归纳，是用于表示客观事物的未经加工的原始素材④。

---

① Zeleny M. Management support systems：Towards integrated knowledge management [J]. Human Systems Management，1987，7(1)：59-70.

② Frické M. The knowledge pyramid：A critique of the DIKW hierarchy[J]. Journal of Information Science，2009，35(6)：131-142.

③ Mittelstrass J. The loss of knowledge in the information age[J]. From Information to Knowledge，from Knowledge to wisdom：Challenges and changes facing higher education in the digital age / de Corte，Erik et al. (Hrsg.). London：Portland Press，2010：-S. 19-23.

④ 数据[EB/OL]. [2016-01-18]. http：//www.baike.baidu.com.

数据是可以呈现事物特征与其环境特征的一种象征，它是可以观察的①。

数据是按照一定规则排列组合、用以载荷或记录信息的物理符号，可以是数字、文字、图像，也可以是声音或计算机代码②，只有通过对数据背景和规则的解读才能获取信息③。

例如：一个文档包括很多指向不同时间段的舆情事件数据。

（2）信息

信息是相对的、有用的、有意义的、可处理的数据④。

信息系统可以生成、储存、取回、可处理的数据，信息可以统计和计算的，在任何情况下，信息是可以从数据当中推断出来的⑤。

认识论层次的信息理念源于人们一开始问的一些问题，"是谁""是什么""在哪里""什么时候""有多少"，与之相关的数据就可以变成问题的答案，这时候，数据就变成了"信息"，数据本身没有意义，除非变成一个相关的形式，从结论来说，数据和信息的不同不在于结构上，而在于实用性上⑥。

信息是可以推断的，例如通过数据统计并图示，可以描绘出舆情事件的发展趋势等。

（3）知识

---

①　Ackoff R L. From data to wisdom[J]. Journal of Applied Systems Analysis, 1989：170-172.

②　马费成，等. 信息管理学基础[M]. 武汉：武汉大学出版社，2002：7.

③　马费成. IRM-KM 范式与情报学发展研究[M]. 武汉：武汉大学出版社，2008：134.

④　Rowley J. The wisdom hierarchy：Representations of the DIKW hierarchy[J]. Journal of Information Science, 2007, 33(2)：163-180.

⑤　Targowski A. From Data to Wisdom[J]. Dialogue & Universalism, 2005, 15(5)：55-71.

⑥　Ackoff R L. From Data to Wisdom[J]. Journal of Applied Systems Analysis, 1989：170-172.

哲学研究中对知识的研究叫作认识论，认识知识的本质、了解知识生产的过程。从认知哲学的层面看，知识是事物运动状态和状态变化的规律①。从信息链的角度看，知识是对信息加工、吸收、提取、评价的结果②。

从命题知识中区分怎么做的知识(技巧)和是什么的知识是很普通的。比如说前者的例子，"知道如何骑自行车"，而后者的例子是"我知道北京是中国的首都"。Ackoff 提出，关于怎么做的知识让指令变成信息这一过程成为可能。比如说，当一个人问"温度是多少"的时候，一个房间的温度可能会变成信息，反过来说，当人知道如何控制温度的时候，温度信息就变成了知识③。

(4)智慧

本书没有过多地关注 DIKW 元素，但在近几年的文献中可以看到对这一元素的分析。Rowley 提出：智慧是付诸行动的最适当的行为能力，同时考虑到什么是已知(知识)，什么是最好的(道德和社会方面的考虑)④。Zeleny 认为：智慧不是"因为我可以"或者"因为有"或者"因为我必须"⑤，类似于传统的关于明智的解释。许多知情的人知道做什么，一些有知识的专家知道怎么做，但只有几个有智慧的人可以完全阐明为什么需要做。据此我们可以认为，数据：什么都不知道，信息：知道一些，知识：知道怎么做，智慧：知道为什么。

关于 DIKW 元素和层次结构的核心的论述是多角度的，关于数据的定

---

①　Mittelstrass J. The loss of knowledge in the information age[J]. From Information to Knowledge, from Knowledge to Wisdom：Challenges and Changes Facing Higher Education in the Digital age / de Corte, Erik et al. (Hrsg.). London：Portland Press, 2010：-S. 19-23.

②　钟义信. 信息科学原理(第 3 版)[M]. 北京：北京邮电大学出版社, 2002：189.

③　Ackoff R L. From data to wisdom[J]. Journal of Applied Systems Analysis, 1989：170-172.

④　Rowley J. Where is the wisdom that we have lost in knowledge? [J]. Journal of Documentation, 2006, 62(2)：251-270.

⑤　Zeleny M. Knowledge-information autopoietic cycle：Towards the wisdom systems[J]. International Journal of Management & Decision Making, 2006(7)：3-18.

义多达 130 种，提出定义的学者超过 40 位，对数据、信息和知识这三种概念的理解也基于学科背景和应用途径的不同而相异。有些学者建议将 DIKW 元素和其他变量进行组合，比如说主观性和客观性、含义和价值、人类输入和电脑输入、算法和程序、命令、结构、组织机构、信息系统、未来、背景和理解等①②。由此可见，区分数据、信息、知识和更高的智慧是有难度的，在知识产物和传递当中，明白什么是知识的障碍和桥梁很重要③。

3.1.3.2.2 DIKW 框架

DIKW 框架一开始是由 Ackoff 提出的作为商业流程系统分析的金字塔模型，自从 DIKW 框架产生之后，很多学者在这个模型基础上提出了各式各样的方式去解读和使用它，研究者普遍认为，在数据—信息—知识的金字塔中会有很多重复的东西，例如，用户需要定向知识，并且在很多的信息当中找出相关的信息(用户的目标必须清晰)，此外，Jennex 认识到当数据和信息都很清晰的情况下，大量的生产产生的知识需要将数据和信息放在第一位，在这个层面上，知识的生产呈现出一种周期性，而不是线性④。

金字塔的几何形可能会产生一些误导(线性而不是周期性)，学者们对金字塔结构进行改进而产生了 DIKW 网络框架⑤，如图 3-3 所示，该框架像网络一样将数据、信息和知识双向联系在一起，而不是简单的可以用金字塔来说明，按照直觉和上下文，数据是为了证明一个事实，从上下文知道数据是

---

① Targowski A. From data to wisdom[J]. Dialogue & Universalism, 2005, 15(5): 55-71.

② Rowley J. Where is the wisdom that we have lost in knowledge? [J]. Journal of Documentation, 2006, 62(2): 251-270.

③ Kasperson R E. Integrating Science and Policy[J]. Integrating Science and Policy: Earthscan, 2011: 1063-1068.

④ Jennex M E. Re-Visiting the knowledge pyramid[J]. 2009: 1-7.

⑤ Spiekermann R, Kienberger S, Norton J, et al. The disaster-knowledge matrix-reframing and evaluating the knowledge challenges in disaster risk reduction[J]. International Journal of Disaster Risk Reduction, 2015, 13: 96-108.

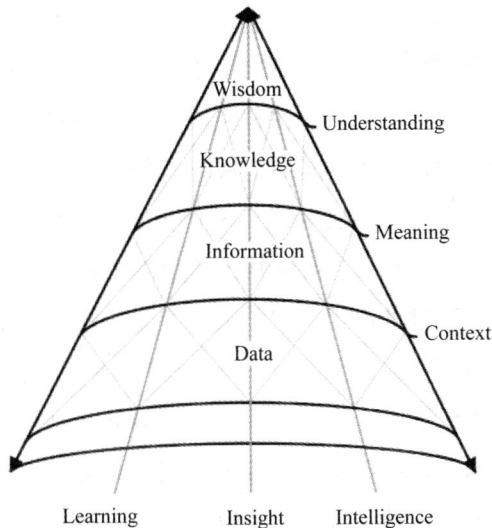

图 3-3　改进的 DIKW 网络框架①

从哪里得到或从哪里传递过来的有很重要的意义②，为什么这些数据要收集起来？在获得数据后是不是可以得到充分的理解？为什么数据会变成信息？这不只需要对数据本身有很深刻的理解，还需要了解更加庞大的系统——网络舆情分析的方法与目标，信息的意义必须在信息成为真正的知识之前得到了解，如果不了解信息为什么传递，信息的上下文怎么产生，使用的人就不能够得到接下来的信息或者他对数据反映现实的认知将会不完善，只有掌握全面的知识，才能够充分的决定怎么做，并且从长远的角度来做出有效决策。

实质上，DIKW 网络从三个方面对实现"数据—信息—知识—智慧"之间转换所需的要素进行了概括：①洞察力，洞察力在数据、信息、知识接受和

---

① Davenport T H, Prusak L, Prusak L. Working knowledge：How organizations manage what they know［J］. Ubiquity, 2001, 26(4)：396-397.

② Spiekermann R, Kienberger S, Norton J, et al. The disaster-knowledge matrix-reframing and evaluating the knowledge challenges in disaster risk reduction［J］. International Journal of Disaster Risk Reduction, 2015, 13：96-108.

传递、辅助决策流程过程中显得格外重要，而且同时还需要用户具备相应的
知识才能使之得到深刻的理解。②智力，了解数据—信息—知识—智慧从一
个阶段到另外一个阶段的共同的属性和实质上所需要的转换标准，需要人类
智力的支持，因为如果用户需要将数据换成一种正确的最新的解释，并且从
上下文当中得到想要的信息，也就是，从上下文中得到用户想要的有用的信
息，就需要人类的智力，例如，如何从大量信息中过滤自己想要的信息，例
如，网民对问题疫苗事件的广泛关注，用户如何从繁杂的网络信息中得到关
于问题疫苗可能产生影响的信息，而不是单纯的接收"可能致死"的信号。③
学习，学习贯穿 DIKW 的每一个阶段，并且可能影响数据、信息和知识在时
间上的积累水平，这个网络的边缘可以看作是从知识倒流回到数据的审视，
这种审视可以解决网络舆情管理的一些限制，对信息有了很好的理解、组织
和观察之后，用户可以用人类的智力来做出更好的决策，这种决策方式通常
被称为具有智慧的决策，也会产生良好的效果。

正确理解上下文、有良好的洞察力、充分利用智力进行学习的能力等在
DIKW 网络中都是一些不确定的因素，也是其固有的因素，错误理解上下文、
缺少洞察力、没有很好运用智力会导致人们做出一些错误的、不明智的决策。

3.2 知识组织理论

3.2.1 知识组织理论与方法

近现代知识组织理论基础是显性知识与隐性知识的划分，计算机语言
学、认知科学、计算机理论、社会认知论、逻辑学、模式科学等都对知识组
织的理论发展起到了不同程度的影响。

皮尔斯的符号学理论被视为知识组织的理论基础之一，其将符号作为描
述知识的重要载体，他认为符号是对客体(如文献、图片、音频、视频等)的

解释，是一个由图像符号、指示性符号和象征性符号组成的三元组①。

达尔伯格的概念理论思想是知识组织的实践基础之一，他从语言学的视角对知识及其知识之间的特征进行了明确定义，认为知识到知识组织系统的转换包含四个层次：知识元素（概念特征）、知识单元（知识的切分）、大粒度知识单元（内容与定义之间的概念融合）、知识系统（知识单元之间的关系结构）②。

在概念理论的基础上，曾蕾将知识组织系统分为词表系统、分类与归类系统和关联网络系统这三个符合概念思维演进规律的知识组织系统发展阶段③。其中，词表系统包含规范文档、术语表、字典或词典、地名辞典；分类与归类系统包含主题词表、分类表；关联网络系统包含叙词表、主题图、语义网络、概念图、社会书签、知识本体。

陈烨、赵一鸣和姜又琦则认为，关联数据是一种语义资源，在知识组织的各个环节中发挥了重要的作用。它被应用于各种知识资源的语义标注，包括文本标注、图像标注、视频标注以及地理标注等，赋予了知识资源丰富的语义信息；而"关联"是关联数据的灵魂所在，关联数据本身强大的链接能力在知识单元互联中发挥了重要的作用，使知识资源不再是一个个分散的孤岛，而是一个相互关联的知识网络；此外，关联数据突破了传统的线性知识组织方法，以网络化的方式组织知识，将知识资源塑造成一个人机可读的语义化知识网络。关联数据在知识组织中得到了广泛的应用并发挥了巨大的价值，例如，DBpedia 被应用于改进 Wikipedia 搜索，保持网页数据动态性，支持移动和地理应用以及辅助文档和社会化标签分类等④。

---

① 皮尔斯·李斯卡，赵星植. 皮尔斯：论符号[M]. 成都：四川大学出版社，2014.

② Alon Friedman, Martin Thellefsen. Concept theory and semiotics in knowledge organization[J]. Journal of Documentation, 2011, 67（4）：644-674.

③ Zeng Lei, Athena S. Toward an international sharing and use of subject authority data[EB/OL]. [2014-05-18]. http://www.oclc.org/research/events/frbrworkshop/presentations/zeng/Zeng_Salaba.ppt.

④ 陈烨，赵一鸣，姜又琦. 基于关联数据的知识组织研究述评[J]. 情报理论与实践，2016，39（2）：139-144.

3.2.2　本体论

本体是一种重要的知识组织系统，在语义网、知识管理和人工智能等方面发挥着重要作用①，其本质是概念模型，表达的是概念与概念之间的关系②。格鲁伯认为，计算机领域的本体论是概念模型的明确的规范说明，即它是对概念化的精确描述，本体论用于描述事物的本质③。Studer 等人认为本体包含四层含义：概念模型、明确、形式化、共享④。汤艳莉和赖茂生认为本体作为语义网的重要组成部分，是对世界或领域知识、概念、实体及其关系的一种明确、规范、概念化的描述⑤。张晓林认为本体是概念集、特定领域公认的关于该领域对象及其关系的概念化表述⑥。

在实际应用中，本体论学者、图书情报学、知识管理、人工智能等任何一个具有大量需要归类和划分信息的领域都可以成为本体论的应用对象。Perez 等人认为，本体包含五个基本的建模元语⑦：①类/概念，这是本体的核心要素；②公理，代表永真断言，用明确的内涵去描述每个类的全部个体；③关系，指类之间、概念之间的语义学关系，可能为整体与部分关系、

①　王向前，张宝隆，李慧宗 . 本体研究综述［J］. 情报杂志，2016，35（6）：163-170.

②　邓志鸿，唐世渭，张铭，杨冬青，陈捷 . Ontology 研究综述［J］. 北京大学学报（自然科学版），2002（5）：730-738.

③　Gruber T R . Toward principles for the design of ontologies used for knowledge sharing？［J］. International Journal of Human Computer Studies，1995，43（5-6）：907-928.

④　Studer R，Benjamins V R，Fensel D. Knowledge engineering，principles and methods［J］. Data and Knowledge Engineering，1998，25（1-2）：161-197.

⑤　汤艳莉，赖茂生 . Ontology 在自然语言检索中的应用研究［J］. 现代图书情报技术，2005（2）：33-36，52.

⑥　张晓林，李宇 . 描述知识组织体系的元数据［J］. 图书情报工作，2002（2）：64-69.

⑦　Perez A G，Benjamins V R. Overview of Knowledge Sharing and Reuse Components：Ontologies and Problem-Solving Methods［C］. Stockholm V R，Benjamins B，Chandrasekaran A，eds. Proceedings of the IJCAI-99 workshop on Ontologies and Problem-SolvingMethods（KRR5），1999：1-15.

继承关系、概念与实例关系、属性关系等，关系使本体具有推理功能；④函数，是一种特殊的关系；⑤实例，代表元素，指对概念的具体化表达，是本体中最小的对象，具有不可再分性。

3.2.3 知识元理论

20世纪70年代末，美国情报学家指出知识控制单位将从文献外部深入到文献内部的数据、公式、事实、结论等独立"知识元"（即"数据元"），知识元及其链接将产生极大的知识增值，能够提高知识利用和知识创造的效率①。赵蓉英认为，知识元又称为知识因子、知识基因、知识元素等②。

与知识元相似，目前还没有得到明确界定的概念是知识单元。大部分学者认为，知识单元与知识元等同，是构成知识结构的不可再分的最小知识单位，即狭义知识单元概念，知识元与知识单元具有相同的内涵，是从知识自身角度划分的最小知识管控单位。如赵红州和蒋国华将知识单元定义为"不再分解的量化科学概念"③；徐荣生认为狭义的知识单元是知识不再分解的基本单位，是构成系统知识的最小的、最基本的要素，也特指概念思维形式的知识④；赵蓉英认为知识元就是知识元素，是组成知识的基本单位和结构要素，是知识的最小控制单位⑤；文庭孝等⑥、Olejniczak 等⑦都认为知识元

① 温有奎，焦玉英. 基于知识元的知识发现[M]. 西安：西安电子科技大学出版社，2011.

② 赵蓉英，张心源. 基于知识元抽取的中文智库成果描述规则研究[J]. 图书与情报，2017（1）：119-127.

③ 赵红州，蒋国华. 知识单元与指数规律[J]. 科学学与科学技术管理，1984（9）：39-41.

④ 徐荣生. 知识单元初论[J]. 图书馆杂志，2001（7）：2-5.

⑤ 赵蓉英，张心源. 基于知识元抽取的中文智库成果描述规则研究[J]. 图书与情报，2017（1）：119-127.

⑥ 文庭孝，侯经川，龚蛟腾，刘晓英，汪全莉. 中文文本知识元的构建及其现实意义[J]. 中国图书馆学报，2007（6）：91-95.

⑦ Olejniczak K, Raimondo E, Kupiec T. Evaluation units as knowledge brokers: Testing and calibrating an innovative framework[J]. Evaluation, 2016, 22（2）：168-189.

是表达知识内容的主题词或关键词集合，是可以自由切分、表达、存取、组织、检索和利用知识的最小的、独立的知识单位；陆汝钤和金芝认为知识元是采用本体形式表示知识的基本单位①；高继平等认为知识元是组成知识的基本单位和结构要素，是知识结构可被划分出来的最基本单元②。傅柱和王曰芬等认为知识元与狭义的知识单元等同，知识元是具有一定意义和完备知识表达并可以独立控制和处理的最小知识单位，是构成知识结构的基元③。

还有部分学者认为，知识单元与知识元含义不同。知识单元是广义知识单元概念，是相对独立的文献内容或文本片段，是知识元的逻辑组成。而知识元是构成知识结构的最小要素。如王崇德和李美认为广义知识单元可以是"文献片段"，也可以是超文本和超链接中的节点，这种"文献片段"和节点是文献内容中任何可以独立存在的部分④；温有奎认为每篇文献由独立的知识元链接组成，构成人类知识结构中的一个知识单元，知识元的不同排列构成了不同知识单元的差异⑤。

3.2.4　知识图谱

知识图谱(Knowledge Graph)是一种用图模型来描述知识和建模世间万物之间关联关系的技术方法⑥。知识图谱由 Google 提出并使其搜索业务实现智能化，随后，知识图谱技术在智能搜索、情报分析、自动问答等领域中的应用表现出强大优势，为人工智能的快速发展提供了重要的动力，如专家系

①　陆汝钤，金芝. 从基于知识的软件工程到基于知件的软件工程[J]. 中国科学：E 辑，2008，38（6）：843-863.

②　高继平，丁堃，潘云涛，等. 知识元研究述评[J]. 情报理论与实践，2015，38（7）：134-138.

③　傅柱，王曰芬，徐绪堪，关鹏，丁绪辉. 基于知识元的中文专利文献知识描述框架[J]. 情报理论与实践，2019，42(4)：145-150.

④　王崇德，李美. 论超文本信息系统[J]. 中国图书馆学报，1996（4）：30-35.

⑤　温有奎，温浩，徐端颐，等. 基于知识元的文本知识标引[J]. 情报学报，2006（3）：282-288.

⑥　王昊奋，漆桂林，陈华钧. 知识图谱：方法、实践与应用[M]. 北京：电子工业出版社，2019.

统、自然语言处理、语义 Web 等诸多研究领域。王兰成和娄国哲认为，知识图谱发展到现在，其应用领域已远超出 Google 最初提出时的目的，主要表现在三个方面：①在搜索领域，基于知识图谱的搜索引擎以直接给出答案的方式展现查询结果，如谷歌知识图谱融入了维基百科等公共资源以及通过爬虫搜集整理的大量语义数据，微软推出的 Bing 搜索通过站点合作获得用户画像可有针对性地呈现量身定制搜索服务；②在问答领域，知识图谱也获得大量应用，如华盛顿大学的 Paralex 系统、苹果的 Siri、亚马逊收购的 Evi、Facebook 的 Graph Search、Microsoft 的 Cortana、百度的小度机器人等；③在情报领域，如基金公司构建上市公司的知识图谱为投资人提供决策支持，公安机关根据企业或个人的交易、通话、出行、税务等信息构建社会活动知识图谱，并应用在案件侦破过程中①。赵一鸣认为，知识图谱在语义搜索、智能问答、文档表示等领域得到广泛应用，它不仅是知识工程领域的一个最佳实践，更是一种知识组织系统，应该纳入图书情报领域知识组织研究的范畴②。

与语义网络相比，知识图谱具有显著特点：知识图谱较少关注概念间层次关系而注重描述实体间关系及实体属性，开放知识图谱大多来源于百科然后通过数据挖掘、机器学习等技术快速构建，知识图谱的来源较多则需要进行清洗和融合处理③。本体主要描述静态特征，其动态特性可以由知识图谱的动态性提供支持。大多 OWL 描述的本体可以向知识图谱进行转化，Zhou 等证明了使用 OWL EL 语言描述的本体，可以在保证高效推理的前提下转化成知识图谱④。

---

① 王兰成，娄国哲. 基于知识图谱的网络舆情管理方法与实践研究［J/OL］.［2020-02-10］. 情报理论与实践：1-7. http：//kns. cnki. net/kcms/detail/11. 1762. G3. 20191223. 0858. 002. html.

② 赵一鸣. 知识图谱是一种知识组织系统吗？［J］. 图书情报知识，2017(5)：2.

③ 漆桂林，高桓，吴天星. 知识图谱研究进展［J］. 情报工程，2017，3(1)：4-25.

④ Zhou Z Q, Qi G L, Glimm B. Exploring parallel tractability of ontology materialization［C］. European Conference on Artificial Intelligence, Hague, Netherlands, August 29-September 2, 2016：73-81.

3.3　网络舆情应对阶段与应对活动分析

3.3.1　网络舆情应对阶段划分

目前国内对网络舆情应对阶段划分的理论依据，可以借鉴网络舆情生命周期和危机管理 4R 模式来开展。谢科范等把网络舆情突发事件的生命周期划分为潜伏期、萌动期、加速期、成熟期、衰退期五个阶段①。易臣何把突发事件网络舆情演化分为生成阶段、扩散阶段和消减阶段②。高青苗把网络舆情的生成演变划分为孕育与诞生阶段、成长与扩散阶段、鼎盛与波动阶段、衰退与消亡阶段③。随着新媒体技术和网络通信技术的迅速发展，信息传递、传播的速度呈几何级数增长，一方面是网络舆情从无到爆发的时间间隔随之迅速缩减，另一方面则是随着信息量暴增，公众对舆情事件关注周期越来越短，因此，本书将单个事件的网络舆情传播和演变的过程划分为潜伏期、爆发期、波动期和衰退期四个阶段。潜伏期的网络观点分散，事件或话题的关注热度很低，引致原因隐存。爆发期是事件或话题在网络上呈迅速传播，网民关注度急剧提高，

已有文献对网络舆情阶段的划分大部分是基于舆情传播和演变的角度而展开的，从舆情管理的角度，对网络舆情管理过程的阶段划分方面的研究成果目前尚无。随着网络舆情事件产生及应对的常态化，需要从全面管理的角度，对网络舆情管理的阶段进行归纳总结。无论是突发事件产生的网络舆

---

① 谢科范，赵湜，陈刚，等 . 网络舆情突发事件的生命周期原理及集群决策研究[J]. 武汉理工大学学报(社会科学版)，2010，23(4)：482-486.

② 易臣何 . 突发事件网络舆情的演化规律与政府监控[D]. 湘潭大学，2014：71-82.

③ 高青苗 . 网络舆情的生成演变与应对的现实困境研究[D]. 重庆大学，2013：99-108.

情，还是网络突发舆情，应对决策可以视为对网络舆情管理的过程。网络舆情的爆发可以视为一种危机。因此，本书拟在罗伯特希斯教授提出的危机管理4R理论的基础上，分析网络舆情管理的框架。根据4R管理框架，管理者需要主动将危机工作任务划分为四类：减少(Reduction)危机情境的攻击力和影响力、做好危机情况处理的准备(Readiness)、尽力应对已发生的危机(Response)和恢复(Recovery)①。

根据以往网络舆情应对和管理实践，学术界、政府、舆情监测企业对舆情管理的阶段跟危机管理的阶段是大致吻合的，不同的是，研究成果和管理者需要带有前瞻意识，针对一些潜伏期的舆情，采用预防其爆发的策略。因此，本书把网络舆情管理的任务划分为五种类型：

①预防：预防网络舆情事件(尤其是负面网络舆情事件)的产生。

②调节：包括两类，一是减少负面网络舆情的攻击力和影响力；二是放大正面网络舆情的正能量。

③分析：做好舆情应对所需的各种信息分析。

④反应：尽力应对已经发生的网络舆情。

⑤修复：针对舆情造成的负面影响，修复公信力、形象、公共关系等。

以上五种类型的任务分别对应产生了网络舆情管理的五个阶段。网络舆情演化过程是随着舆情信息的衰变过程而发展的，并且与舆情管理的不同阶段相互对应。在舆情管理的各个阶段中，舆情事件的各种利益相关者相互作用产生了数据、信息和知识，决策者基于事实性知识做出决策，非事实信息都不作为决策的依据。舆情应对处于一个动态变化发展的网络环境中，实时交互可以让应对方案迅速传播和扩散，决策效果得以及时反馈，一个阶段中产生的信息或做出的决策常常影响到其下一步或后面一连串的决策的制定，人们对舆情应对的知识和经验也在随着时间的推移而不断增加。网络舆情管理，除了参考现有事实辅助决策以外，还需要综合考虑以前的活动、政策限制、情境变化和舆情事件所处的阶段。网络舆情频繁爆发，应对决策本质上

① 罗伯特·希斯. 危机管理[M]. 北京：中信出版社，2004：207.

是为了降低舆情带来的社会风险，而风险是不断发展和变化的，舆情应对决策也需要不断适应风险的变化。

由上述分析，每次舆情事件的发生其实都是一次知识累积的机会，如果跳出传统的单个舆情事件应对的周期，从一个更大的时间周期来看，网络舆情的知识累积是一个开环的连续体，如图 3-4 所示。

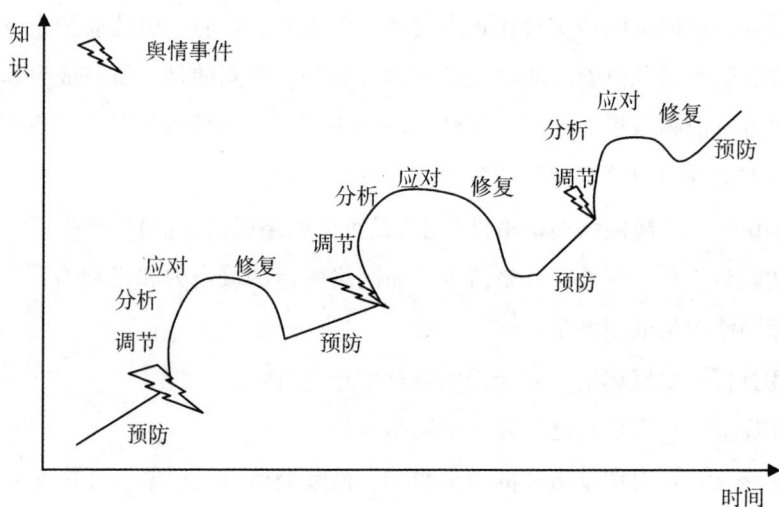

图 3-4　网络舆情知识累积过程

一次舆情事件发生以后，管理者随即进入网络舆情调节、分析、反应和修复等阶段，每个阶段都将产生新的知识，事件平息后需要做好预防舆情事件发生的工作，上一次预防失败的教训和应对成功的知识为预防阶段提供了借鉴，预防工作持续，直到再一次发生网络舆情事件。预防阶段产生的经验和知识同时也会累积下来。每一个阶段既需要利用知识，也同时产生新知识，因此，网络舆情知识就随着时间的推移而累积。

3.3.2　网络舆情应对决策过程

决策就是管理者识别问题、解决问题、利用机会的一个过程，包括具体明确的步骤和活动，从识别具体需要解决的问题开始，到目标逐渐明确，即找到理想的解决问题的方案。决策过程中包含的具体活动如图 3-5 所示。

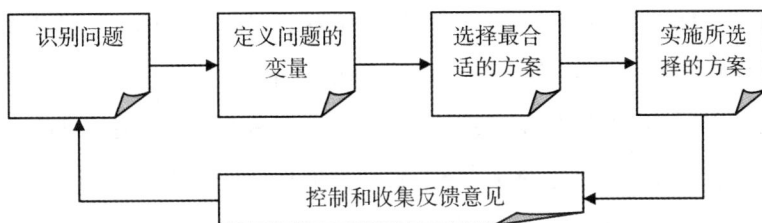

图 3-5 决策过程①

决策理论研究的发展可以划分为经典决策理论、有限理性决策理论、行为决策理论和自然决策理论四个阶段②。其中，有限理性决策理论的代表人物西蒙认为，人的实际行动不可能完全理性，决策者不可能预见一切结果，只能是从备选方案中选择一个自己最"满意的"方案，决策过程包含情报活动、设计活动、抉择活动和审查活动四个阶段③。

Berryman 指出，大部分情报研究是在有限理性决策理论的基础上去理解人类的决策行为，普遍认为有效的决策是在查找和利用信息作为相应的证据基础上做出的，同时，情报研究中可采纳一种新的决策模型——自然决策模型(Naturalistic Decision-Making，NDM)，该模型还原了在环境不确定、时间紧迫、信息不完全的情形下的真实的决策过程，完全摒弃了在传统决策理论中对标准化解决方案的追求④。Gary Klein 指出与有限理性决策不同的是，专家们要做出高质量的决策，通常是基于对环境动态变化的认知和对记忆结

---

① Litvaj I, Stancekova D. Decision-making, and their relation to the knowledge management, use of knowledge management in decision-making[J]. Procedia Economics & Finance, 2015, 23: 467-472.

② 刘心报. 决策分析与决策支持系统[M]. 北京: 清华大学出版社, 2009.

③ 西蒙. 管理行为(珍藏版)[M]. 北京: 机械工业出版社, 2013: 107-120.

④ 郎淳刚, 刘树林. 国外自然决策理论研究述评[J]. 技术经济与管理研究, 2009, 4: 63-66.

构的模式匹配而快速做出的方案选择①。

在自然决策理论的影响下，学者对专业知识如何影响决策开展了广泛深入的研究。经验丰富的人常常在潜意识水平上处理信息，不需要"理解和整合线索或考虑可能的替代行为"，而经验相对不那么充足的人则需要处理信息以及使用一套"如果……就"的规则去做出选择。一个人是富有经验还是经验不足，可以从以下几个方面进行判断：信息表达②、对相关信息的关注③、划分出有意义的片段信息的能力④、使用模式匹配⑤和领域知识的人脑中的组织方式⑥。当决策具有时间紧迫、不确定性强、情境复杂或者可能存在严重后果等压力的时候，深入理解专业知识、决策风格和信息行为之间的交互作用就显得尤其重要。深入分析认知水平，为设计有效人机交互界面以及将适当的信息传递给特定决策情境下的适当的决策者提供了可能。

Kirkwood 认为，如果环境可以复制，那么结果将会相同。对于经验丰富的决策者来说，如果当前情境与过去情境相似，他就可能会基于过去的经验而采取行动或做出决定⑦。一个缺乏经验的决策者可能会面临很多问题，不知道如何运用理论知识；相比之下，一个富有经验的决策者也许能够产生较

① Klein G. A Recognition-Primed Decision(RPD) Model of Rapid Decision Making [M]. US：New Jersey，Ablex Publishing，1993.

② Hutton R J B，Klein G. Expert decision making[J]. Systems Engineering，1999，2 (2)：32-45.

③ Randel J M，Pugh H L，Reed S K. Differences in expert and novice situation awareness in naturalistic decision making[J]. International Journal of Human-Computer Studies，1996，45(5)：579-597.

④ Means B，Salas E，Crandall B，Jacobs T O. Training Decision-Makers for the Real World [M]//Klein G，Orasanu J，Calderwood R，Zsambok C，eds. Decision Making in Action：Models and Methods Norwood，NJ：Ablex，1993：306-326.

⑤ Klein G. Sources of Power：How People Make Decisions[M]. Cambridge，MA：MIT Press，1998：104-113.

⑥ Glaser R. Thoughts on Expertise [M]//Schooler C，Schaie W，eds. Cognitive Functioning and Social Functioning over the Life Course，Norwood，NJ：Ablex，1987：81-94.

⑦ Kirkwood A. Discounting the unexpected：The limitations of isomorphic thinking[J]. Risk Management，1999，1(4)：33-44.

好的决策结果。然而，知道理论知识的人基于经验和多问"为什么"，了解原理和起因，因此这些人被认为比那些只有经验的人更明智。最佳的决策者既懂得理论知识，又有经验，知道事物间隐含的普遍规律，同时懂得如何将这些知识应用到细节中去。也就是说，经验可以帮助决策者，因为它本身就是一种可以用来填补决策所需信息鸿沟的信息①。例如在医学领域，运用信息技术比较相似案例可以优化医疗方案决策②。迫于时间压力，人们往往采用自己最习惯的方式去应对，即更依赖于过去的经验③。经验丰富的人更少采用新信息或重视新信息，而常常基于经验做出决策④。

网络舆情应对决策面临着时间紧迫、情境复杂且动态多变、知识或信息资源相对短缺等压力，其决策过程具有怎样的特征、决策过程存在哪些知识或信息鸿沟，到目前为止还处于较为模糊的状态，需要展开深入系统的研究。

媒介技术的不断革新为社会话语的释放提供了无限可能和遐想，无论是网络论坛、微博、微信、新闻客户端等都在不断尝试创新和突破。出现具有公共性、开放性、交互性、多元性、瞬时性的网络媒体后，公众议程的设置逻辑也开始发生变化，网民可以通过互动，将他们认为重要的问题(而不是传媒机构认为重要的问题)变为公众议程的一部分。例如，在宝马车撞人、孙志刚被打致死、农民工讨取欠薪、医疗体制改革失败、郎咸平批评国企改革等一系列网上讨论活动中，网络舆论都显示出设置公众议程的力量⑤。网

---

① Klein G. Sources of Power: How People Make Decisions[M]. Cambridge, MA: MIT Press, 1998: 104-113.

② Saracevic A, Zhang Z, Kusunoki D. Decision making tasks in time-critical medical settings[C]. GROUP 12, ACM, Florida, 2012.

③ Weick B K E. The collapse of sensemaking in organizations-The Man Gulch Disaster [C]. 2013: 628-652.

④ Court A W. The relationship between information and personal knowledge in new product development[J]. International Journal of Information Management, 1997, 17(2): 123-138.

⑤ 王绍光. 中国公共政策议程设置的模式[J]. 中国社会科学, 2006(5): 42-56.

络舆情反映了网民对社会事件的看法、情绪、态度和意见表达，在新媒体技术的推动下，民众的权利意识得以启蒙并不断提高，对管理决策也带来了前所未有的挑战。

决策者要在复杂和困难的环境中迅速做出决策，提高对网络舆情事件的应对能力和应对效率，回应公众利益诉求，使舆情事件带来的损失降低到最小的程度，实际上是决策者根据情景制定决策改变事件状态的过程。对网络舆情应对决策的研究目前来看大多是基于舆情的检测、预警和应对过程提出舆情管控机制①或危机信息管理机制②。

本书认为，面向决策支持的网络舆情分析过程，是充分利用各种信息，解决管理问题的过程。因此，本书将在 Wilson 的问题解决模型和决策过程模型基础上剖析网络舆情分析辅助决策的过程，详见图 3-6。

首先，管理者在初始情境中识别需要解决的问题，网络舆情数据、信息、知识等输入系统并进行分析，决策者根据分析结果进行决策情境的判断。决策情境类型大致可以分为三种：

1）普通情境，只需要进行简单决策。这种引发网络舆情的事件可能是普通事件，传播范围广，决策受到的时间约束小，信息资源较为全面，决策程序通常是设定的、标准化的，决策者经过教育或日常训练之后可以掌握此类决策所需的技能和方法，且决策效果可调、可控、可预期。

2）在常规程序可以解决的情境下，需要做复杂决策。这种事件通常是根源于常规、反复发生的问题。例如网民在广泛意义上讨论的国家经济政策、股市、教育、医疗、食品安全等，相关部门对相应的问题已经有了较为成熟的解决程序，但是由于网民意见或态度倾向分布较为复杂且涉及范围较大，潜藏的问题一旦爆发引发热议，决策者能掌握的信息常常处于不够及时、模糊的状态，决策面临时间压力，决策备选方案较多，处理不当会引发二次或

---

① 吴娟. 地方政府应对网络舆情的联动应急机制研究 [D]. 华中师范大学，2013：47-49.

② 辛立艳. 面向政府危机决策的信息管理机制研究 [D]. 吉林大学，2014：130-142.

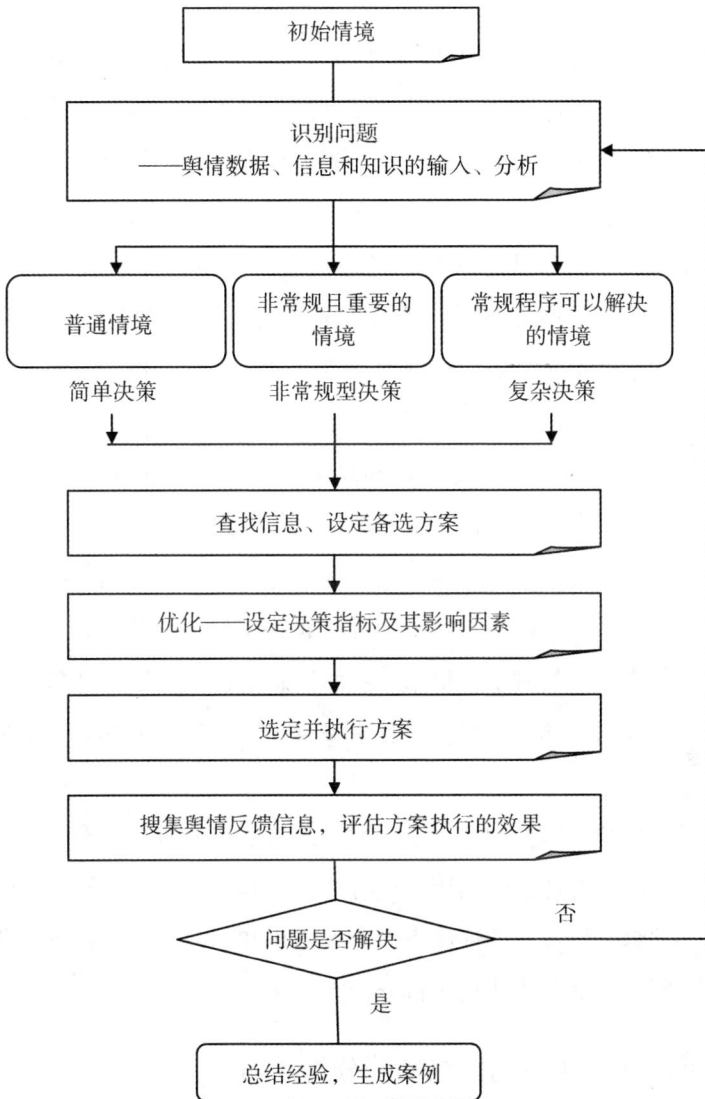

```
                    ┌─────────────────┐
                    │    初始情境      │
                    └────────┬────────┘
                             │
   ┌─────────────────────────▼──────────────────────────┐◄─────┐
   │              识别问题                                 │      │
   │   ——舆情数据、信息和知识的输入、分析                  │      │
   └──┬──────────────┬──────────────────┬────────────────┘      │
      │              │                  │                        │
   ┌──▼────┐   ┌─────▼─────┐    ┌───────▼───────┐                │
   │普通情境│   │非常规且重要的│    │常规程序可以解决 │                │
   │       │   │   情境     │    │   的情境      │                │
   └───────┘   └───────────┘    └───────────────┘                │
  简单决策       非常规型决策          复杂决策                      │
      │              │                  │                        │
      │       ┌──────▼──────────────────▼──────┐                 │
      │       │      查找信息、设定备选方案        │                │
      │       └──────────────┬─────────────────┘                 │
      │       ┌──────────────▼─────────────────┐                 │
      │       │   优化——设定决策指标及其影响因素   │                │
      │       └──────────────┬─────────────────┘                 │
      │       ┌──────────────▼─────────────────┐                 │
      │       │        选定并执行方案            │                 │
      │       └──────────────┬─────────────────┘                 │
      │       ┌──────────────▼─────────────────┐                 │
      └──────►│ 搜集舆情反馈信息，评估方案执行的效果 │                │
              └──────────────┬─────────────────┘         否       │
                       ┌─────▼─────┐                              │
                       │ 问题是否解决 ├──────────────────────────────┘
                       └─────┬─────┘
                         是  │
                    ┌────────▼────────┐
                    │  总结经验，生成案例 │
                    └─────────────────┘
```

图 3-6　网络舆情应对决策过程

（本研究整理）

多次舆情，需要综合评估以准确应对，因而视为复杂决策。

3）非常规且重要情境下，非常规决策。这种事情通常属于偶然发生、首次出现、较为重要的重大突发事件,破坏范围较大,引发了广泛舆情,且给相关部门或个人带来了较大的舆论压力,决策者面对的是复杂、多变的情境,舆情快速变化且趋向恶化、信息高度缺失、不确定性大、决策者认知模糊、且存在时间压力,需要综合专家知识、个人经验与智慧、舆情信息、相似案例等多种信息资源来制定备选方案、选择决策指标及其权重,决策复杂程度高且难度大,结果难以预料,风险极大。即使需要解决的问题是相同的,由于决策情境类型的不同,备选方案及其选择的难度大小即存在差异,因为越复杂的情境意味着决策过程面临着越高的不确定性,决策者对信息或知识的数量和质量需求也就随之提高。

除了简单决策外,非常规决策和复杂决策的过程都是复杂、系统的过程,仅仅依赖网络舆情统计信息,例如信息传播路径、基于点击转载评论数量的热度统计、网络舆情情感倾向极性统计等,这些信息提供给决策者的信息量太小,在网络舆情监测与预警中可以起到作用,但是在舆情事件已然爆发迫切需要解决问题的时候,根据该层面信息辅助决策已经达到瓶颈,不能从根本上提升决策效率和效果,对复杂决策、非常规决策的研究需要从知识层面延展。

决策者在复杂、多变的情景下对网络舆情信息分析结果有更多期许,那么,分析者和决策者都需要利用好现有的信息和知识,也要知道需要运用哪些新知识,并综合情境与条件约束去有效应用知识。因此,接下来将对面向应对决策的网络舆情分析活动进行分析。

3.3.3 面向应对决策的网络舆情分析活动

网络舆情信息分析是开展科学高效决策的保障。舆情是公众的情绪、意见和态度,虽然有时是理性的,但它并不能提供完整的决策方案,因为存在其片面性,具体的决策方案最终要由决策组织在理性思维后制定出来。公共性是舆情决策的重要特征,衡量一项决策是否有效和合法的重要标准之一,是看此决策是否代表了绝大部分人的意愿,是否能让绝大部分民众感到满意。

在舆情信息分析活动中，严格的分析流程可以保障舆情的价值。普遍意义上的信息分析是根据特定问题的需要，对大量相关信息进行深层次的加工，形成有助于问题解决的新信息的信息劳动过程①。而信息加工过程指通过判别、筛选、分类、排序、分析和再造等一系列过程，使收集到的信息成为我们需要的信息，即信息加工的目的在于发掘信息的价值，方便用户使用②。信息加工是信息利用的基础，是使信息成为有用资源的重要条件。

3.3.3.1　活动理论

活动理论起源于康德与黑格尔的古典哲学，形成于马克思辩证唯物主义，被维果斯基提出，成熟于苏联心理学家列昂捷夫与鲁利亚，是社会文化活动与社会历史的研究成③。

活动理论，最初用来解释人类意识与活动的本质关系，讨论的焦点主要集中于意识与活动的关系。其通常作为一个研究人类活动的哲学框架，立足于文化历史观，从关注主体、客体、共同体、工具、规则和劳动分工六个因素出发对人类活动予以诠释④。

活动系统结构提供了一个人类活动的"根模式"，为理解和构造人类复杂的活动提供了一个概念化框架。在活动系统结构和本体结构之间存在许多相似之处，例如："概念"和"概念之间的关系"。这些相似之处可以帮助缩小计算机系统与人类活动之间的过渡。

变量水平粒度的活动分析，例如：行动、业务等术语，为观察交互序列、识别嵌入式的知识提供了一个可以灵活地进行放大或缩小的理论透镜。

---

① 信息分析[EB/OL].[2011-07-21].http：//baike.baidu.com/view/1355865.htm.
② 信息加工过程[EB/OL].[2011-07-21].http：//baike.baidu.com/view/2165950.htm.
③ 活动理论[EB/OL].[2016-01-21].www.baike.baidu.com.
④ 王知津，韩正彪，周鹏.活动理论视角下的情报学研究及转向模型[J].图书情报知识，2012(1)：4-14.

活动系统指出(见图3-7),分析参与者和集体结构之间的交互行为的基点应该是"活动"。发起活动的人称为"主体",既可以是一个个体,也可以是一个集体(组织、团队等)。为了达到某种目的,主体有作用于客体(个体、集体或事物)的潜在动机。当客体为"人"的时候,因为他(们)有自己的生活,不愿意受到主体控制的时候,就会产生拒绝主体的行为。Wells 在一项并矢通信的案例研究中证实了这一点①。

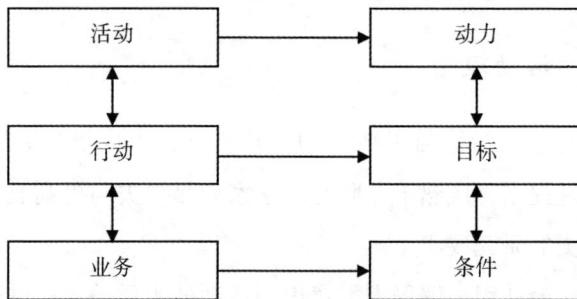

图 3-7　活动的层次结构

对客体的作用需要依靠一些工具(包括物质的和精神的),这些工具起到连接人与其目标、提高行动效果的作用。此外,活动还包括由利益相关者和合作者组成的"组织"里,因为它处于一定的组织文化中,受到规则和制度的规制,而组织文化则决定了活动中对主体进行的劳动分工。

活动理论对"活动""行动""业务"进行划分。人类为了达到某个目标而参与行动,不必在一个活动中成为直接客体。只有当人们实现了一种活动时,行动才得以完成。然而,从组织层面看,由个体或群体对采取行动、实现目标而产生的满意,通常只在一个共享工作活动的情境中才有意义。在行动这一层级之下是业务,可能是初步了解之后的意识,也可能成为潜意识或常规。也就是说,一个活动包含多个行动,每个行动又会产生多个业务。活动的三个层次不是固定一成不变的,在具体情况下,一个活动可能在不久之

---

① Gordon Wells. The role of dialogue in activity theory[J]. Mind Culture & Activity, 2002, 9(1): 43-66.

后会变成另外一项活动中的一个行动，同理，一个行动可能变成一个业务。活动—行动—业务之间的变移性可以让研究者理解一个行动，同时对其变化产生深刻认识①，其层次结构和层级变换规律与本体结构是类似的。

在信息管理领域，已有学者引入活动理论，深入理解和探索信息管理的整体架构②③④⑤以及研究相似环境中的信息行为⑥⑦。当人们想理解具体行动对活动、参与以及潜能发展的影响时，活动理论也可以起到很好的理论指导作用⑧。

活动理论已经被引入人机交互⑨、计算机协作学习⑩、计算机支持的协

① Allen D, Karanasios S, Slavova M. Working with activity theory: Context, technology, and information behavior [J]. Journal of the American Society for Information Science & Technology, 2011, 62(4): 776-788.

② Chen R, Sharman R, Chakravarti N, et al. Emergency Response Information System Interoperability: Development of Chemical Incident Response Data Model [J]. Journal of the Association for Information Systems, 2008, 9: 200-230.

③ Kutti K. Activity Theory, Transformation of Work, and Information Systems Design [M]//Engeström Y, Miettinen R, Punamaki R L, eds. Perspectives on Activity Theory. Cambridge University Press, New York, 1999: 360-376.

④ Lim C P, Hang D. An activity theory approach to research of ICT integration in Singaporeschools[J]. Computers & Education, 2003, 41(1): 49-63.

⑤ Wilson T D. A re-examination of information seeking behaviour in the context of activity theory[J]. Information Research, 2015, 11(4).

⑥ Allen D, Karanasios S, Slavova M. Working with activity theory: Context, technology, and information behavior [J]. Journal of the American Society for Information Science & Technology, 2011, 62(4): 776-788.

⑦ Yi-Chen. Web-Using behavior in context of the home use environment: Toward a multidimensional framework[J]. Journal of Library & Information Science, 2008, 34(2).

⑧ Engeström Y. Activity theory as a framework for analyzing and redesigning work[J]. Ergonomics, 2010, 43(7): 960-974.

⑨ Behrend M. Engeström's activity theory as a tool to analyse online resources embedding academic literacies[J]. Journal of Academic Language & Learning, 2014.

⑩ Ibrahim N H, Allen D. Information sharing and trust during major incidents: Findings from the oil industry[J]. Journal of the American Society for Information Science & Technology, 2012, 63(63): 1916-1928.

同工作①等多个领域的研究中，对系统设计也产生了重要启发②。在本体开发中，Kuhn 使用活动理论的层次概念(即活动—行动—业务)构建了一个本体结构③。O'Leary 以活动理论为基础，构建了一个用于获取组织中个体活动情境的企业本体④。以上研究探索了活动理论在复杂、定义不明确的活动研究以及本体开发中的理论适用性，但是还停留在相对简陋、缺乏实际应用检验的层面。

王知津引入活动理论，从文化历史观角度构建情报学研究转向模型，其研究认为，活动理论对于情报学中实践性较强的领域(如交互式信息检索、信息搜寻行为、竞争情报活动、信息素质教育等)非常适合从活动理论的视角进行分析⑤。作为近年来迅速发展的网络舆情研究，从活动理论视角分析网络舆情是否具有可行性？如何可行，可以如何应用？这是本书接下来深入分析的问题。

3.3.3.2 网络舆情分析活动

网络舆情分析活动是具有明确目的的实践活动，由识别舆情需求、舆情信息采集、舆情信息预处理、舆情分析和舆情利用等多个具体环节构成。

1) 主体。在一项具体的网络舆情活动中，开展舆情活动的组织或个人是网络舆情活动的主体，主体受到公众热议话题、公众参与等外部因素的刺激

---

① Othman S H, Beydoun G. Model-driven disaster management [J]. Information & Management, 2013, 50(5): 218-228.

② Korpela M, Mursu A, Soriyan H A. Information systems development as an activity[J]. Computer Supported Cooperative Work, 2002, 11(1-2): 111-128.

③ Werner Kuhn. Ontologies in support of activities in geographical space [J]. International Journal of Geographical Information Science, 2001, Volume 15 (7): 613-631 (19).

④ O'Leary D E. An activity theory analysis of RFID in hospitals[J]. International Journal of Applied Logistics, 2010, 1(2): 64-81.

⑤ 王知津，韩正彪，周鹏. 活动理论视角下的情报学研究及转向模型[J]. 图书情报知识，2012(1): 4-14.

而产生舆情活动动机，目的是为了产生舆情分析报告、提高舆情应对决策水平，主体发起活动的动机和目的非常明确。

2）客体。网络舆情分析活动中的客体是网络舆情信息，即多来源的异构网络海量数据。

3）工具。工具包括物质工具和精神工具两大类。其中物质工具包括舆情信息采集系统、预处理系统、极性词典、分析系统、检索系统等，精神工具包括语言、经验、分析方法、情境、公共关系技巧、回应策略等。

4）共同体。共同体包括主体、公众、媒体、意见领袖四大类。

5）规则。规则指网络舆情活动受到的组织文化和社会价值观等的规制，如公共关系政策、政府信息公开条例、网民理性程度、网民社会心态等。

6）劳动分工。劳动分工指的是网络舆情活动实践者的角色和分工，例如信息采集人员负责舆情信息采集和预处理，舆情分析师负责信息分析，决策者提出舆情信息需求，舆情分析人员负责生成舆情分析报告，发言人负责代表主体通过各种媒体渠道回应舆情等。

共同体、规则和劳动分工可能会给网络舆情分析活动增加压力和焦虑感。

这样一个模型抓住了网络舆情活动的复杂性，为其提供了一种基本的概念化的抽象表达方式。基于活动理论的网络舆情活动框架强调人与技术、人与情报、人与人、人与组织、人与环境的交互，是一种适用于所有网络舆情活动的分析模式。

考虑网络舆情应对决策活动的复杂性、动态性和关联性，且活动理论已经被应用在一些复杂活动的建模中并取得了较好的应用效果，因此，本书认为可以引入活动理论，深入、系统地剖析面向应对决策的网络舆情信息分析过程，作为实现对决策所需数据、信息、知识的聚合的理论基础。

为了全面分析面向应对决策的网络舆情分析活动，本书采用了定性研究方法，通过对网络舆情信息分析人员、组织管理者进行访谈，以及对决策过程、决策知识供需匹配的文献回顾，部分网络舆情应对决策案例的分析，从而建立了网络舆情分析活动的框架。

如图 3-8 所示，活动的概念化过程是经由网络舆情分析者(主体)受到决策者需求(动机)的驱动而执行了网络舆情信息分析活动(活动)，目的是提高网络舆情应对决策的效率和效果(输出)。

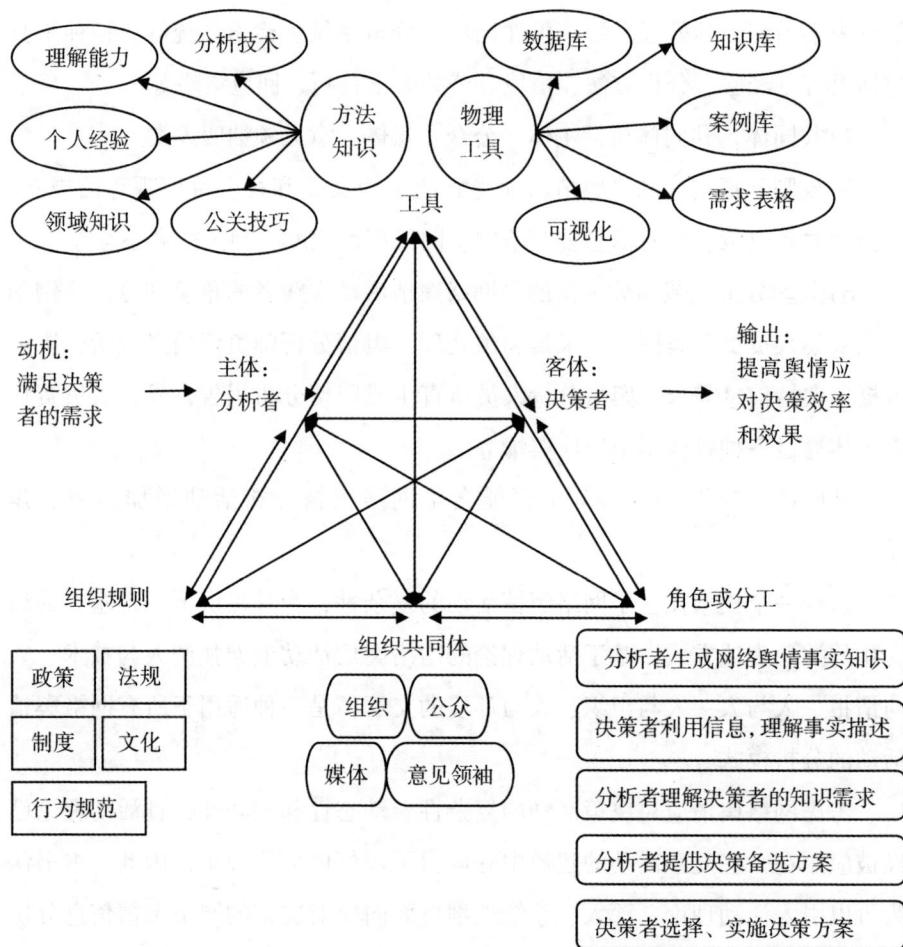

图 3-8　网络舆情信息分析活动模型

分析者根据决策者(客体)的需求，综合运用物理工具和方法知识解决问题，物理工具包括需求表格、知识库、数据库、案例库、可视化技术等；方法知识如分析技术、理解能力、个人经验、领域知识、公关技巧等。

分析者对何时或如何使用物理工具是较为明确的，但是方法知识在分析过程中的融合使用则相对较模糊，难以界定具体何时使用，或者如何使用。

网络舆情信息分析活动是在一定的组织规则下进行的，包括国家政策、地方法规、文化习俗、社会价值观、组织管理制度、行为规范、组织环境、教育背景等，同时，还受到组织共同体的约束，包括组织、公众、媒体和意见领袖。

网络舆情信息分析活动中，分析者和决策者有不同的角色和分工，分析者首先将网络舆情事件信息提供给决策者，决策者理解网络舆情事件信息，分析者需要理解决策者的知识需求，并根据情境和威胁评估来提出相应的舆情应对决策备选方案，指出各方案的优缺点和预测可能产生的后果，并以合适的形式展示分析结果，决策者根据分析结果进行方案的选择并实施。这种角色和分工往往会使舆情分析活动中的分析者产生压力感和焦虑感。

总而言之，网络舆情信息分析活动模型为表达网络舆情信息分析活动提供了一种基本的概念框架，从活动、行动和业务层面深入剖析网络舆情应对决策活动中分析者与决策者的意识与其活动之间关系，抽象反映了网络舆情分析活动本身、活动主客体之间、主体意识和活动之间的复杂性。面向应对决策，网络舆情分析活动该如何更好地处理这种种复杂性，让分析者与决策者的知识需求得以满足，同时使分析者能在合适的时候将正确的信息传递给正确的决策者，是本书接下来将继续深入探讨的问题。

3.4 网络舆情信息分析与利用的功能、模型和方法

3.4.1 网络舆情信息分析与利用的功能

结合决策和信息加工过程来看，网络舆情信息分析在决策的一系列过程

中都发挥着重要作用，具有发现舆情信息之间的关系、评定舆情监测价值及优先级、预测舆情发展趋势、审议舆情预警效果等四个基本功能。

(1)发现舆情信息之间的关系

网络舆情是公众在互联网上针对与切身利益相关的问题所发表的各种意见，首先，从舆情分析实践可知，舆情信息不会自己送上门来，即使有送上门来的信息也未必具有比较优势。没有了比较优势，信息分析的成果就不具有权威性。因此没有主动的信息采集活动和信息整合活动，主动地去占有大量信息，舆情信息分析研究活动将会处于盲人摸象，或是亦步亦趋的危险状态中。其次，对舆情信息进行分析，就必然要对信息与信息之间、看似孤立的事件与事件之间的关系进行梳理和组织，舆情信息分析既需要去发现该次舆情信息与信息之间的关系，也需要考虑舆情事件与事件之间的联系。因此，舆情信息分析的首要功能就是发现舆情信息之间的关系，辨别舆情事件之间的联系，实现网络舆情信息的有序化、系统化集合。

(2)评定舆情监测价值及优先级

在网民深入参与网络讨论的大环境下，决策者通过了解网络舆情并对其诊断，以解决复杂的社会问题。网络舆情信息主题具有丰富性和多元性，所涉及的社会问题和社会事件包罗万象，同时因为利益、需求和价值观等差异，公众对同一问题也持有不同的看法和态度。互联网体现不同意识形态的言论随处可见，并不是每个舆情事件都具有同样的监测优先级。对来自不同信息源的无序的原始资料进行归纳、浓缩和概括，使不同层次和类别的信息整体化，不同时间出现的舆情信息连续化，有利于掌握某一时期或与某一主题有关的舆情发展动态。因此，网络舆情信息分析在政府机关、企事业单位等的决策进程中提供有效支持，体现在其对舆情监测价值及优先级的评定功能上，从纷繁复杂的网络舆情中提炼出需要特别关注的舆情信息，分清舆情所反映公众要求的轻重缓急。

(3)预测舆情发展趋势

网络舆情信息分析是一种对网络舆情信息进行验证的过程，网络舆情信息分析与网络舆情信息之间的关系是一种动态的循环，是一种增值的过程。在网络舆情信息的形成与利用之间，舆情信息本身不能反映趋势，只有经过分析之后形成的新的信息，才具有反映趋势的作用。如何在早期对网络突发异常走向进行分析，进行积极引导，防止恶性信息继续扩展，是网络舆情工作的重要内容。因此，网络舆情信息分析的功能之三体现为预测舆情发展趋势，掌握足够多可用以认定预测结果的舆情信息，探索其未来发展趋势，为决策者制定预案、及时控制和回应提供有力支持。

(4)评价舆情预警效果

在现代管理中，任何一个决策中心都需要建立自己的反馈系统，而决策者的任务就是从中寻找并选择正确的解决方案。决策是否正确，应该根据公众对决策实施效果的满意度来判断。考虑到一段时间内的施政措施并非都是正确的，有可能随着时间的推移，当时正确的决策会出现与现实不相协调的情况，通过对网络舆情信息进行跟踪和分析，把握实际环境中公众的真实观点和意愿，才能及时发现决策及决策者的得失与偏差。因此，网络舆情信息分析的功能之四体现为评价舆情预警效果，对决策本身进行判断和不断修正，保证决策的科学性。

3.4.2　网络舆情信息分析与利用的模型

网络舆情信息分析与利用过程是一个开放的循环过程，按照信息加工过程各个环节，根据舆情信息的传播与扩散过程，本研究探索构建网络舆情信息分析与利用模型，将信息生命周期融入决策、网络舆情自动化监控过程中，整合内部、外部、人力和社会关系网络等各类资源，形成决策证据链，同时也对分析与利用网络舆情信息的主要方法进行归纳和总结。

3.4.2.1　网络舆情信息生命周期

所谓网络舆情信息的生命周期是指从决策工作产生对网络舆情信息的需求开始，经过舆情信息获取、分析，到舆情信息分析结果被决策者利用的整个过程，如图 3-9 所示。

在网络舆情信息分析与利用实际工作中，确定某一时期内的舆情信息管理主题是舆情信息分析与利用的基础，一般来说确定主题的过程是一个情报循环的过程，首先根据舆情信息需求提出选题，确定分析舆情信息主题的可行性，再确定信息主题的选择，然后制定具体的舆情信息分析与利用工作方案，以上步骤环环相扣。

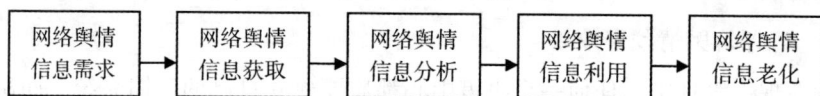

网络舆情 信息需求	→	网络舆情 信息获取	→	网络舆情 信息分析	→	网络舆情 信息利用	→	网络舆情 信息老化

图 3-9　网络舆情信息生命周期

3.4.2.2　网络舆情信息分析与利用模型

本研究将 Herring 模型①引入到网络舆情信息工作中，结合网络舆情信息生命周期及决策过程，提出一个由工作框架、系统层和流程层构成的支持网络舆情信息分析与利用系统建立和运作的概念模型。

（1）网络舆情信息分析与利用工作框架模型

在现代社会管理环境中，决策者和舆情信息分析人员必须要知道：第一，在多大程度上能够理解为什么和如何与影响民众情绪的因素进行互动？第二，如果舆情在决策层流动，决策者是否真正使用了这些信息？这一整体过程其实是从信息分析过程进入了辅助决策过程。决策者与舆情信息分析人员分别作为舆情信息分析与利用工作最重要的两种角色，如何实现需求与成果之间的无缝连接，是网络舆情信息分析与利用实践中最关键的一个环节。本研究提出的网络舆情信息分析与利用工作框架层由五层组成，模型以决策、信息需求、舆情信息分析、舆情信息利用、信息来源等因素建立起两组

---

① Herring J P. Key intelligence topics：a process to identify and define intelligence needs[J]. Competitive Intelligence Revies，1999，10(2)：4-14.

参与者的联系(如图 3-10 所示)。决策制定者根据战略制定、战术制定和操作制定等特点,确定对网络舆情信息的需求,包括涉及的事件、人物、时间、地点,事件发生的原因、事件发展状态等,再开展一系列舆情活动,包括准确评估舆情信息监测价值及优先级、及时确认回应机会、正确认识舆情带来的管理危机、有效引导与控制舆情事件发展等,在制定决策的过程中需要相关辅助信息如意见领袖、公众意见分类和趋势预测报告等,舆情信息分析人员据此寻找信息来源,运用一次信息和二次信息、显性知识和隐性知识等进行网络舆情信息的采集、整合与分析,以满足决策者对网络舆情信息的需求。

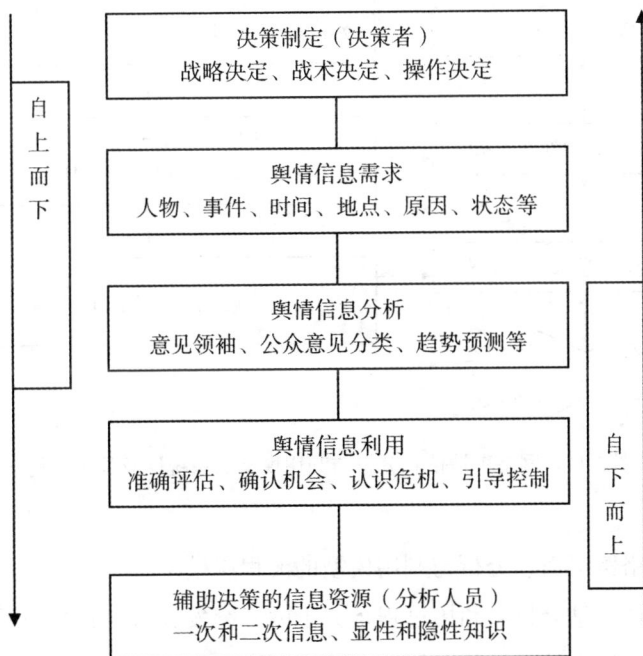

图 3-10　网络舆情信息分析与利用工作框架模型

(2)网络舆情信息分析与利用模型的系统层及技术结构

系统层是开展网络舆情信息活动的保障,提供了用舆情信息资源满足用户需求的工作模式。网络舆情信息分析与利用系统要实现从网络信息资源中挖掘出有价值的网络舆情，并提供给决策者使用，以辅助决策，则需要有效集成网络舆情信息采集技术、网络舆情信息预处理技术、网络舆情信息分析技术和网络舆情信息服务技术，这些技术相互支撑，共同形成网络舆情信息分析与利用模型的系统层(如图 3-11 所示)，以支持系统的高效运行。

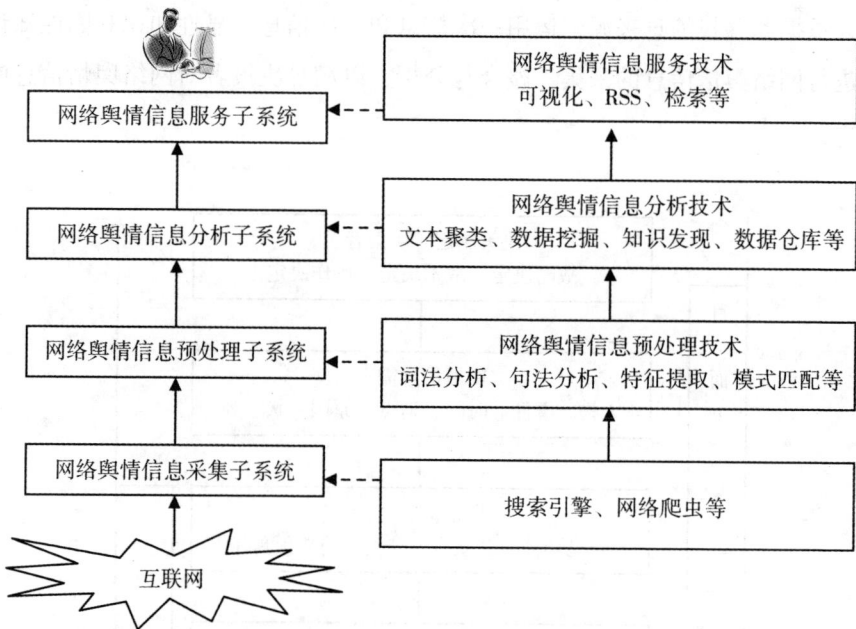

图 3-11　网络舆情信息分析与利用模型的系统层及技术结构

（3）网络舆情信息分析与利用模型的流程层模型

网络舆情信息分析与利用过程是关于网络突发异常事件给管理带来的威胁、寻找回应机会的舆情信息加工过程，主要包括组织协调、信息采集、信息预处理、信息分析、生成报告和发布报告六个环节，这六个环节根据网络舆情事件的演进和明确，反复迭代、重复。

由图 3-12 所示，流程层模型反映了网络舆情信息分析与利用系统的具体操作过程，可以划分为三个阶段：

①聚焦阶段：确定网络舆情热点事件、确定扫描计划。这是网络舆情工作战略规划的关键阶段。通过与决策者及情报研究者沟通，彻底了解舆情信息需求所在。在此基础上确定舆情主题扫描工作计划，根据网络舆情监测与预警指标，判断并选择优先级别较高的主题作为扫描和监测的重点。

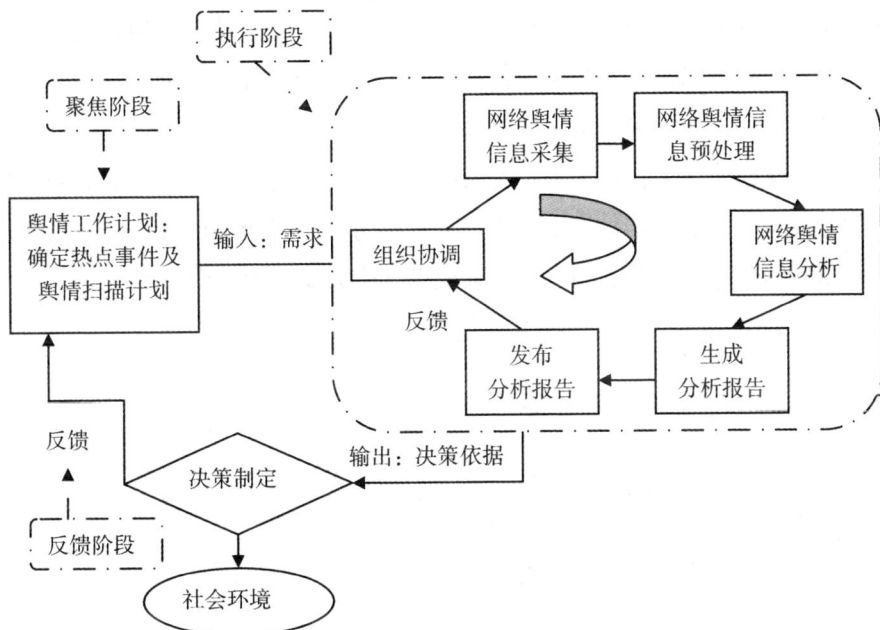

图 3-12　网络舆情信息分析与利用模型的流程层模型

②执行阶段：包括组织协调、开展舆情信息采集、舆情信息预处理、舆情信息分析、网络舆情分析报告生成、网络舆情分析报告发布。在此模型中，舆情工作需要首先进行人员的合理组织与协调，以保证工作效率。在执行信息采集计划之前，仔细评估网络舆情信息源，了解信息源与扫描主题和内容的相关度。并根据舆情信息主题的类型特点，确定扫描周期。对采集的信息进行预处理，发挥信息技术的优势与舆情信息分析人员的聪明才智，充分发现信息与信息之间的关系，编制舆情信息摘要，生成和发布舆情信息分析报告，及时通知决策者相关的舆情主题变化、突发事件进展等。

③反馈阶段：评价舆情信息分析结果、监测事件发展变化并修正监测热点。由决策者、情报专家和舆情信息分析人员参与舆情信息分析结果评估，判断对舆情所涉及的事件采取立即进行回应、待观察一段时间后再回应、进一步调研并深入分析后进行回应、无须回应等何种决策控制举措。同时在各个决策层建立信息资源共享平台，开展多向交流，提高舆情信息分析结果的使用价值。在完成一个网络舆情信息分析流程后，建立持续扫描机制，不断深入分析扫描结果，扩大热点事件和影响力度大的事件的扫描范围，丰富网络舆情信息的内容，确定决策实施效果与公众意愿之间的差距。

流程层揭示了工作框架中资源层级、舆情信息需求层级和舆情活动层级之间的关系，是对现实世界中舆情信息分析与利用工作流的抽象与概括，也是网络舆情信息分析与利用自动化系统设计中数据流的概念模型。

第4章　网络舆情工作现状与需求研究

　　网络舆情工作随着互联网及网络舆情的产生而出现，是收集、整理、分析和报送网络社情民意、为掌握社情民意和科学决策提供支持的一项基础性工作①。新媒体技术发展使网络传播模式发生了深刻变化：传播主体与受众融合，传播渠道与方式多元，传统传播流程被改变。网络舆情形态也发生了深刻变化：个体成为网络舆情形成核扩散中心，政府"把关"功能被严重削弱，出现传播权滥用与"网络串联示威"的现象。同时，新媒体技术还给网络舆情工作带来了重大挑战：信息采集数量巨大、信息分析难度增加、舆情预警时间缩短、舆情应对日益复杂②。企业界相关技术产品大多围绕传统网络时代的舆情监控展开，对危机预警和舆情趋势预测力不从心，网络舆情分析方法主要是将信息处理方法与传统领域特有的技术分析方法相结合，重采集和处理、轻分析③。而重大突发舆情事件的发生已经证明，不仅政府管理需要重视网络舆情工作，企业、高校等组织机构在应对网络舆情方面的传统办法也已经不足以适应新媒体环境。如何适应网络舆情带来的挑战、建立科学有效的网络舆情工作机制，以从海量、庞杂、无序的网络信息中快速发现与

---

　　①　中共中央宣传部．网络舆情信息工作理论与实务［M］．北京：学习出版社，2009：102-113.
　　②　魏超．新媒体技术发展对网络舆情信息工作的影响研究［J］．图书情报工作，2014，58（1）：30-34.
　　③　董坚峰．面向公共危机预警的网络舆情分析研究［D］．武汉大学，2013：39-46.

应对网络舆情，既关乎组织形象与全局利益，更关乎社会稳定与安全。

本章主要内容包括：

1）分析网络舆情工作相关政策法规建设现状。

2）分析网络舆情研究机构常用的舆情分析方法。

3）以社会各类组织机构中从事网络舆情工作的相关人员为对象，对组织网络舆情工作现状和组织对舆情信息分析的具体需求展开调查，分析并挖掘出组织对网络舆情分析的深层需求。

4）以舆情事件报告分析舆情事件中的公众利益诉求，分析舆情事件应对时政务公开信息中存在的不足。

4.1　网络舆情工作制度建设现状

我国政府在网络舆情工作机制建设中已经取得了较大进展，本节将从互联网管理新架构和政府文件两个方面进行现状分析。

2014 年 2 月 27 日，中央网络安全和信息化领导小组成立，习近平总书记担任领导小组组长。在中央网络安全和信息化领导小组第一次会议上，习近平同志发表重要讲话指出："要抓紧制定立法规划，完善互联网信息内容管理、关键信息基础设施保护等法律法规，依法治理网络空间，维护公民合法权益。"①"做好网上舆论工作是一项长期任务，要创新改进网上宣传，运用网络传播规律，弘扬主旋律，激发正能量，大力培育和践行社会主义核心价值观，把握好网上舆论引导的时、度、效，使网络空间清朗起来。"②

2014 年 8 月 28 日，国务院下发《国务院关于授权国家互联网信息办公室负责互联网信息内容管理工作的通知》，由最新组建的国家互联网信息办公

---

① 习近平．抓紧制定互联网立法规划［EB/OL］．［2016-10-20］．http：//epaper. ynet. com/html/2014-02/28/content_43340. htm？div=-1.

② 习近平．网络宣传要创新改进［EB/OL］．［2016-10-20］．http：//epaper. jinghua. cn/html/2014-02/28/content_67865. htm.

室全面负责全国互联网信息内容管理工作，并负责监督管理执法①。

2016年2月中共中央办公厅、国务院办公厅印发《关于全面推进政务公开工作的意见》提到，要建立健全政务舆情收集、研判、处置和回应机制，加强重大政务舆情回应督办工②。

2016年4月19日习近平总书记在网络安全和信息化工作座谈会上强调"对网上那些处于善意的批评，对互联网监督，不论是对党和政府工作题的还是对领导干部个人提的，不论是和风细雨的还是忠言逆耳的，我们不仅要欢迎，而且要认真研究和吸取"。③

2016年9月14日的国务院常务会上，李克强总理指出，政府官员要提高应变社会舆情的能力。

2017年10月18日，习近平代表第十八届中央委员会向中共十九大做报告指出，要加强互联网内容建设，建立网络综合治理体系，营造清朗的网络空间。

中央办公厅、国务院办公厅从互联网管理、政务公开等层面高度重视网络舆情工作与社会管理、国家治理之间的紧密联系，各省、直辖市、自治区、地市、区县或行政职能部门的政府网站上先后发布了与网络舆情工作相关的工作文件，部分文件列表可见附件一。

4.2 舆情研究机构常用的舆情分析方法调查

分析网络舆情研究机构发展现状的目的是为了了解在社会实践领域产生

① 国务院授权网信办负责互联网信息管理工作[EB/OL].[2016-10-20]. http：//www. gov. cn/xinwen/2014-08/28/content_2741612. htm.

② 中共中央办公厅、国务院办公厅印发《关于全面推进政务公开工作的意见》[EB/OL].[2016-10-20]. http：//www. gov. cn/xinwen/2016-02/17/content_5042791. htm.

③ 总书记新闻舆论金句——认真研究和吸取互联网监督批评[EB/OL].[2019-10-20]. http：//yuqing. people. com. cn/n1/2019/1114/c429781-31456027. html.

和积累网络舆情知识的概况。专门的舆情研究机构在我国的发展历史并不长久。1999 年 10 月，天津市社会科学院舆情研究所作为国内唯一一家舆情研究机构在原天津市社会科学院舆情调查研究中心的基础上成立①。此后国内不少高校和组织也相继成立了舆情研究中心，但是发展依旧很缓慢，也很少引起人们的关注。通过百度检索得到的网络舆情研究机构名录共计 25 家，本书对其报告产生来源和机构性质做了进一步分析。

国内大部分舆情研究机构发表的舆情分析报告是自主分析得来的，也充分体现了我国舆情机构的自主研究能力。机构性质主要可以归纳为三种：媒体网站、舆情软件公司、政府网站。名录中没有高校成立的网络舆情研究机构，因为这类机构的主页上基本上没有公布网络舆情分析报告。

根据机构发布分析报告的年产量粗略统计，除了中国上市公司舆情中心的年产量非常多，在 1000 篇以上，其他有一半的机构舆情分析报告的年产量在 100 篇左右，还有小部分的年产量在 50～300 篇。而且在这统计的舆情分析报告中并不排除有的机构的舆情分析报告是转载于别处的。

大多数研究机构发布的舆情分析报告体裁可分为舆情日报、舆情周报、舆情月报三种形式。不同周期的报告详细程度和信息量各不相同，在信息呈现方面体现出一定的层次性。一些主流媒体网站和专业舆情分析公司都没有设立专门的地方舆情模块，所发布的舆情分析报告大部分是空间覆盖面广的网络舆情。地方舆情研究机构，如河北舆情频道、南海网舆情，通常只会关注该地的舆情。绝大部分舆情研究机构有对国内重大的舆情事件进行分析，因此现在国内并不缺少研究舆论的机构，而这些机构对于重大舆情事件的分析也能在一定程度上起到辅助舆情应对决策、丰富网络舆情知识库和案例库的作用。

方法是人类认识世界、适应世界和改造世界的思路、途径或方式，情报分析被认为是情报学发展的三大研究重点之一②。网络舆情信息分析的发展

---

① 杨永红. 基于数据挖掘技术的网络舆情研究[D]. 重庆大学，2010：55-59.

② 叶鹰. 试论情报学的三大重点研究领域[J]. 图书情报知识，2003(6)：2-5.

很大程度上同样依赖其方法的发展，近年来很多学者从理论和实践的角度对网络舆情信息分析方法进行了探讨，取得了较为显著的进展，尤其是自然语言处理技术、数据挖掘技术和人工智能技术方面的研究成果对于促进网络舆情信息分析与利用效果具有极大的推动作用①。通过对各机构提供的舆情报告内容做深入分析，本书将网络舆情研究机构中的舆情报告使用的舆情分析方法概括如下：

1）网络计量法：具体表现为报告中广泛采用的舆情事件媒体报道和媒体发文趋势统计、网民热议话题排行、舆情热度分析等。

2）内容分析法：具体表现为网民观点抽样分析。

3）社会网络分析法：具体表现为网络舆情信息传播者网络关系、传播关键节点识别。

4）主题聚类法：具体表现为舆情信息的词频统计以及词语共现关系分析、网民意见倾向、舆论场共识度分析等。

5）综合分析：结合以上两种或多种分析方法得到的结果，对舆情事件产生的影响进行分析。

舆情分析系统的功能则包括：网络信息实时监测、"与我相关"舆情监测、情景模拟、提供定期舆情简报、进行异常预警、应对效果评估等。

4.3 组织机构网络舆情工作现状与需求调查

4.3.1 调查问卷设计

为了深入分析具体组织机构开展网络舆情工作的情况及其对舆情信息分析的需求，本书结合网络舆情研究机构中常用的舆情分析方法和功能汇总，

---

① 曹树金，陈忆金 . 网络舆情信息分析与利用的功能与模型研究［J］. 信息资源管理学报，2011，1（3）：11-19.

设计了网络舆情工作现状以及舆情分析需求调查问卷，对组织内从事网络舆情信息采集、分析研判、决策的人员展开调查。

"网络舆情工作现状及需求调查"问卷涉及的网络舆情工作包括各种类型的组织在具体工作中对网络舆情信息采集、分析和利用的全过程。问卷分成三部分，分别为：

1) 样本信息，包括样本的性别、年龄、职务级别、所属组织的类型、所属组织的行政级别等；本部分量表的设计依据为采集样本在以上项目的信息，作为后续分析的变量。

2) 网络舆情工作概况，包括网络舆情与组织危机之间的关系、组织当前对网络舆情的应对能力、必要性和作用等方面的认识、组织网络舆情具体工作等。由于相关研究不多，例如组织机构面临的危机的类型是本书自己总结。组织应对网络舆情的能力、必要性和作用的设计依据主要是为了采集组织内部由上而下对网络舆情的认知、重视程度以及态度信息。组织网络舆情具体工作则是从方法、工具、人才、工作内容、障碍等方面采集现状的具体信息。

3) 组织对网络舆情分析的具体需求，共计 13 个测量问项，主要参考文献①总结的舆情分析方法，以及本书在 4.2 节调查总结的目前网络舆情研究机构常用的网络舆情分析方法及功能。

问卷内容力图涵盖网络舆情工作各个方面及深入调查组织对网络舆情分析的具体需求，其中需求调查部分采用刻度选项作答，其余题目采用单选和多选的方式。

4.3.2　问卷发放与样本概况

问卷发放时间：2015 年 5 月 8 日至 2015 年 6 月 16 日，问卷发放方式为网络问卷发放和纸质问卷发放相结合。样本选择方式：第一类为各单位负责

---

① 曹树金，陈忆金. 网络舆情信息分析与利用的功能与模型研究[J]. 信息资源管理学报，2011，1(3)：11-19.

网络舆情工作的工作人员，第二类为各单位的部门负责人，通过微信、邮件、QQ 等方式发送网络问卷链接，或通过派发纸质问卷的方式获取数据。共计发放问卷 2000 份，其中网络问卷发放 500 份，回收 420 份，有效问卷 419 份。纸质问卷发放 1500 份，回收 1292 份，有效问卷 1047 份。有效问卷合计 1466 份。问卷是否有效的判断标准为：①问卷是否填写完整。为了保证数据质量，本次筛选严格按照未填题数量大于 2 则视为无效问卷的标准。②问卷填写内容会否矛盾。本次量表设计了第 2 题和第 3 题作为识别是否矛盾的题项，如果第 2 题选择了"没有遭遇过"，但是第 3 题又填写"有"，则视为无效问卷。

在 1466 个有效样本中，男性占比 53%，女性占比 47%。年龄以 26~35 岁为主，占 66.1%；25 岁及以下占 7.84%，36~45 岁占 20.5%，46~55 岁占 5.53%，55 岁以上占 0.48%。工作单位类别中，来自政府机关的样本占 41.06%，事业单位的样本占 31.72%，企业的样本占 24.51%，社会组织及其他的样本占 3.07%。样本工作单位行政级别分布中，科级以下单位占 16.44%，科级单位占 19.10%，处级单位占 19.58%，厅/局级单位占 20.53%，省部级及以上单位占 6.96%，还有 16.39% 的单位未定行政级别。问卷填写者的行政职务级别分布中，科员占 34.38%，科级占 26.47%，处级占 10.03%，厅级及以上占 0.75%，还有 28.38% 的填写者没有行政职务级别。

4.3.3 网络舆情工作现状分析

4.3.3.1 组织网络舆情与危机

本部分设置三个问题了解组织网络舆情与危机之间的关系，调查结果见图 4-1。

1) 组织最可能存在的危机类型（潜在危机）中，"形象危机"所占比例最高，占比 46.11%，其次是"诚信危机"占比 26.26%，"公共安全危机"占比 24.62%，"财务危机"和"产品质量安全危机"占比分别为 14.05% 和 11.46%。

16.71% 的单位认为不存在潜在危机。

2)28.38% 的单位填写"未遭遇过危机",可见,超过七成的组织是遭遇过危机的。在组织已经遭遇过的危机种类里,"形象危机"出现频次最高,占比 37.95%,其次是"公共安全危机"占比 16.71%,"诚信危机"占比 15.08%,"财务危机"占比 11.26%,"产品质量安全危机"占比 9.82%。另外有 5.27% 的单位遭遇的危机是以上类别范围之外的,如廉政危机、知识产权被侵犯等。

3)43.25% 的组织遭遇的危机曾经在互联网上产生或因网络传播而加速了事态的发展,15.96% 的组织不了解所发生的危机与网络传播之间的具体关系。在剩下 40.79% 的组织中,除去 28.38% 未遭遇过危机,仅 12.41% 的组织遭遇的危机是与互联网传播没有关系的,通过对这组数据分析发现,大部分属于"财务危机"和"其他类型危机"。

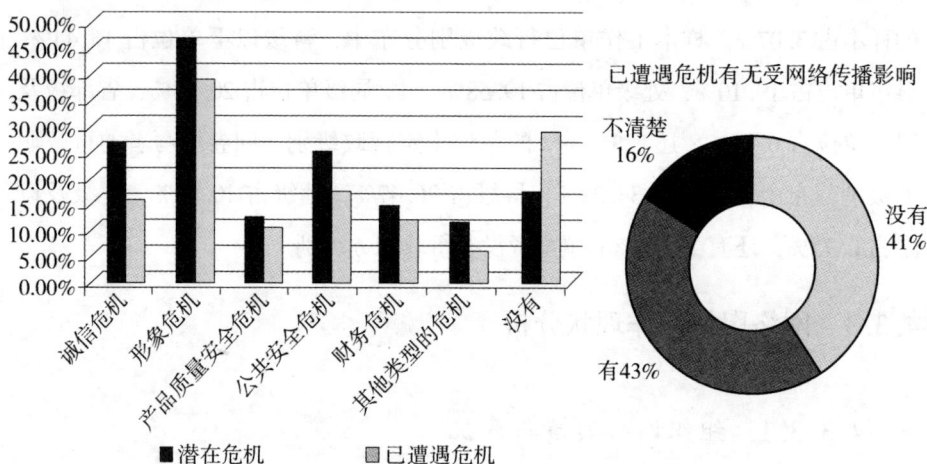

图 4-1   组织机构潜在危机与已遭遇危机类型及其与网络传播的关系

4.3.3.2   组织机构对网络舆情应对能力、必要性与作用的认识

本部分设置了三个问题分别了解组织机构对网络舆情的应对能力、组织

机构对网络舆情工作必要性及其作用的认识，统计结果见图4-2。

1）组织机构网络舆情预警与应对方面的能力调查结果显示：10.5%的样本选择"非常弱"，19.58%的样本选择"较弱"，46.32%的样本选择"一般"，20.26%的样本选择"较强"，3.34%的样本选择"非常强"。均值为2.864，处于偏低水平，认为舆情预警与应对能力偏弱的组织约占三成。

2）组织机构开展网络舆情工作的必要性调查结果显示：1.43%的样本选择了"完全没必要"，2.86%的样本选择了"没必要"，15.75%的样本选择了"一般"，50.84%的样本选择了"有必要"，29.12%的样本选择了"非常有必要"。就总体情况而言，均值为4.033，处于较高水平。

3）对网络舆情工作提高管理者危机预测与应对能力的作用的认可程度的调查结果显示：2.15%的样本选择了"完全不认可"，3.82%的样本选择了"不认可"，16.71%的样本选择了"一般"，35.8%的样本选择了"认可"，41.53%的样本选择了"非常认可"。总体样本均值为4.11，说明样本对网络舆情工作能提高管理者危机预测与应对能力作用的认可程度是极高的。

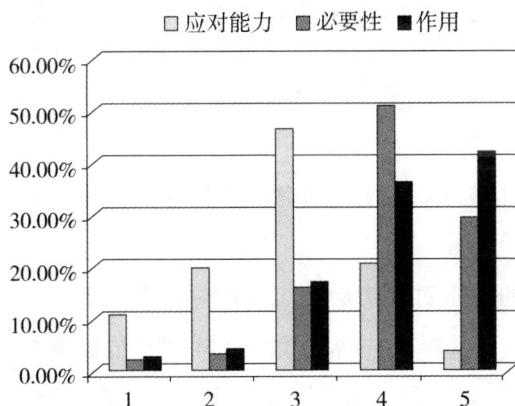

图4-2 网络舆情应对能力、必要性和作用（从1到5表示程度由弱到强）

4.3.3.3 组织机构网络舆情工作概况

本部分从组织机构对网络舆情工作的重视程度、对网络舆情工作人员的培训、人员对网络舆情工作的认识、网络舆情信息采集方法、阻碍网络舆情工作开展的主要因素、网络舆情应对能力要素等六个方面展开调查，力图全面了解组织机构当前开展网络舆情工作的实际情况。

1)组织鼓励开展网络舆情工作程度的统计均值为 3.39，处于一般水平。说明大部分组织机构对舆情工作的鼓励程度不够，重视程度一般。

2)组织是否对从事网络舆情工作的人员进行过培训统计结果见图 4-3，仅 7.44% 的样本选择了"非常充分"，29.13% 的样本选择了"有，不够充分"，29.81% 的样本选择了"没有培训"，2.86% 的样本选择了"以前没有，正准备"，30.76% 的样本选择了"不清楚"。

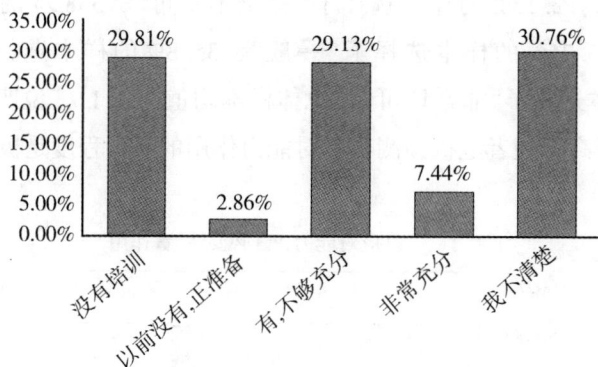

图 4-3　组织机构对从事网络舆情工作的人员培训情况

3)组织机构的员工对网络舆情工作的目的了解程度调查结果见图 4-4，仅 4.77% 的被调查者选择了"非常了解"，24.83% 的被调查者选择了"了解"，41.27% 的被调查者选择了"一般"，选择"不了解"的有 15.01%，选择"完全不了解"的有 5.53%，另外还有 8.59% 的被调查者选择了"不清楚"。

4)组织机构的员工对网络舆情工作的内容了解程度调查结果见图 4-4，仅 1.91% 的被调查者选择了"非常了解"，18.62% 的被调查者选择了"了解"，44.88% 的被调查者选择了"一般"，有 19.10% 的被调查者选择了"不了解"，5.53% 的被调查者选择了"完全不了解"，还有 9.96% 的被调查者选择了"不清楚"。这一结果说明，大部分单位员工对网络舆情工作的内容不了解，不清楚舆情工作具体是做什么的。

5）组织机构的员工对网络舆情工作的方法熟悉程度调查结果见图 4-5，仅 2.18% 的样本选择了"非常熟悉"，11.94% 的样本选择了"熟悉"，40.59% 的样本选择了"一般"，有 30.29% 的样本选择了"不熟悉"，4.3% 的样本选择了"完全不懂"，还有 10.71% 的样本选择了"不清楚"。这一结果说明，大部分组织机构里存在对网络舆情工作的方法不熟悉的情况，不清楚舆情工作应该如何开展。

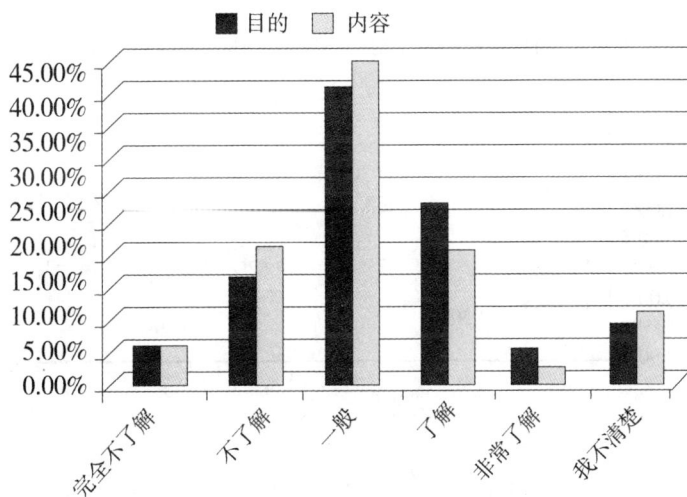

图 4-4　组织机构的员工对网络舆情工作的目的与内容的了解程度

6）组织机构采集网络舆情信息的方法调查结果见图 4-6，仅 4.3% 的样本选择了"系统自动采集"，29.33% 的样本选择了"人工与系统自动采集兼备"，26.26% 的样本选择了"人工采集"，12.62% 的样本选择了"没有采集"，2.39% 的样本选择了"外包"，25.1% 的样本选择了"不清楚"。这一结果说明，实践中，网络舆情信息采集工作还处在以人工采集为主的基本层次水平上，自动化采集程度各部门间极不平衡，外包所占比重也很小。

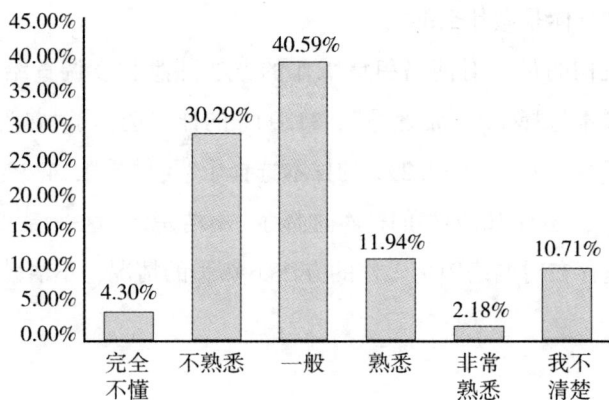

图 4-5　组织机构的员工对网络舆情工作方法的熟悉程度

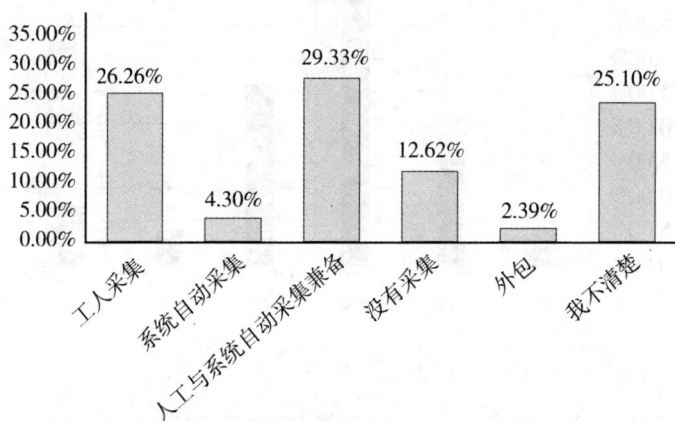

图 4-6　采集网络舆情信息的方法

　　7)阻碍开展网络舆情工作的因素调查共设置了 4 个方面的因素：领导因素、人员因素、设备因素和资金因素，调查结果使用频率统计和均值统计方法，结果见表 4-1，样本普遍认为，在这方面因素中，领导因素所起的作用是最大的，其余依次为人员因素、设备因素和资金因素。

表 4-1   阻碍开展网络舆情工作的因素调查结果—频率与均值统计

因素	非常不重要	比较不重要	一般	比较重要	非常重要	均值
领导	87(5.97%)	91(6.21%)	294(20.05%)	416(28.4%)	578(39.38%)	3.89
人员	91(6.21%)	101(6.92%)	347(23.63%)	451(30.79%)	476(32.46%)	3.76
设备	129(8.83%)	214(14.56%)	364(24.82%)	451(30.79%)	308(21%)	3.41
资金	220(15.04%)	189(12.89%)	332(22.67%)	340(23.15%)	385(26.25%)	3.33

8)发生网络舆情事件时,舆情应对的能力要素包括信息透明、组织公信力、及时响应、网络技巧、动态反应与人员问责等六种,这些能力要素的重要性调查结果如表 4-2 所示,样本普遍认为,应对网络舆情,首先要做到的是"信息透明",均值高达 4.51。其次是依靠组织公信力应对网络舆情的能力和及时响应的能力。由此可见,样本普遍认同网络舆情的应对能力需要"信息透明+组织公信力+及时响应",具体舆情应对案例也显示,三者合一时,应对效果最佳。

表 4-2   网络舆情应对能力要素的重要性排序

要素	非常不重要	比较不重要	一般	比较重要	非常重要	均值
信息透明	31(2.15%)	49(3.34%)	245(16.71%)	459(31.26%)	682(46.54%)	4.51
组织公信力	38(2.63%)	39(2.63%)	269(18.38%)	480(32.7%)	640(43.68%)	4.12
及时响应	21(1.43%)	49(3.34%)	210(14.32%)	346(23.63%)	840(56.28%)	4.08
网络技巧	52(3.58%)	91(6.21%)	381(26.01%)	441(30.07%)	501(34.13%)	3.85
动态反应	28(1.91%)	45(3.1%)	273(18.62%)	518(35.32%)	602(41.05%)	3.75
人员问责	84(5.73%)	119(8.11%)	486(33.17%)	438(29.83%)	339(23.15%)	3.57

4.3.4   组织机构对网络舆情信息分析的需求

目前在舆情系统和舆情分析报告中使用的网络舆情信息分析功能和方法包括以下 13 个问项的内容:网络信息实时监测、及时发现与本单位相关的热点话题、媒体报道和媒体发文趋势统计、关键词分时段轨迹追踪、媒体和网络文章观点聚合、网民情绪倾向分析、事件影响力分析、机构与人物关系网络分析、相似舆情应对案例、可行应对情景模拟及效果评估报告、定期舆情简报、异常舆情报告、舆情热点应对效果评估报告。由于涉及较为详细的分析方法和功能，样本对其需求的判断可能会受工作因素或其角色的影响，因此，本题结果的分析将从样本从事工作与舆情工作相关程度、样本的行政级别、是否熟悉舆情工作方法这三种分类对不同人群网络舆情分析功能与方法的需求水平进行分析。

样本工作相关度、行政职务级别、熟悉舆情工作方法的程度三者之间的交叉分析的结果如表4-3所示，从事工作与网络舆情工作高度相关的样本共969个，其中非常熟悉和熟悉舆情工作方法的样本仅159个，占比16.4%。行政职务级别为厅局级及以上的样本11个都选择了不熟悉舆情工作的方法。

表4-3　工作相关度、行政职务级别与熟悉舆情工作方法的程度交叉分析表

交叉项目		是否熟悉舆情工作方法						总计
		完全不懂	不熟悉	一般	熟悉	非常熟悉	我不清楚	
所从事工作与舆情工作的关系	完全没关系	57	87	38	6	2	53	243
	部分涉及	6	75	129	35	5	14	254
	主要工作任务之一	0	282	431	134	25	87	969
	总计	63	444	598	175	32	154	1466
行政职务级别	科员	24	128	228	73	7	44	504
	科级	11	154	154	49	4	16	388
	处级	0	28	87	14	10	8	147
	厅局级及以上	0	11	0	0	0	0	11
	没有级别	28	123	129	39	11	86	416
	总计	63	444	598	175	32	154	1466

首先分析样本工作相关程度与其对舆情分析功能和方法的需求之间的关系。样本工作相关程度是指其所从事工作与舆情工作的关系，分为三类：完全无关、部分涉及、高度相关，根据这三个分类进行数据拆分并统计各题均值。

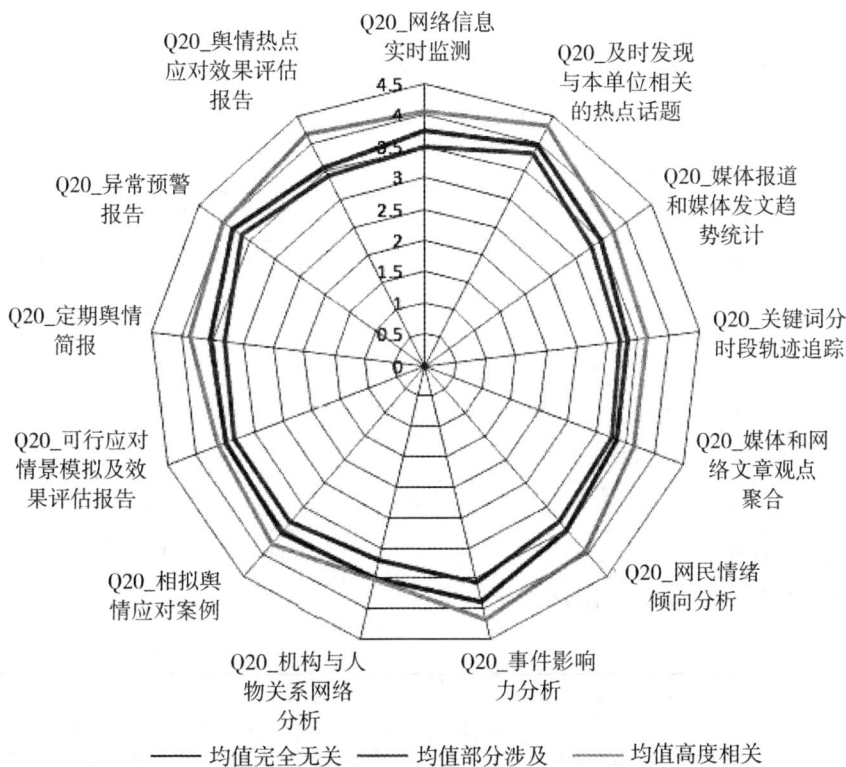

图 4-7　工作相关度的需求分布

如图 4-7 和表 4-4 所示，工作相关度越高，对舆情信息分析方法和功能的需求均值就越高，在 13 个调查项目中，工作高度相关的人需求介于 4 和 5 之间的项目有：及时发现与本单位相关的热点话题、事件影响力分析、舆情热点应对效果评估、网络信息实时监测和异常预警报告等共 5 种。不同群体间对舆情热点应对效果评估报告和网民情绪倾向分析两项的需求差异相对其他项目大一些。

表 4-4　　　　　　　　　工作相关度的需求均值统计表

项　　目	工作相关度		
	完全无关	部分涉及	高度相关
Q20_网络信息实时监测	3.48	3.75	4.04
Q20_及时发现与本单位相关的热点话题	3.8	3.98	4.3
Q20_媒体报道和媒体发文趋势统计	3.31	3.5	3.74
Q20_关键词分时段轨迹追踪	3.22	3.35	3.65
Q20_媒体和网络文章观点聚合	3.27	3.37	3.65
Q20_网民情绪倾向分析	3.33	3.51	3.96
Q20_事件影响力分析	3.58	3.88	4.17
Q20_机构与人物关系网络分析	3.2	3.47	3.52
Q20_相似舆情应对案例	3.35	3.55	3.78
Q20_可行应对情景模拟及效果评估报告	3.36	3.49	3.61
Q20_定期舆情简报	3.31	3.54	3.87
Q20_异常预警报告	3.66	3.84	4
Q20_舆情热点应对效果评估报告	3.42	3.58	4.17
有效的 N（listwise）	243	254	969

其次分析样本对网络舆情分析方法熟悉程度与其对舆情分析功能和方法的需求之间的关系。样本对网络舆情分析方法的熟悉程度由弱到强可以划分为：完全不熟悉、不熟悉、一般、熟悉、非常熟悉，根据这五个分类进行数据拆分并统计各题均值。如图 4-8 和表 4-5 所示，对网络舆情分析方法非常熟悉和完全不熟悉的两类样本的需求差异最大，其余三组之间的需求差异较小。完全不熟悉舆情分析方法的样本认为不需要"可行应对情景模拟及效果评估报告"，其余需求也普遍低于其他熟悉程度的人群。而非常熟悉网络舆情分析方法的样本对各项目的需求程度则普遍高于其他人群，其中高需求项

目(均值介于 4 和 5 之间)有:舆情热点应对效果评估报告、异常预警报告、网络信息实时监测、关键词分时段轨迹追踪、媒体报道和媒体发文趋势统计、事件影响力分析,在所有项目中需求程度最低的是"网民情绪倾向分析"。

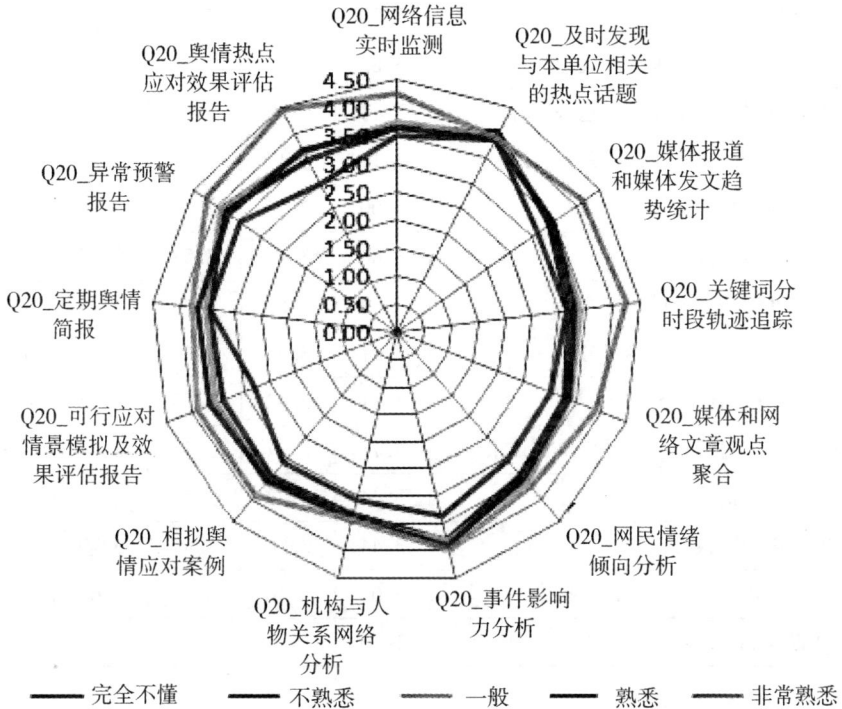

图 4-8　舆情分析方法熟悉程度的需求均值分布

由表 4-6 和图 4-9 可知,事件影响力分析、可行应对情景模拟及效果评估、异常预警三项是厅局级及以上的样本对舆情分析的高需求项目,可以反映决策者或管理者最为关注的三个方面:事件影响力情况、应对方案模拟和评估、网络突发异常预警。除了应对方案情景模拟和热点应对效果评估两项外,处级样本对其他项目的需求水平都比其他级别相对要高,他们最为关注的四个方面是:及时发现与本单位相关的热点话题、网络信息实时监测、事件影响力和网络突发异常预警。整体来看,未定级别者的需求相对较低。

表 4-5   舆情分析方法熟悉程度的需求均值统计

项 目	网络舆情分析方法熟悉程度				
	完全不懂	不熟悉	一般	熟悉	非常熟悉
Q20_网络信息实时监测	3.50	3.61	3.75	3.64	4.22
Q20_及时发现与本单位相关的热点话题	3.89	3.98	3.95	3.86	3.89
Q20_媒体报道和媒体发文趋势统计	3.11	3.39	3.48	3.46	4.11
Q20_关键词分时段轨迹追踪	3.11	3.17	3.37	3.26	4.22
Q20_媒体和网络文章观点聚合	3.00	3.28	3.38	3.36	3.89
Q20_网民情绪倾向分析	3.06	3.41	3.58	3.48	3.67
Q20_事件影响力分析	3.39	3.80	3.83	3.94	4.00
Q20_机构与人物关系网络分析	3.11	3.34	3.46	3.42	3.44
Q20_相似舆情应对案例	3.11	3.42	3.59	3.52	3.89
Q20_可行应对情景模拟及效果评估报告	2.78	3.37	3.53	3.64	3.89
Q20_定期舆情简报	3.44	3.43	3.51	3.64	3.78
Q20_异常预警报告	3.44	3.81	3.89	3.70	4.22
Q20_舆情热点应对效果评估报告	3.00	3.46	3.62	3.68	4.44
有效的 N（listwise）	1466				

表 4-6   不同行政职务级别的样本的需求均值统计

项 目	行政职务级别				
	科员	科级	处级	厅局级及以上	未定级别
Q20_网络信息实时监测	3.69	3.70	4.19	3.67	3.45
Q20_及时发现与本单位相关的热点话题	3.93	4.09	4.29	3.67	3.68
Q20_媒体报道和媒体发文趋势统计	3.40	3.52	3.71	3.67	3.36
Q20_关键词分时段轨迹追踪	3.23	3.31	3.50	3.33	3.38
Q20_媒体和网络文章观点聚合	3.19	3.40	3.69	3.67	3.37

续表

项　　目	行政职务级别				
	科员	科级	处级	厅局级及以上	未定级别
Q20_网民情绪倾向分析	3.38	3.55	3.83	3.00	3.39
Q20_事件影响力分析	3.83	3.85	4.12	4.00	3.58
Q20_机构与人物关系网络分析	3.32	3.42	3.57	3.33	3.36
Q20_相似舆情应对案例	3.56	3.53	3.57	3.67	3.36
Q20_可行应对情景模拟及效果评估报告	3.40	3.58	3.52	4.00	3.36
Q20_定期舆情简报	3.53	3.55	3.60	3.33	3.30
Q20_异常预警报告	3.83	3.92	4.10	4.00	3.50
Q20_舆情热点应对效果评估报告	3.55	3.73	3.71	3.67	3.35
有效的 N（listwise）	504	388	147	11	416

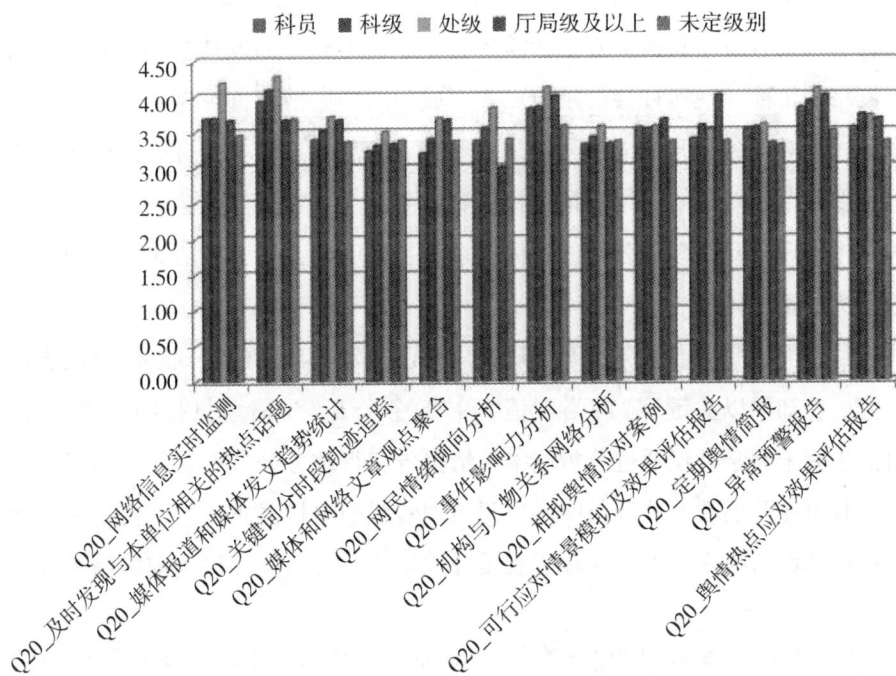

图 4-9　不同行政职务级别的舆情分析需求均值比较

4.4 舆情事件中的公众利益诉求分析

　　国务院办公厅印发《关于全面推进政务公开工作的意见》明确指出要积极回应群众关切，要求明确网络舆情中的涉事责任部门、突出舆情收集重点、做好研判处置、提升回应效果，对涉及群众切身利益等重点事项要及时发布信息。① 互联网强大的渗透力，使各层次的居民都接触并使用它，并且产生了很强的依赖性，网络正逐渐成为网民们获取信息、发表言论的主要渠道。由此催生的网络舆情因网络传播的速度快、覆盖面广和互动性强，现已成为社会舆情的主力军。政务公开工作也应顺应网络所带来的信息传播与共享的便捷性、即时性、广泛性迅速走向公开透明。

　　党的十九大报告指出我国进入新时代以后，社会主要矛盾发生了变化，转化为人民日益增长的美好生活需要和不平衡不充分的发展之间的矛盾。借由网络的传播，现实社会的矛盾可演变成为网络舆情事件。网络舆情视角下进行民众对政务公开的需求分析是新形势下的需求。政务公开作为舆情回应的重要环节，对化解网络舆情危机具有重要意义。本研究认为，从网络舆情事件中发现公众对政务公开的具体需求，是政府以人民为中心来提升政府治理能力的重要体现。

　　目前网络舆情或政务公开的研究成果已非常丰硕，但仍缺乏综合两者的研究。在知网以关键字"网络舆情"和"政务公开"为篇名只找到一篇论文。目前也尚未有学者仅通过分析网络舆情报告获得政务公开的启示。本书从国家、政府在开展政务公开与网络空间治理实践的迫切需求出发，挖掘舆情研究机构的舆情报告中涉及对政府有质疑或期望的观点，探讨当前舆情事件中

---

　　① 中华人民共和国中央人民政府. 国务院办公厅印发《关于全面推进政务公开工作的意见》实施细则的通知［M/OL］.［2016-10-11］. http：//www. gov. cn/zhengce/content/2016-11/15/content_5132852. htm.

折射出来的政务公开存在的问题，以获取政府在政务公开工作中有效回应民众的启示。

4.4.1 舆情事件中的公众利益诉求分析

本书拟将 2012—2017 年正式发布的网络舆情分析报告作为研究对象，选择涉及公共管理领域的舆情案例，通过内容分析的方法挖掘民众参与舆情事件过程中发表的诉求，归纳总结民众诉求的特征，从而为政府在政务公开中切实回应民众的信息需求提供有效启示。

4.4.1.1 涉及公众对政府质疑或期望的舆情基本态势

政府的公信力是政府实现社会管理和社会服务的重要保证，其建立是政府与公众不断互动的复杂过程。公众质疑是信任与不信任之间的中间环节，是探索真理的必要前提，在政府与公众之间的信任关系中，政府的公信力也是在公众质疑声中逐渐实现的①。公众的理性质疑，是一种正面的能量。它对政府形成巨大的压力，促使其积极地去改进工作，从而使政府信息公开的速度不断加快、透明度不断提升。通过提高政务公开质量，政府能够赢得公众的信任，政府公信力也会得到加强。选取 2012—2017 年的 577 篇网络舆情分析报告中的网民话题倾向性分析作为样本，将涉及网民质疑或希望的整理出来，一共发现 187 篇舆情报告里的网民观点分析是包含"质疑"或"希望""期望"的，此类舆情报告占该年舆情报告总数的比例如图 4-10 所示。

通过观察 2012—2017 年涉及民众对政府质疑或期望的舆情事件占该年舆情总数的占比图，可以发现该比例呈波浪形起伏。在 2013 年攀升顶峰达到 0.39 之后，2014 回落至 0.3，之后比例逐年呈增长趋势。不难发现，这几年涉及民众对政府质疑或期望的舆情事件占该年舆情总数的占比基本围绕着 0.3 上下波动，波动范围在 0.05 左右。由此可见，该比例保持着较高的

① 李景鹏. 政府的公信力是在公众的质疑中逐渐实现的[J]. 国家行政学院学报，2011(6)：14-16.

123

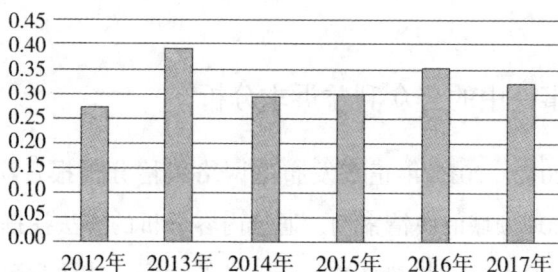

图 4-10　"质疑舆情"和"期望舆情"占当年舆情报告总数的比例图

水平，也基本保持着稳定的状态。

　　在这 187 篇舆情报告中，网民话题情感倾向含有"质疑"或"期望"的事件比例如图 4-11 所示。含有"质疑"的事件占样本事件的 0.79，含有"期望"的事件则占 0.37，"质疑"高于"期望"。两者交叉部分约占 0.16，即存在"质疑"同时存在"期望"的事件占样本事件的 0.16。总体来说，网民更倾向于表达"质疑"。可见，在网络舆情事件中，政府的政务公开工作要解决回应的内容不到位、不到点，无法满足公众需求的问题，除了要关注民众的期望所在，更要了解其质疑所在。通过对民众"质疑点"和"期望点"的分析，清楚民意所在，才能更好地掌握当前舆情发展动态。

　　政府公信力的建立是一个长期的动态过程，需要长期积极地去改进政务

"质疑舆情""期望舆情"占样本舆情的比例

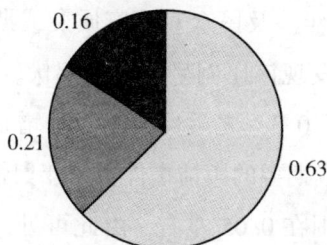

图 4-11　"质疑舆情""期望舆情"占样本舆情的比例图

公开工作。舆情报告是舆情事件的缩影，集中承载了民意。对其中民众观点的挖掘，并进行深层次的研究具有一定的意义。

4.4.1.2　舆情报告显示的我国网民对政府的质疑点和期望点

接下来本书重点对我国网民对政府质疑点进行分析。

2012—2017 年网络舆情事件中，网民对政府及其相关部门的质疑点主要体现在如图 4-12 所示的以下几个方面：

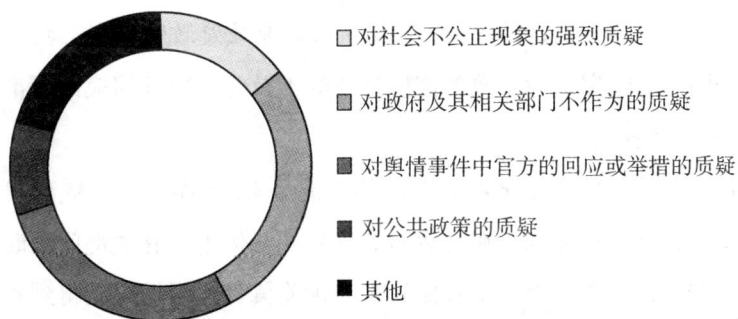

图 4-12　不同质疑点占总质疑舆情的比例图

（1）对政府及其相关部门不作为的质疑（28%）

公权力的"不作为"是对公民权利的漠视，政府的积极作为才能保障公民的权力。在 2012—2017 年，涉及网民对政府及其相关机构的存在质疑或期望的 139 篇舆情报告中，高达 38 起涉及对社会公正的质疑，排第一位。笔者发现对政府及其相关部门不作为的质疑主要集中在物价监管、公共安全等关乎民生的舆情事件上。

各地频繁出现的旅游消费"天价"事件，严重损害了游客利益，公众对政府公权力的不作为的质疑声也日趋加深。此类事件中暴露了在应对网络舆情的工作中，各部门之间联动协调不足的现状。以某地天价大虾事件为例，消费者在挨宰后，报警竟然没用，无奈之下只有发微博求助。对公众来说，一时间厘清这件事的管理部门有一定难度，因为这件事可能涉及工商管理部门、旅游监管部门、物价部门以及公安部门等。在事件发生伊始，其性质不能确定，相关部门间应当进行信息沟通，协同联动，共同致力于网络舆情的引导，避免在缺乏沟通的情况下，各自为政，相互推诿。

公共安全类事件与公众的健康和生命安全密切相关，此类事件的发生容易引发全民的关注。在涉及"不作为"质疑的网络舆情事件中，公共安全事件中的食品安全以及生产安全事件频繁地发生不断触痛公众早已敏感的神经，对政府的监督管制缺失的质疑和"不作为"的质疑日趋严重。

与食品安全类事件一样，生产安全类事件网络舆情与政府部门的监督管制缺失直接相关。政府部门监督管制缺失往往是质疑政府"不作为"舆情危机的直接诱因。舆情爆发后，政务信息公开的不及时、舆情回应的不准确会引起公众的消极情绪。

被定性为重大生产安全爆炸事故的天津 8.12 爆炸事故暴露出我国危险化学品安全管理存在漏洞，在之后的信息公开工作中，有关部门及时的召开了多次发布会，但是在面对记者提问时，相关负责人当场未能得到答案的问题超过一半以上，相关负责人的频繁回复"不清楚""不了解""需了解"等字眼刺激着大众的神经，引发了多次次生舆情。由此可见，政府官方信息公开质量一旦不能满足大众的需求，就会导致谣言和次生舆情。这使得众多网民由最初质疑政府的监管缺失、不作为，演变成了质疑官方数据作假甚至指责官方信息不透明等次生舆情。

(2)对舆情事件中官方的回应或举措的质疑(28%)

经过多年来政务公开的实践，我国有关舆情回应的政务公开工作已有较大改善，但仍存在有些政府部门对网络舆情回应时采用删堵的粗暴方法。根据统计，涉及质疑舆情事件中官方的回应或举措的网络舆情事件多达 37 起，占质疑舆情的 28%。

某市多家超市同时下架活鱼的现象引发了舆论的关注。对于公众的疑虑，该市食药监管局曾表示，超市进入供应商调整时期，会根据消费者购买习惯和销售量进行品种的调整，超市下架活鱼属于企业正常商业行为。但显然，这一说法并不能使公众信服。多家超市里的活鱼突然同时没了，难道老百姓突然间都不爱吃活鱼了？何况，即使公众购买偏好较之前有所变化，也不可能致使多家超市同一时间做出下架活鱼的决定。

如果民众的疑问得不到有关部门的合理明确解释，谣言自然有机可乘。与其被动地事后辟谣，相关部门还不如积极主动地在第一时间给出明确、能服众的解释。这样做不仅及时满足了人们的知情权，同时还能提升政府公信力。

某地城管酒后执法打伤多人的视频被曝光之后，受到了全社会的关注。官方对此的回应就是暴力执法的城管是"临时工"，又引发大家新一轮的质疑，为什么惹事儿的总是"临时工"？强制拆迁、暴力执法、失职渎职的都是"临时工"。惹事儿的不一定都是"临时工"，担事儿的却往往是"临时工"，某些部门用"临时工"为自己工作的失误买单定罪，这不仅暴露出相关部门缺乏应对舆情危机的技巧，也暴露出相关部门缺乏对网络舆情的重视和漠视民众的信息知情权。

某地爆炸事件一经发生便迅速引发了舆论关注。然而在此次爆炸事故的原因未明之时，却有网友发现，与该地爆炸事件相关的微博都被屏蔽，这一意外发现立即引发了网友的质疑。事后，当地公安机关调查证实爆炸是因非法制造、储存炸药而引发，但舆论对于事件的质疑声仍在持续。

（3）对社会不公正现象的强烈质疑（14%）

根据统计，有19起网络舆情事件涉及社会不公正现象，占质疑舆情的14%。这一方面反映了网民对社会不公现象的质疑，另一方面也折射出网友对社会公正的渴望。

本书主要探讨网络舆情报告中折射出我国网民对政府信息公开的需求，对网民质疑内容之一"社会公正问题"的分析自然应该体现在网民对政府及其相关部门在其履行职能过程中暴露出的不公正问题。从舆情报告来看，质疑的主要内容有：质疑司法审判结果的公正性；质疑警察、交警、城管粗暴执法；质疑执法部门公权力缺乏监督；质疑警察滥用公权力；质疑警方办案合理性及合法性；质疑官员世袭化现象；质疑官员选拔任用制度；质疑我国的反腐制度。通过对主要质疑舆情的归纳可以得到，网民的质疑主要有下面几点：①对司法公正性的质疑；②对公权行使的合理、合法性的质疑；③对官场贪污腐败现象的质疑。

网民对社会公正质疑的点具体涉及司法公正、公权行使、贪污腐败等不同方面。尤其是司法公正在近几年引起大众越来越多的关注。借助于互联网的传播，许多与公众并无直接利益相关的司法案件，由于易引发网友情感的自我投射，所以个案转为网络舆情焦点，从而引发网民对司法公正性的关注度的明显攀升，对司法公正性的质疑日益突出。通过对存在司法公正性质疑的舆情事件类型进行分析，笔者发现冤假错案、征地强拆、城管与小贩这三类主题的司法案件往往容易引起网民参与案件讨论达到情感共鸣，在这几类舆情事件网民常表现出这样的情感倾向：对政府机构的质疑以及对弱者一边倒的同情。

对司法公正的质疑很大程度上是源于对公权行使的合理性及合法性的质疑。暴力执法事件频发，其中主要涉及警察、交警、城管这三大主体。可见，公众对公权行使的合理性及合法性的质疑强烈。

官场贪污腐败现象加剧了民众对社会不公的不满情绪和对政府质疑。有些地方官员利欲熏心、以权谋私、奢靡腐化。火箭提拔官员现象、官员世袭化现象、"买官卖官"等现象让不少网友对我国官员的选拔制度产生深深质疑，对我们的反腐制度产生怀疑。

(4)对公共政策的质疑(10%)

公共政策功能在于解决社会公共问题、实现公共利益。目前在我国部分地方政府，没有秉承信息公开透明原则，一些公共政策议程的设置不能反映大多数人的利益。由此形成的公众对公共政策的合理性合法性产生怀疑成为政策执行的阻力。根据统计，涉及质疑公共政策的网络舆情事件有 13 个，占质疑舆情的 10%。

从 2001 年开始一次性发泡餐盒就被禁止生产销售和使用。突然解禁，人们不禁会质疑一次性发泡餐具的解禁政策是否合理？对发泡餐具开禁，关乎公众健康和环境保护。要维护公众的利益，就必须有公开透明的决策程序作保障。由于解禁过程过于神秘、仓促，缺乏公开讨论，加上曾有媒体曝光了一份由一次性发泡塑料餐具企业支付数百万元，雇佣律师事务所与相关部门沟通，加快推动解禁，使得一次性发泡餐具解禁这一项公共政策引得舆论质疑。

深圳的"禁摩限电"政策，因其涉及电子商务、快递等行业，整治行动引来了很多质疑之声：质疑政府的罔顾民生、质疑"禁摩限电"的合法合理性、质疑存在利益黑幕等。随着电子商务的发展和快递行业的兴起，电动车在全国范围内都有很高的使用频率。而深圳市的"禁摩限电"政策未能深入考虑各个环节，直接对环节最末端的使用者做出限制，却不曾想买车合法，用车不合法的简单粗暴做法怎么能让老百姓接受？"禁摩限电"的初衷是为了城市管理更加规范，最终却因未能实现公众需求与政策措施的完美对接，已取消收尾。如若政府能在前期就公开的决策程序，能有相关配套政策，并做好政策信息的公开及解读工作，也不至于使得一项初衷是规范城市管理的政策最终在大众的质疑声中被取消。

(5) 网民的期望点

从对网络舆情报告分析归纳的结果来看，我国网民对政府的期望主要有以下方面：①在"涉警涉法"网络舆情事件中，网民期望点在于：政府能严惩肇事者或者凶手、问责相关失职渎职的公务人员、查明并公开案件真相、完善司法制度；②对矛盾突出的医患关系、城管与小贩、劳教等问题，网民期望政府能废除或者尽快完善相关制度和法律法规；③对社会弱势群体，网友的心声是呼吁关爱留守儿童，希望国家建立儿童防护机制；④对贪污腐败的官场乱象，网友希望政府：改革人大选举制度、严抓官员作风问题、加强反腐力度；⑤对于新出台的公共政策以及市场现状，网民更多的是期望：政府加强市场监督管制、透明化公共决策程序、出台政策明确续期细则、尽快完善相关配套制度。可以看出，质疑舆情和期望舆情在事件类型存在相交的情况，说明存在某类舆情事件是网友热切关注的，如司法公正、公权行使、吏治反腐、公共政策等。值得一提的是，网民对政府的期望与诉求存在一定的指向性。王国华等在《解码网络舆情》中将其归纳为六个方面："探寻真相、价值裁判、利益表达、社会抗议、行为动员、自我表现。"[①]

4.4.2　舆情报告折射的我国政务公开存在的问题

4.4.2.1　各部门缺乏协同联动

对"不作为"舆情事件的案例分析中可以发现，我国政府在这类舆情事件的过程中存在着一些相似的问题。很多舆情事件的发生，涉及舆情回应主体往往有多个，需要各个部门协同联动，共同发声。而现实是，在舆情事件爆发后因为责任主体的不明确，各部门之间又缺乏沟通联动，所以各自为政，甚至互踢皮球，互相推诿的问题时有发生。

4.4.2.2　政务信息公开质量不高

从网民对政府在舆情事件的回应、举措的质疑我们可以归纳出，我国在回应舆情的政务公开工作中存在以下几个方面的问题：在时效上，政务舆情爆发后，信息公开不及时，导致谣言滋生，致使舆情恶化的现象仍然存在。在内容上，政务公开的深度、广度都还有待加深，存在舆情回应不到点、不到位的情况。在表达上，一些机关部门、政府官员在舆情回应中，怕说错话、不敢说实话，存在"没稿不发言""只讲官话客套话"的现象。

4.4.2.3　不能准确把握需重点回应的信息

从前文对网民对政府的质疑点和期望点分析来看，网络舆情事件中大众表现出了对社会公正的强烈质疑，并且质疑集中在司法公正、公权行使、贪污腐败这几个方面。说明人们对这方面的官方信息的需求很大，需要政府重

---

①　王国华. 解码网络舆情[M]. 武汉：华中科技大学出版社，2011.

点回应，而政府现有公开的信息不能满足人们的需求。

4.4.2.4 公共政策发布前的说明信息公开不足

对于新出台的公共政策，由于公众对政策的解读有限，而有关部门对公共政策发布前期的信息公开不及时、不全面，导致民众所掌握的信息与事实存在不对称现象，民众对政策的不理解使得政策实施过程产生阻力，甚至导致政策无法实施。

4.5 实践调查结果分析与启示

4.5.1 实践调查结果

4.5.1.1 网络舆情与组织机构危机关系密切

根据前述分析结果可知，组织机构中产生的危机有将近一半在互联网的作用下被放大。网络意见空间的繁荣发展让组织机构危机事件与网络舆情的边界越来越模糊，一旦有负面事件经网络曝光后，经过网络媒体和微博、微信等自媒体的转发，扩散势头迅猛，短短几小时内便可成为人尽皆知的热门事件，使组织机构既要处理显示中的危机，还要处理网络舆情危机。这种情况在各种大型公共危机事件中已成常态，危机信息的网络传播、舆情表达均对转型期的政府治理模式提出了重重考验①，同样也给企业和其他公共管理部门都带来了极大的挑战。

4.5.1.2 政府网络舆情工作制度建设方面还存在不足之处

从互联网管理新架构、国家领导人多次发表重要讲话、各级各地政府已

---

① 张鑫. 政府公共危机沟通与网络舆情治理研究[D]. 苏州大学，2013：36-41.

经出台相应的政策文件三个方面可以判断，在网络舆情事件频发的环境下，政府已经充分认识到网络空间舆论工作的重要性，从制度建设的高度着手规范网络舆情管理工作，且已经形成了较为完善的网络舆情工作制度。但是在具体处理网络舆情时，还面临着许多问题：

1）管理主体责任不明。虽然已经成立了国家互联网信息办公室负责互联网信息内容管理工作，但是由于政府部门自身权责划分上存在的问题，易导致高层重视、基层茫然的局面①。

2）地方应对网络舆情的能力有待提升。虽然多地已经出台相应的网络舆情管理制度或风险评估制度，但是从人民网舆情监察室发布的地方政府网络舆情应对能力报告中可以发现，地方政府在处理网络舆情事件时遮遮掩掩、拖延应付的情况仍然时常出现。

4.5.1.3　网络舆情研究机构对舆情信息分析和聚合的深度不够

网络舆情研究机构发展速度较慢，已经形成如人民网舆情监察室的核心机构，各个机构基本上都可以自主生成舆情报告，其面向的行业、地域分布都较为丰富，舆情软件公司的舆情系统基本上提供了网络舆情分析和预警的功能。随着采集技术和自然语言处理技术的迅速发展，有些机构已经可以实现全媒体的信息监测和采集，但是还存在以下两个最主要的问题：

1）信息分析深度不够。现有网络舆情机构大部分还处于浅层分析阶段，可以实现统计分析形成舆情传播态势报告和借助情感词典形成情感倾向分析报告，但是：第一，情感倾向分析的二分法或三分法把网民意见简单地划分为正面和负面或正面、负面和中性，不能从本质上反映出民意中最有价值的观点。第二，针对观点的挖掘还大部分处于人工抽样分析的层面，缺乏自动化的知识发现，无法涉及网络信息的语义内容。

2）聚合数据源不够。来自媒体、网民的数据仅能反应部分民意，不能代

---

① 付静. 直面网络管理问题 提高互联网管理水平[EB/OL].[2016-04-10]. http://yuqing.people.com.cn/n/2015/1029/c210107-27754467.html.

表全部民意，因此依靠单一数据集而产生的舆情事件描述结果往往会存在其固有的片面性。舆情应对方案的设计不能仅仅依靠网络观点，还需要更多相关的背景知识和环境知识，就意味着需要聚合更多种来源的数据集。

4.5.1.4 网络舆情工作存在较大的改进空间

目前，组织层面已经对网络舆情工作的重要性、必要性，以及网络舆情应对所需具备的能力两大方面达成了共识，然而具体执行的时候，高层重视、基层茫然的现象还是得到了切实体现。具体表现在：

1) 网络舆情工作没有得到足够的重视。虽然有超过六成的单位负责人对网络舆情工作持支持的态度，但是鼓励开展网络舆情工作这一问题的得分却显示，在具体实践中，网络舆情工作并没有获得足够的重视。组织领导被认为是阻碍网络舆情工作开展的最重要的因素，因为在大部分的组织中，领导重视才能得到资金、人员和设备的支持。

2) 网络舆情应对能力偏弱。组织对自身舆情应对能力的判断是偏弱的，这点可以在与之相关的各个方面得到印证：第一是舆情信息采集手段，大部分以手工为主。面对海量、瞬息万变的网络舆情信息，手工采集信息的工作效率可想而知是难以满足应对需求的。第二是舆情工作人员普遍缺乏培训，虽然对网络舆情工作的目的和内容具备一定的了解，但是对网络舆情工作所需的知识、方法、技术却大部分处于不了解的状态，系统化知识的培训的缺失，带来的是舆情信息分析能力的不足。

大量过往案例说明，如果组织在负面新闻刊发之处积极介入，负面舆情造成的影响会大大下降，远胜过事后补救。网络舆情的爆发具有突发性，组织应该构建起网络舆情危机预警工作机制，使网络舆情工作成为组织的一项日常事务得到正常开展，通过配备经过系统培训的人员或专业舆情分析服务，从舆情反应、引导、控制等多种维度，实现网络舆情由趋势性预警到防御性预警的转变①，使网络舆情工作真正落到实处。

---

① 中国信息社会发展报告 2016[EB/OL]. [2016-10-21]. http://www.sic.gov.cn/archiver/SIC/UpFile/Files/Htmleditor/201605/20160518160003970.pdf.

4.5.1.5　应对决策者的信息需求未能得到满足

总体上看，样本对所调查的网络舆情分析的需求都处于中等偏上水平，工作相关度越高，需求程度越高。与舆情工作高度相关的样本高需求项目包括：及时发现与本单位相关的热点话题、事件影响力分析、舆情热点应对效果评估、网络信息实时监测和异常预警报告等共 5 种。从 4.2 调查现有舆情报告的情况来看，应对决策者的信息需求是未能得到满足的。

行政职务级别不同，对舆情分析的熟悉程度和需求分布都不同，级别越高，对辅助应对决策有关的信息或知识需求程度越高，他们对舆情工作方法也越不熟悉。同时高级管理者反映出对能反映决策情境信息的偏好。这点说明目前网络舆情应对决策者与网络舆情分析者之间可能存在知识鸿沟，决策者有信息需求却不熟悉舆情信息分析，由此可见，为了能为应对决策提供有效辅助，需要构建起分析者与决策者之间的沟通桥梁，设计一种行之有效的知识供给方案。

对网络舆情工作方法越熟悉，其对网络舆情分析方法和功能的需求程度也越高，高需求项目中除了与厅局级以上样本的高需求项目相同的以外，还包括关键词分时段追踪和媒体报道趋势等方法。

现有舆情监测或分析系统中的"网民情绪倾向分析"在非常熟悉舆情工作方法的样本看来是低需求(均值小于 3)的项目。

不同群体对网络舆情分析方法与功能的需求呈现多样化特征，强需求项目更是折射出其对纯粹从用户自生成内容而产生的分析报告的不满足，从应对决策的全面过程看，需要使用多种来源的数据，除了媒体报道、网民评论等互联网信息以外，还需要过往案例，以及与应对方案的制定与评估相关的数据，也就是说，数据来源除了现有研究中常常使用的博客、论坛、新闻网站、微信、微博等渠道产生的网络信息(含信息内容以及伴随内容生产而产生的网络日志数据)以外，还需要案例库、专家知识等更多来源的数据。

4.5.2 调查结果启示

流言止于公开，透明赢得人心。只有切实推行政务公开，提高政府信息透明度，才能掌握舆论引导的主动权。笔者通过对舆情报告的研究得到以下对政务公开的启示。

4.5.2.1 明确责任主体，加强部门的协同联动

为避免因责任主体不明确导致的政府部门被动应对、互相推诿的现象，有必要明确舆情回应主体及其应负的责任。关于舆情回应主体和主体责任在2016年国务院办公厅印发的相关文件中已有说明，需要各地各部门高度重视舆情回应，切实政务公开工作，落实回应责任。某些网络舆情事件中，可能会涉及多个部门，部门之间缺少信息沟通，会不利于舆情的应对与引导。"协商式应急联动机制是多种力量与手段综合的有机动态系统，它要求在应急处置过程中通过良好的协商互动，优化整合各种资源，实现有效的信息沟通和共同行动，最终形成全民动员、集体参与、上下联动、网络应对的格局。"①因此政府应该建立健全协同联动机制，加强各部门之间的信息沟通，提高信息利用效率，协同推进政务公开与舆情回应工作。

4.5.2.2 减少"信息逆差"，让谣言无机可乘

由于公众本来了解的信息有限，而相关部门的信息公开不及时、不全面，导致群众所掌握的信息和事实之间产生的不对称现象被称为"信息逆差"。"信息沟通以信息的对称性为必要前提，如果信息不对称，则信息沟通无法持续。政府回应就是消除政府与民众之间信息非对称性的努力。"②那么

---

① 谢海光，陈中润．互联网内容及舆情深度分析模式[J]．中国青年政治学院学报，2006(3)：95-100.

② Tang X, Yang C. TUT: A statistical model for detecting trends, topics and user interests in social media [C]. Proceedings of the 21st ACM international conference on Information and knowledge management. ACM, 2012: 972-981.

政府应该如何回应，从而有效减少"信息逆差"呢？政府要在网络舆情爆发之时迅速发声并着手解决问题，掌控舆情方向的主导权。特别是重大突发事件发生后，相关部门如若试图隐瞒真相，采取删堵的方式，迟迟不发声，不及时、全面的公开有关信息，将引发各种猜测导致谣言满天飞，甚至导致"舆论次生灾害"的发生。国务院办公厅印发《关于全面推进政务公开工作的意见》实施细则中明确指出，权威信息的发布最迟要在 5 小时内，而新闻发布会的举行在 24 小时内。"现代公共管理方法的精髓在于'边说边做、透明公正'，积极利用事件发生后 12 个小时的黄金时间，迅速发布权威信息，占领舆论的制高点和力争舆情的主导权。在网络舆情升级时，地方政府更应该及时跟进、快速取证，做好澄清和说明工作，以及加强与权威机构、主流媒体、意见领袖等及时互动，以最大限度压缩小道消息生存的空间，防止网络舆情危机蔓延和次生危机发生。"①

4.5.2.3　把握重点舆情，深化政务公开

从对舆情报告的分析，笔者发现网民对某些类型的舆情事件如：司法案件、公权行使、吏治反腐、食品安全、生产安全、公共政策等事件的关注和质疑比较高。相关部门应该对这些涉及公众切身利益且产生较大影响的、涉及突发事件处置和应对等舆情进行需重点回应，能有效提高舆情回应效率。

而面对有关部门对政务公开及舆情响应的认识与理解存在偏差，舆情回应的内容不到点、不到位，未能满足公众对于信息公开的需求。笔者认为，除了把握需重点回应的网络舆情以外，还应该从提高舆情回应内容的精准度入手。

提高舆情回应内容的精准度，即政务公开的内容要瞄准舆情焦点，直击"靶心"。2016 年发布的《国务院办公厅关于在政务公开工作中进一步做好政务舆情回应的通知》提道："回应内容应围绕舆论关注的焦点、热点和关键问题，实事求是、言之有据、有的放矢，避免自说自话，力求表达准确、亲

---

①　唐涛. 基于情报学方法的网络舆情监测研究[J]. 情报科学，2014(1)：35-42.

切、自然。"①面对汹涌而至的舆论，舆情回应部门不仅要在第一时间发声，更要根据舆情发展态势知道说什么，如何说。如果舆情质疑点在于官方的态度或者官员的作风，舆情回应就应以平复公众情绪、修复官民关系为主。而遇到"利益诉求型"舆情，则应当从尊重民众的权益出发，回应受众诉求同时还要引导公众正确的认识事情的本质。

4.5.2.4 加强政策解读，透明化决策过程

"在很多情况下公众对相关领域的认知程度不如政府高，因而信息公开系统中信息的获取渠道往往是不对称的。"②因此为了充分尊重群众的参与权、知情权，同时也为了确保每项公共政策顺利实施，政府在政策发布前期要充分调动各部门的积极性，围绕舆情的关注点，对政策进行多方位、多角度的阐释。对一些比较难懂的政策，应当进行通俗化的解读。对于涉及公众切身利益的，有关部门需利用好媒体资源，精准解读公共政策和事件原委，力求准确地传递政策的内涵。与此同时要重视反馈信息的收集与分析，以便能及时地对市场和大众热切关注的要点进行更加详尽的政策阐释。若对政策存在误解和猜疑，在必要时，要拿出强而有力的权威数据作支撑，全面的叙述还原真相，公开透明化决策过程，做出令人信服的解读。

4.6 本章小结

本章以政府网络舆情管理规章制度建设、网络舆情机构研究报告以及社会各类组织机构中从事网络舆情工作的相关人员、网络舆情分析报告等为对象，对政府管理现状、行业发展现状、组织机构网络舆情工作现状和组织机

---

① 王继民，等.Web搜索引擎日志挖掘研究框架[J].数字图书馆论坛，2011(8)：25-31.
② 胡百精.新媒体、公关"元话语"与道德遗产[J].国际新闻界，2010(8)：15-20.

构对舆情信息分析的需求、舆情事件中的公众利益诉求等方面展开调查。综上分析可见，网络舆情工作的核心是网络舆情发现与网络舆情分析，从组织机构管理者的角度看，网络舆情信息分析需求呈现多样化特征，具体需求与决策者的角色、分析者在组织机构中承担的角色均密切相关。

社会管理领域的网络舆情管理与分析现状显示，决策者所处管理层级的不同会带来舆情分析需求的差异，现有的网络舆情信息分析技术、分析方法等与应对决策所需信息之间存在较大的偏差，或者说，在一定程度上，现有的网络舆情分析方法与技术与舆情应对决策活动之间存在脱节的现象，不能满足应对所需，研究者需要探索一种更为有效的方法和手段，根据应对决策的具体情境，为决策者提供所需信息。

第 5 章　面向应对决策的网络舆情信息聚合模型

　　信息超载与信息匮乏是人们在信息社会面临的一对矛盾，政府、专家和公众都可能成为某类知识的拥有者，而这三类知识往往都各自存在缺陷，又分别在决策过程中进行着不规则的扰动。选择决策模型时，常以政策变化强度和信息完备程度作为两种主要的决定性因素，而知识可以被看作是一种被修剪、成型、解释、挑选、转换了的信息的有机整体。知识供给的数量和质量的差异已经成为影响政府决策类型和决策科学性的关键因素①。舆情分析辅助决策是伴随着舆情事件的产生而出现的，决策者与舆情事件及其所处情景之间存在紧密联系，除了个人经验之外，决策者可用的数据、信息、知识往往只是部分符合或者适用，或者是低质量的、不符合决策需求的，或者分散在许多来源之中(如诸多科研项目成果、舆情分析机构研究报告、舆情案例库、智库等)。

　　由第 4 章研究结果可知，决策者在网络舆情应对过程中对网络舆情信息分析有更多期许，具体实践中的网络舆情分析者与决策者往往并非同一人(群)，本章将明确网络舆情应对决策过程中的分析者与决策者的信息需求，以及他们在获取和利用信息时存在的主要障碍，明确网络舆情信息聚合对

---

　　①　熊美淋. 面向危机决策的政府知识供给模式及其保障机制研究[D]. 中南大学，2013：67-80.

象，并结合决策过程和网络舆情分析过程，以信息增值为目标，提出面向应对决策的网络舆情信息聚合模型。

5.1　网络舆情信息聚合目标与知识供给障碍

5.1.1　网络舆情信息聚合目标

社会管理领域网络舆情信息聚合不是单纯的信息整合或信息资源组织，而是面向网络舆情应对决策者的应用，其总体目标是为辅助舆情应对决策而将网络舆情信息资源聚合起来，具体目标可以分为以下三个：

1)满足用户的决策需求。网络舆情信息聚合是面向决策者的应用，聚合结果必须以满足用户的决策需求为目标。然而由前述分析可知，决策需求可能会比较模糊，需要分析者首先对网络舆情信息资源有深入的理解，在此基础上形成基本的分析框架，再理解和明确决策需求，挖掘网络舆情信息资源的潜在语义，经过多级处理，形成计算机能理解的形式化表达。

2)实现基于非主题因素和主题因素相结合的聚合。从非主题因素和主题因素两种维度对网络舆情信息资源进行描述和组织，描述网络舆情信息资源的主要属性，建立聚合资源之间的多元关联，实现显性和隐性网络舆情的挖掘。

3)形成聚合网络。网络舆情信息聚合中聚合的对象、基本依据与学术信息资源的聚合之间有较大差距，需要形成涉及"用户—主题—资源"三种聚合粒度的多元关联网络，通过多种聚合网络来呈现分析结果，并采用多种可视化展示工具，与用户进行多维信息展示与交互。

社会管理领域的网络舆情信息聚合，是网络舆情信息文本挖掘后的重要步骤，可以实现将挖掘后的信息单元根据一定的聚合依据进行网络化呈现，无论是文本挖掘的深度还是聚合依据选择的维度都与现有的网络舆情监测系统或分析系统有较大差距,聚合粒度更细、维度更广,面向应对决策的应用层次更深。

从宏观层面看,其应用服务可以覆盖:

(1)展示网络舆情演化趋势

以时间实体为依据,以舆情事件本体为基础,引入量化分析机制,可以呈现社会管理领域网络舆情纵向发展趋势,包括热点主题变换、热点机构变换、热点人物变换、热点地区变换,或者特定主题的热议程度、机构热议程度变化、人物热议程度变化、地区热议程度变化,还可以针对某些社会管理领域的特定议题(例如垃圾焚烧、拆迁、禁摩限电等)、特定人群或人物(例如警察、公务员、官二代等)、特定机构来进行网民观点聚类等,实现社会管理领域网络舆情演化发展的总体趋势把握。

(2)应对决策与评价

基于网络舆情信息资源,以舆情事件本体为基础,以多元聚合网络为方式,从横向角度做比较,评估某一时期的热议主题、机构、人物、地区,及其影响力,分析社会管理领域网络舆情的主要议题分布,为舆情引导、议程设置、政务公开、资源配置等做数据支撑,为社会管理提供决策支持。

(3)知识积累与供给

以网络舆情事件本体为基础实现网络舆情信息资源的组织与聚合呈现,可以实现信息资源的汇集、网络舆情事件分析报告生成与积累、网络舆情应对措施和效果评估报告的产生与积累、网络舆情应对决策知识供给服务、专家论述与点评、政策法规相关条文的汇总等,既包括原始数据,更可以保存网络舆情事件发展全过程宝贵的分析报告以及与决策者互动的全方位信息,构建社会管理领域网络舆情管理重要的知识库,所积累的知识资源对有效辅助社会管理决策、提高政务公开与公共行政管理效果、立法等方面均具有重要参考价值。

从微观层面看,应用服务可以涵盖:

(1)面向实体的网络舆情事件发展追踪

从实体入手，以网络舆情事件本体为组织结构，从海量、多源、异构网络信息中梳理资源之间的关系、信息之间的关系，从纵向（时间实体）和横向（实体）分析网络舆情事件发展的源头、传播扩散路径、参与者人群结构特征、情感倾向、观点挖掘、网络形象等，同时还可以对相关资源进行追踪，有助于分析者全面掌握数据以及决策者全面了解传播动态变化趋势、抓住应对要点，既可以实现网络舆情信息资源的增值，更能提高机构或人物实体对网络舆情信息的管理效率和效果。

（2）面向主题的观点聚类

从微观层面看，社会管理领域的网络舆情事件爆发具有突发性，往往是由于事件与网民利益相关度较高，以网络舆情事件本体为组织体系进行网民观点挖掘、专家观点挖掘和政府管理条例观点挖掘，在此基础上实现面向主题的观点聚类，以符合决策者知识结构的方式呈现给用户，为决策者提供一种汇聚社会管理领域知识和网络资源的资源查找与获取方法。

5.1.2　网络舆情应对决策的知识供给障碍分析

网络舆情应对决策的利益相关者主要来自政府、科学研究领域和社会实践领域，组织结构复杂且机构实际承担的责任与利益难以区分，多个与舆情事件相关或参与到舆情决策中的实体各自负责什么、任务在各部门之间如何协调，随着舆情管理阶段的不同，各个实体拥有的数据和信息以不同方法、在不同时间分别输入，某个阶段获得并由此产生的信息和知识为决策者和利益相关者提供决策依据。由于情境差异、信息不充分等原因，决策者也常常处于不确定性中，这种不确定性源于信息流动过程中存在的障碍。

决策任务使不同的决策者参与到决策过程，这是构成决策信息系统的第一个维度：利益相关者信息维度，该维度由政府、企业、专家、公众等实体具有的信息和知识组成，在舆情应对不同阶段，参与的实体及所需知识类型各不相同。构成决策信息系统的第二个维度是舆情信息管理预防、减少、准备、反应和恢复等阶段任务所需的知识类型。第三个维度是信息的流动，即从输入数据到产生信息、知识、智慧的过程，知识在决策者中生产、提供、传递和反馈，流动过程中可能会丢失，知识碎片、知识差距也由此产生。

科学技术的发展增加了专家垄断知识的风险，科研成果作为一种知识应用被创造、确认和讨论的方法虽然很少被质疑，但是科学研究常常是基于一定的数据范围开展和进行问题的定义，提出的解决具有较大的局限性，往往不能符合实际决策的需求。

决策者应对网络舆情问题和需要应用不同知识的时候，需要更多当地经验知识、全面数据资源、更多跨学科研究和决策支持实验成果的支持。网络舆情应对决策需要克服狭隘的跨学科性，充分转向多元化的认识，通过多领域、跨学科的知识供给，提高公共关系沟通质量、应用混合方法辅助决策等。从决策人员知识需求的角度来看，如果可以将"研究内"和"研究外"的知识或数据联系起来、实现跨部门整合不同类型知识的时候，社会成员会更加重视彼此之间的相互学习，决策的成功概率也会得到提高。近年来发生的一些邻避事件，以及公共卫生安全危机事件，在这些事件的网络民意中，公众都反映了对相关知识的迫切需求，需要相关科学知识以及专家对科学知识的专业解读，而科学研究和政府领域都没有及时关注到这一需求，从而导致公众知识走向非理性、科学研究知识偏离轨道、政府知识走向傲慢化，三类知识之间的鸿沟导致社会矛盾的加剧。

造成知识流动与共享障碍的原因是什么，已有学者从知识共享和知识供给的角度对企业知识共享、政府知识共享等方面展开少数研究发现，知识共享环境、知识特性、知识拥有者、知识需求者以及供需双方的差异，会不同程度阻碍知识的共享，其中，知识共享环境包括组织结构、制度、文化、知识共享平台4个要素，知识特性包括知识的复杂性、内隐化程度和系统化程度3个要素，知识拥有者包括权威性、知识表达能力、知识共享意识和知识保护意识4个要素，知识需求者包括知识感知能力、知识吸收意向、知识接受能力、知识保持能力、知识背景差异等5个要素，供需双方差异包括文化层次、人际关系、职位距离3个要素①。决策制度缺陷往也可能会造成决策

① 陈福集，介静涛. 网络舆情管理中政府隐性知识共享因素分析[J]. 情报杂志，2014(5)：148-152.

知识共享方面的障碍，例如在政府决策中，政府权威常常凌驾于专家知识和公众知识之上①。决策者往往会比较关心其所在组织的既得利益，知识共享并非利索当然，需要建立在完善的激励机制和良好的文化氛围上②。

本书认为，网络舆情应对决策过程的知识供给障碍可以分为三大类：

1) 社会障碍，包括文化价值观差异、沟通不足、理解程度差异，以及不信任感。例如，随着公众对风险感知程度加强，其对科学知识的需求越来越大，"抢盐风波"事件的根源就是科学知识缺乏而导致夸大风险的行为。

2) 结构障碍，包括机构设置和标准的差异，如政府内部固有的管理组织结构造成了内部信息资源难以共享、科学研究领域的专业细分带来成果知识集中且自闭、科研标准脱离实践导致成果知识不能有效转化、公众知识分散且常被政府和科学领域排斥等。

3) 功能障碍，包括决策目标、知识需求、知识范围、所需重点知识等由于时间、共享平台或激励机制不完善而导致实体间缺乏合作或协调。

从整体层面看，以上三种主要障碍导致知识在科学研究、社会实践和政府之间充分流动的壁垒，知识有效共享、自由流动和累积需要打通边界限制。例如，通过跨领域合作研究、多元文化交流与合作、增加信息(科学知识和政府信息)的解读和透明度以增进理解、提高信任感等克服社会障碍，通过改善决策制度、增进政府部门之间的协调沟通、加强跨学科信息整合与分析等克服结构障碍，通过广泛的激励机制研究、加强政策的针对性、建设完善知识共享平台、促进人力资本发展等克服功能障碍。

对知识供给障碍的分析只是基于知识和舆情管理阶段两个方面，从舆情应对决策维度上看，还需要在特定的时间和空间把握决策，在完成舆情信息管理的同时，也要确定决策方案，这个过程是动态的，也更复杂。决策者需要知识，它不是自动产生的，迫切需要科学研究、社会实践和政府三者之间

---

① 师容，李兆友. 论政府决策知识的配置[J]. 广东行政学院学报，2015，27(3)：16-20.

② 徐国东，邹艳. 产学研共建实体下的知识共享障碍因素研究[J]. 情报理论与实践，2008，31(6).

知识的双向有效沟通。

5.2 面向应对决策的社会管理领域网络舆情信息的聚合对象

5.2.1 三种拥有主体

知识分类是构建知识库的前提和基础。在知识分类研究中，由于知识观的不同，知识分类理论与知识分类标准也相差较大，因而形成了形形色色的知识分类方式①，如知识管理者把知识看成是一个不断转化、相互融合与合并的动态变化体，研究注意力集中在知识共享、知识创新、知识学习、知识运用和沟通这一系列动态变化过程中②，鼓励参与、协作、沟通，把知识分为显性知识和隐性知识、内部知识和外部知识、个人知识和组织知识、实体知识和过程知识、核心知识和非核心知识。

波普尔在《客观的知识》一书中把知识分为：主观知识或思想，包括精神、意识状态，或者行为、反应的意向；客观知识，包括问题、理论和论证③。世界经济合作与发展组织在 1996 年发表的《以知识为基础的经济》报告中，把人类的知识分为四大类：关于事实的知识（know-what）、关于自然原理和科学的知识（know-why）、关于如何去做的知识（know-how）、知道谁拥有自己所需的知识（know-who）④。布鲁姆认知教育目标分类学将教育目标分为认知过程维度和知识维度，其中，认知过程维度可以划分为记忆、领会、运用、分析、综合、评价等六个类别，知识维度则将知识划分为事实性知

---

① 陈洪澜. 论知识分类的十大方式[J]. 科学学研究，2007，25(1)：26-31.

② 郭睦庚. 知识的分类及其管理[J]. 管理科学，2001，14(2)：11-14.

③ 卡尔·波普尔. 客观的知识[M]. 杭州：中国美术学院出版社，2003：109，111-112.

④ 佚名. 以知识为基础的经济——经济合作与发展组织 1996 年年度报告[J]. 中国工商管理研究，1998(7)：59-63.

识、概念性知识、程序性知识、元认知知识四大类①。还有学者将政府回应网络舆情问题所需的知识需求分为数据类、政策类、规范类、专家类、历史类五种类型的知识②。

从 5.1 节知识供给障碍分析可知，根据知识拥有主体的不同，网络舆情应对决策所需知识主要分布在科学研究领域、社会实践领域以及政府三大领域，决策的知识基础是三方主体知识的结合。

第一，政府是社会信息资源的拥有者、生产者、使用者和传播者，舆情应对决策离不开政府机构的法律法规、条例、应急预案、技术方案等文件，以及大量的有价值的涉及社会各方面的数据，如交通数据、气象数据、环境数据、城市规划数据、经济发展数据、人口统计数据等。在决策过程中，还涉及上级领导的行政指令、同级部门间的沟通协调、基层部门的信息反馈、决策成员的意见建议等信息，舆情事件发生后，决策者需要快速从种类繁多的相关文件、相关数据分析和政府内部沟通共享中找到所需知识。

第二，实践领域的知识是舆情应对决策中最直观、最接地气、最能反映矛盾所在的知识，网络舆情信息代表了一部分网民的意见和心态，从而折射出社会公众的理性程度，深刻反映出公众在社会表达、交流、寻求社会共识等方面的需求，此外，网络舆情信息中还包含着大量的民众的实地经验、民间智慧，是决策中不可或缺的知识来源。

第三，科学研究领域知识包括科研成果和创造这些知识的专家学者，包含着科学性、技术性和专业性知识，除了显性成果以外，还有更多隐藏在专家学者头脑中的知识。

5.2.2　四种知识类型

按照知识维度，网络舆情信息聚合所需的知识类型可以划分为四大类：

---

① 布卢姆. 教育目标分类学[M]. 上海：华东师范大学出版社，1986：60-73.
② 庄彩云，陈福集. 基于霍尔三维结构的政府网络舆情知识需求分析[J]. 图书馆学研究，2015(6)：21-30.

1)事实性知识,信息单元包括时间、地点、人物、事件,人对事实性知识的认知加工量很小,信息不存在认知困难,认知过程是离散的,以被动视听接收为主。即网络舆情事件主体信息,包含事件发生时间、地点、人物和事件描述。这部分知识来自从社交媒体、互联网和传感器采集的数据,经过浅层次的数据分析形成。事实性知识常在问题识别阶段就要提供全面,除了数据分析结果外,常常还需要结合一些常识,例如人文风俗、气候环境、地理地貌等。

2)概念性知识,指一个整体结构中各个要素之间的关系。在网络舆情实践中,这部分的知识来自三个方面:一是网络舆情事件的客体信息中参与舆情的实体、利益相关者,以及实体之间的关系,这部分知识是动态变化的,会随着舆情事件、时间或空间的变化而发生变化。二是网络舆情研究成果中总结归纳的原理、理论、模型和结构等,例如议程设置理论、沉默的螺旋理论、舆情预警指标体系、舆情演化规律等。三是领域知识,与舆情事件主题相关的知识,如法律法规、政策条文、政府内部文件、地理地貌结构知识、政府财政预算知识、公共行政管理知识、食品药品安全知识、公共卫生知识、大众心理学知识等,这类知识庞大而复杂,分布在科学研究各个领域中。科研型先进知识要渗透到不同的决策过程中往往需要较大的时间间隔,即使可用的知识是最新的、科学合理的、显著可靠的,也必须要先被决策者等最终用户接受后才有转化、利用和扩散的可能。

3)程序性知识,指关于如何做事、如何思考、如何解决问题的知识,在遇到问题时不仅要想到如何去解决问题,还需要明白在相应场景下该使用何种正确方式解决何种性质的问题,例如,应急预案中的危机处理程序与步骤、方法,关于使用某种职业或管理技能或方法的知识以及决定何时适当运用相应知识的智慧等。网络舆情应对决策中,决策者要具备认知当前情景的能力,他们首先要正确判断网络舆情事件发展的状态及当前情境,然后将判断结果匹配相关程序性知识,做出应对方案的选择,即决定在什么时候、何种空间、使用何种正确的程序去解决应对所面临的舆情发展态势,做出正确

的引导。如关于网络舆情意见领袖识别方法、虚假信息识别方法、网络舆情
应对策略、公共沟通技巧的知识均属于这一范围。

4）元认知知识，指关于认知的知识，了解自己对网络舆情事件的认知中
存在哪些优势或存在哪些不足，以及知道该采用何种策略去获取应对决策所
需的信息，可以分为策略知识、关于认知任务的知识和自我知识三类。也就
是说，知道自己知道什么和不知道什么、知道任务难度不同需要使用不同策
略、知道跨任务和跨学科运用已有知识、知道谁拥有自己所需要的知识都属
于元认知知识的范围。网络舆情应对决策中，这类知识体现在：决策者对决
策任务情景的判断、合理调动人员完成任务、灵活运用已有信息和知识解决
问题，以及伴随着这个过程而产生的经验。

5.2.3　网络舆情应对决策中的知识供给框架

近年来关于网络舆情的研究不断深入，网络舆情相关问题的定义常常比
较困难，没有一个客观的标准，也没有最优解决方案。网络舆情信息来源广
泛且爆发迅速，尤其是一些突发事件产生以后，常常需要快速、跨部门、跨
领域的复杂决策或非常规决策，决策者对于是否已经全面把握了问题的主要
矛盾的判断也比较困难，搜寻信息或知识以解决问题的过程也因而变得复
杂，迫切需要进行社会实践、政府内部与科学研究信息或知识聚合。另一方
面，决策者在接收了舆情信息之后，通过信息加工形成个体知识，决策者可
能经常接受信息和发布信息，其决策过程往往基于直觉、经验、知识或专业
技能。个人经验或者说是基于经验而获取的知识，它可以允许一个人不假思
索地采取行动，导致了行为的本能化。在很多情况下，"我们知道的实际上
比我们能说出的多得多"，这种隐性知识既包括元认知知识，也包括程序性
知识，这两类知识的显性转化及其利用，仍然困惑着很多人。

综合问题解决模型、知识拥有主体和知识分类，网络舆情应对决策过程
中的知识供给框架如图 5-1 所示。

来自社会实践（如社交媒体、互联网采集的数据）、科学研究成果以及政策

148

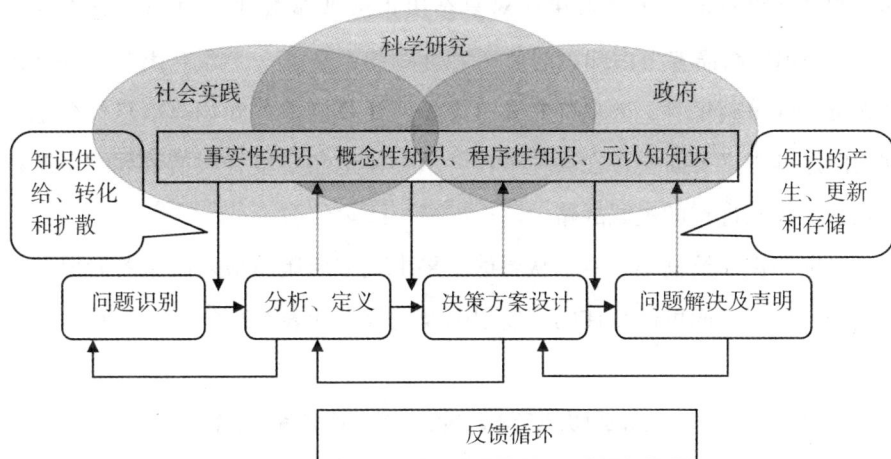

图 5-1　面向应对决策的网络舆情知识供给框架

或政府数据等方面的事实性、概念性、程序性和元认知知识伴随着问题识别、分析定义、决策方案设计、问题解决和解决方案的声明四个阶段，每向前推进一个阶段，都需要各种不同类型知识及其运用、转化，并逐渐向大范围扩散。同时，问题解决过程中，必然会产生新的知识，实现知识更新与保存。

5.2.4　舆情应对决策过程中存在的主要信息鸿沟

多项研究指出，现有科学成果、风险评估不经常使用，因为它们大部分是被明确创作以满足科研的需求，而不是为了满足含有大量不确定性的实际决策的需求，解决问题的目的、需求、范围和优先次序存在显著差异[1]，机构设置和标准的差异、文化价值的差异、认识水平的差异、资源的缺乏、不信任等诸多不利因素的存在，阻碍了将知识转化为行动的效率[2]。政府当前

---

[1]　Moser S C, Ekstrom J A. A framework to diagnose barriers to climate change adaptation[J]. Proceedings of the NationalAcademy of Sciences, 2010, 107(51): 26-31.

[2]　Dilling L, Lemos M C. Creating usable science: Opportunities and constraints for climate knowledge use and their implications for science policy [J]. Global Environmental Change, 2011, 21(2): 680-689.

的体制结构也被证明无法解决应对复杂决策或非常规决策时的信息沟通问题①。知识供给需要考虑知识的使用者有哪些，从这一个观点出发，科学研究人员、政策制定者、公众都需要考虑如何让其创造的知识或信息在被他人利用的过程中，可能会存在哪些障碍，从整体上制定整合舆情管理的多维特征及其与决策进程的关联战略。

根据知识供给框架，本书从访谈结果中提取出舆情应对决策各阶段的知识生产和应用方面可能存在的主要缺陷及建议，如表 5-1 所示。

表 5-1　　　　　　舆情应对决策阶段的知识鸿沟与建议解决方案

	决策阶段	主要缺陷	建议
1	识别问题：需要辨别情境、识别决策问题、目标和需求	缺乏对情境的鉴别能力	建立信息共享平台，提供科研、政府与社会公众的多方信息资源
		无法识别所需知识	与决策者商议，尽早识别问题，建立分析需求的框架
		无法定义决策者需求	
2	分析、定义问题：分析问题实质，分解决策目标和任务、提出备选方案、建立评估方案的指标并赋予权重	缺乏应用多种方法，未能实现分析工具与社会研究的有机结合	加强分析工具与社会研究方法的结合
		不能充分调用所需知识	利用多种知识资源，增进理解
		未能引入社会管理变量	提出满足政治与实践需求的研究方案
		缺乏对知识的整体设计	
		缺乏对价值多元化的认识	促进知识的传播和学习
3	解决问题：实施解决方案、转化知识，评价决策效果	缺乏对体制结构的认识，无法跨越障碍	形成可取、可用哪些知识的资源共享、形成信息沟通共识
		缺乏科学有效的沟通	

① Ronald R B, Doel E, Roger A, Pielke Jr. The honest broker: Making sense of science in policy and politics[J]. Policy Sciences, 2010, 43(1): 95-98.

续表

	决策阶段	主要缺陷	建议
4	解决方案的声明：总结经验，生成案例，促进知识的扩散	缺乏对文化或风俗人情情境的鉴别	以前瞻意识建立多方知识的管理形成机制和解决方案
		缺乏大型扩散、动态变化的意识	

科学研究领域既要关注成果的产出，也要关注对不确定性的评估以及科研成果中的知识的有效传播。政治领域需要关注决策的管理结构、议程设置、政策信息的科学解读和有效传递。这两个领域都需要提供更多、更有效的知识共享，提供共同讨论的平台，适当打开领域边界，为不同学科的研究人员、不同组织的利益相关者、决策者提供知识传播、成果转化、信息沟通和知识扩散的接口。

5.3 应对决策视角下的网络舆情信息聚合五层模型

在这一节中，本书将提出一个将信息聚合和 DIKW 框架综合应用的网络舆情信息分析框架。首先介绍 JDL 提出的一个最受欢迎的信息聚合模型①，该聚合模型是为了解决不同层级的文本抽取和问题空间复杂性所带来的联合影响而设计的，分为 5 个层级，在每一个层级中都可以进行聚合。

层级 0-数据定义：数据聚合阶段，采用数据定义层级，利用过滤数据和校正数据处理最低抽取层级的数据。根据决策问题识别需求，数据源可能来自互联网、传感器、组织内部文件系统、科研数据库、词典、案例库、知识库、上级指示或专家判断等。这一聚合层级在数据获取步骤中，将不同来源

---

① White F E. Data fusion lexicon[J]. Data Fusion Lexicon, 1991.

的数据进行聚合时使用。而且，根据 Dasarathy 的模型①，这一步骤和"数据输入—数据输出聚合"聚合类似，提供给这一层级的数据作为输入，所接受到的数据作为输出。

层级 1-对象定义：在这一层级，数据必须被排列到一个共有参考框架或者数据结构中。在完成了聚合，校正和原始数据过滤后，需要将这些数据进行关联以便连带地对它们进行处理。对象定义层级是对数据定义层级的逻辑继承。在文本环境中，这一步骤与通过 POS 标签，以及在数据加工步骤的词形还原而从原始文本中获取特征是一致的。这一步骤在 Dasarathy 的模型中被称为"数据输入—特征输出聚合"②。例如，如果想将一则新闻消息、一则专家评论和一篇综述整合组织成一个一般表述，就需要根据它们所表现出来的文本特征来描述其文本类型，例如句子类型、与它们自身主题一致的 POS 标签。通常，这一步骤包含特征抽取过程，即将一个特征集中的数据进行转换，从而能够让不同文本都能够在同一个参考框架中的同一个向量空间中得到表示。

层级 2-环境定义：这一层级往往是在介于数据和知识之间的、更高文本抽取层级中进行的。其处理对象是一个共有参考模型中的特征集，再根据这些特征集相应的行为或者其他高层级的属性对其进行评估。这一步骤在 Dasarathy 的模型中被称为"特征输入—特征输出聚合"③。抽取出来的所有文本特征集会被提供给算法，算法返回其他一些特征，如一个给定文本包含的实体的某个目标方面及其对应的情感倾向等。

层级 3-威胁评测：环境知识被用来分析对象并聚合对象组，通常是为了透过数据的表面对当前状态进行评测，并建议或识别未来的外部状态。在

---

①　Dasarathy B V. Sensor fusion potential exploitation—Innovative architectures and illustrative applications[J]. Proceedings of the IEEE, 1997, 85(1): 24-38.

②　Dasarathy B V. Sensor fusion potential exploitation—Innovative architectures and illustrative applications[J]. Proceedings of the IEEE, 1997, 85(1): 24-38.

③　Dasarathy B V. Sensor fusion potential exploitation—Innovative architectures and illustrative applications[J]. Proceedings of the IEEE, 1997, 85(1): 24-38.

Dasarathy 的模型中，因为这一过程需要精炼的数据，并且在更高的抽取层级中，其结果输出既与专家系统的决策一致也与人类的决策一致，所以这一类的聚合被称为"特征输入—决策输出聚合"①。例如，决策者可以使用一份总结性的意见挖掘报告来作出更加明智的决定，一个专家系统则能够发现一个明确的公众情感的消极趋势并警示决策者适当处理这种情境。

层级 4-知识管理：这是最后一个层级，负责对之前的各个层级进行定义更新和维护，使系统处于最新的状态，便于下一阶段可以利用当前环境信息以及开展更加深入的分析。

接下来，本书会把这五个层级与 DIKW 框架进行对接。在决策流程的不同阶段，可以将使用网络舆情信息分析流程与 DIKW 框架相互映射（见表5-2）。

表 5-2　　　　网络舆情信息分析流程与 DIKW 框架的映射

数据 = 输入数据源，辅助舆情应对决策
信息 = 舆情事件描述
知识 = 理解舆情事件描述的决策者知识、理解舆情事件描述和理解如何评估事件风险的分析者知识
智慧 = 决策者正确使用分析结果的能力、分析者正确分析结果的能力

目前的网络舆情应对决策，主要是基于网络舆情监测系统或预警系统中的硬数据，即从网络新闻媒体、论坛、博客、贴吧、微信、微博等平台监测或抓取的数据，主要来自社会实践领域。数据是用来为决策者提供舆情事件描述信息的，它从网络舆情分析者或监测预警系统流向决策者或其他利益相关者，决策者或其他利益相关者因此得到舆情事件业已发生的提醒。分析者或系统可以根据监测结果发出预警信号，但是不能揭示该舆情为何爆发的原

---

① Dasarathy B V. Sensor fusion potential exploitation—Innovative architectures and illustrative applications[J]. Proceedings of the IEEE, 1997, 85(1)：24-38.

因，有无可以参照的预案或案例，决策需要提供哪些方面的知识支持等。也就是说，无法使网络舆情社会实践数据升华成知识或智慧。

从舆情应对决策者的角度，知识表现在：制定、选择、评估应对方案需要对网络舆情事件、利益相关者利益诉求、事件潜在的威胁或危机、潜在影响、分析者如何判断事件发展趋势等各方面有全面的理解，需要理解网络舆情事件风险评估结果、可以选择的应对方案及其缺陷。决策者固然受益于舆情预警信息中关于事件的描述，但是接受信息后，他们首先需要将描述信息置于他们自己的参照系统中，经过认知同化而形成知识。对网络舆情事件描述信息的理解程度实际上取决于知识转化的程度。例如决策者对一个危机事件如何引发一系列负面影响的理解，实际上就是关于该危机事件已经积累的科学研究知识、社会实践知识和相似案例等方面的知识的转化。

决策者的智慧体现在：在舆情应对决策情境下，正确使用分析结果的能力。这种能力既在充分理解网络舆情事件的基础上，也需要更多关于社会文化、价值观、伦理观、社会心态、政策法规或风俗人情等方面的知识支持，决策者才能更好地做出舆情应对方案的评估、选择和应用。

从网络舆情分析者的角度，知识需求体现在：知道如何分析评估舆情事件风险，以及知道如何理解所有输入的或输出的数据，即根据数据构建威胁评测模型进行风险评估或预测舆情应对方案的成功概率。例如当专家或决策者输入一组主观判断或评价指标时，分析者必须要理解它们，识别关键特征，同时通过建模或仿真方法，判断其可行性及其局限性。

分析者的智慧则体现在：在特定情境中制定出与之相应的应对方案，指出该方案的局限性，以及备选方案可能产生的结果，并能将分析结果以恰当的方式呈现给决策者或其他利益相关者。分析者的智慧与决策者的智慧密切相关，因为他们时常要问：舆情分析结果的正确呈现方式应该是什么？这是不是可以让决策者信任并作出正确决策的方式？要回答这个问题，除了双方实时充分沟通外，分析者还需要更多知识支持，例如可视化技术等。

表 5-3   网络舆情应对决策者与分析者的信息需求

DIKW 要素	舆情应对决策者	舆情分析者
数据	互联网数据、知识库、案例库、内部文件系统、传感器、上级指示或判断等	
信息	统计报告、异常预警、情感倾向、传播特征等	
知识	对网络舆情事件、利益相关者利益诉求、事件潜在的威胁或危机、潜在影响、分析者如何判断事件发展趋势等多维度、全面的理解；理解网络舆情事件风险评估结果、可以选择的应对方案及其缺陷	知道如何分析评估舆情事件风险，以及知道如何理解所有输入或报告的数据，即根据数据构建威胁评测模型进行风险评估或预测舆情应对方案的成功概率
智慧	在舆情应对决策情境下，正确使用分析结果的能力	在特定情境中制定出与之相应的应对方案，指出该方案的局限性，以及备选方案可能产生的结果，并能将分析结果以恰当的方式呈现给决策者或其他利益相关者

　　决策者与分析者之间的联系，说明网络舆情信息分析需要充分整合双方对数据、信息、知识和智慧的需求，如表 5-3 所示，通过 DIKW 框架可以建立起两者需求之间的匹配，并且明确双方对知识和智慧的含义的理解，判断每种引入的数据或模型的可用性、适用性，以及各种备选方案的效果及其局限或不确定性，以此作为辅助决策的参考。在智慧层面上，因时因地制宜恰当实施决策方案的能力是因人而异的，然而在 DIKW 情境内，我们发现，加大从数据到信息再到知识的转化力度，也就是使杂乱无章的舆情数据变成有序的、可理解的信息或者知识，可以弥补现阶段舆情应对决策知识缺乏或信息匮乏之不足。

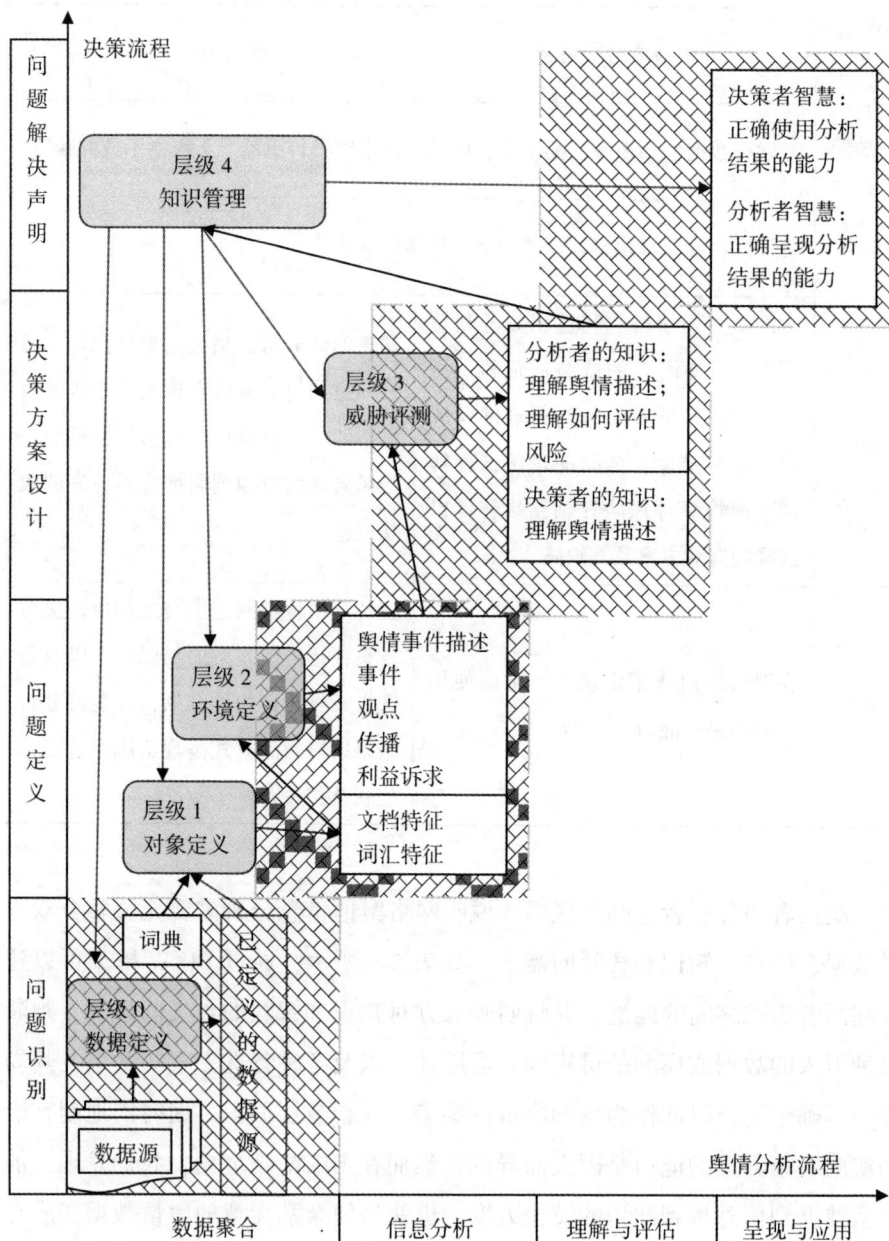

图 5-2　面向应对决策的网络舆情信息聚合模型

　　建立起映射之后，网络舆情应对决策的决策者和分析者对知识的需求更加明确，结合前述信息聚合模型，本书认为，决策者和分析者的需求整合可以用一个信息聚合概念框架来实现，如图 5-2 所示。

　　(1)网络舆情应对决策经历的首个阶段是问题识别

　　这个阶段发现"与我相关"的网络舆情事件，根据舆情信息分析的需求，对应的则是相关数据的输入阶段，层级 0 可以用来聚合不同的数据源，形成已定义的数据集合。社会管理领域中的网络舆情事件需要聚合的数据源既有硬数据也有软数据，可能存在数据不完善、不兼容、多种采集渠道等主要难题，数据不完善指不同来源数据集会存在不确定性、粒度差异、含糊不清、模棱两可、不完备等问题，不兼容主要体现在数据之间的冲突、异常数据或虚假数据，物联网环境下还存在多种采集渠道获取数据，实现数据结构的统一规范是层级 0 的主要任务。例如突发公共安全事件时，可能需要结合安全监测摄像头采集的数据和社交网络采集的数据来描述事件信息，这两种数据源之间的结构性差异较大，需要在环境定义层级实现两者的聚合。该层级的技术研究主要集中在数据聚合领域，详细的技术进展可见文献①。由于研究精力所限，本书假设社会管理领域的网络舆情信息资源已经采集、筛选完成并已实现统一规范以结构化的方式存储于数据库中，不对资源的形式化预处理进行研究，重点研究资源的聚合过程中的本体构建。

　　网络舆情信息分析需要本体库作为资源描述和聚合处理的主要数据规范体系。对于网络舆情信息资源的聚合来说，网络舆情事件本体的构建和更新维护均来源于网络舆情信息资源，本体的主要概念、概念间的关系也是从资源内外部的共现、耦合、句法等关系中识别建立，无论何种数据源，均需要经过数据定义，生成网络舆情事件本体所需的数据结构并存储。网络舆情事件本体的构建和维护是本书研究的重点。

　　(2)网络舆情应对决策经历的第二个阶段是问题定义阶段

---

　　① Khaleghi B, Khamis A, Karray F O, et al. Multisensor data fusion: A review of the state-of-the-art[J]. Information Fusion, 2013, 14(1): 28-44.

　　这个阶段分析"与我相关"的网络舆情事件的发展态势，对于网络舆情信息分析来说，与之对应的是进入信息分析阶段，即根据决策者要构建问题空间和任务机构表征的需求，把多源异构的数据集合进行结构化处理。

　　层级 1 能够从已定义的数据集合中获取特征并将其在同一个参考框架中进行定位，抽取生成文本特征并输出。层级 1 还可以用来聚合不同的情感词典、实体名称词典等，抽取生成词汇特征并输出。这个层级的相关技术研究主要集中在自然语言处理领域，目前已经发表了超过 7000 篇论文，其中研究成果中相关的文本挖掘研究进展在第 2 章做了详细综述。本书主要依托网络环境中两种实体词典的构建，包括机构名词词典、人物名词词典两种，将网络舆情信息分析落实到实体层面。

　　文本特征和词汇特征同时输出，经过层级 2 的环境定义，可以得到多维度的网络舆情事件信息的描述，决策问题定义阶段结束。环境定义通常是在语义层面上进行的，即将文本特征和词汇特征放置于相应的情境中，使之具有实际意义。例如，从媒体报道和网民评论数据中，经过层级 1 的分析可以输出意见倾向信息，但是经过层级 2 的环境定义，则可以赋予媒体和网民观点以上下文，将其置于特定的语境或背景中，经过多维度的聚合，立体化揭示观点在语义层面的含义。本书主要研究实体间关系的抽取，作为环境定义的主要依据。结合层级 1，主要研究网络舆情信息资源内部提取出来的机构与机构之间的关系、人物与人物之间的关系、机构与人物之间的关系，形成资源语义空间描述。同时，还需要结合当前网络舆情事件的主题，聚合来自政府政策文件、科研成果、相似舆情事件案例库的信息资源，使相关知识得以获取、使用和转化。

　　(3)网络舆情应对决策经历的第三个阶段是决策方案制定阶段

　　这一阶段在分析"与我相关"的网络舆情事件的发展态势基础上制定应对方案供决策者选择，根据舆情信息分析的需求，与之对应的是理解与评估阶段。层级 3 可以聚合风险或威胁的评测，决策者和分析者理解该描述，同时分析者理解如何评估该舆情事件的风险，决策方案的风险评估和舆情应对方案是本阶段的输出。决策流程进入问题解决声明阶段，决策者准确运用分析结果的能力和分析者准确呈现分析结果的能力同时得到提升，形成决策者智慧和分析者智慧。例如，网络舆情风险评估报告需要将文本挖掘系统所产生的输出和风险评估模型(例如贝叶斯参数模型)所产生的输出进行聚合，这一聚合是在层级 3 进行的。从知识库建设角度看，本层级还可以实现过往相似网络舆情事件案例的风险评估报告、应对效果评估报告等的知识积累，在此基础上实现具有经验知识的信息聚合。舆情事件风险评估是个复杂的过程，本书未对动态、实时评估展开研究，仅使用过往网络舆情应对案例、专家学术论文资源为本阶段的输入。

(4)网络舆情应对决策经历的第四个阶段是问题解决与声明阶段

这一阶段单个网络舆情事件应对已经结束，问题得到了解决。对于网络舆情分析者来说，与之相应的就进入了信息分析中的呈现与应用阶段，即使网络舆情信息分析结果以决策者能理解的方式呈现，并使分析结果得以应用。当前网络舆情事件的全部分析成果旋即成为舆情事件案例。层级 4 可以聚合当前情境以及相关知识，并对层级 0、层级 1、层级 2 和层级 3 的定义加以更新或维护，例如新增数据来源的数据定义、更新情感词典、更新特征变量、更新环境变量、增加成功应对案例、更新网络舆情事件风险评测指标或修改指标权重等，实现网络舆情事件知识库的及时更新和维护。

第6章 信息聚合单元分析与网络
舆情事件本体构建

本章将在网络舆情信息聚合模型提供的概念框架下，研究通过构建网络舆情事件本体，解决网络舆情信息聚合单元的抽取与组织问题，实现对网络舆情信息聚合对象的分解与组织，为构建网络舆情信息聚合网络做准备。

6.1 基于本体的信息聚合方法

从网络舆情信息聚合概念框架可知，决策者和分析者所需知识和信息是分散、异构的，为了实现知识的有效共享，许多技术问题需要解决。首先，需要为给定的决策任务寻找可能包含所需数据的合适的数据源，寻找合适的数据源是信息检索和信息过滤领域要解决的问题①。一旦数据源被找到，数据的获取成为接下来要解决的问题，不同来源的数据需要在同一个系统中经过查询获取而发挥作用，即数据互操作问题。简单来说，知识共享不仅需要提供获取数据的充分权限，还需要处理并解释这些数据。由于数据异质性带来的问题在分布式数据库系统的研究领域可以被划分为：结构异质性和语义

---

① Belkin N J, Croft W B. Information filtering and information retrieval: Two sides of the same coin? [J]. Communications of the Acm, 1992, 35(12): 29-38.

异质性①，前者指不同信息系统存储数据的结构不同，后者指存储数据的内容及其含义相异。Goh 将语义异质性的原因归纳为三种：①混淆冲突，信息项似乎具有相同的含义，但是因为情境差异带来含义差异。②扩展冲突，用不同的参考系统来衡量同一个数值。③命名冲突，同一个含义，却使用了不同的命名方案，例如同义词②。本体被开发用于解释隐含或隐性知识、克服语义异质性、实现信息聚合和数据互操作③。

几乎所有基于本体的信息聚合方法中，本体的首要作用都是用于显示描述信息的语义，总体来看，使用方式可以分为三种：单个本体方法、多个本体方法和复合方法。单个本体的方法可用于解决当所有待聚合的数据源都指向某个领域中几乎相同的观点的情况，但是当数据源指向不同观点，需要提供另一个级别的粒度时，寻找最小本体就变成了一个难题。例如，产品目录的聚合，当不同来源的产品目录结构相似度高时，本体表达的难度会比较小，而当差异性大时，本体表达的难度就大。当数据源发生变化时，单一本体表达的领域概念也会随之发生变化。当出现新的数据源时，就需要为之开发新的本体，因而导致了多本体方法的出现。在多本体方法中，每个数据源都由其独立本体表示。这种本体架构能使简化例如数据源中数据移除或添加带来的变化，然而，一个通用词库的缺失，让本体之间的比较变得困难起来，因此需要本体内映射来识别本体中术语之间的语义关联，然而映射同样需要考虑不同领域内的不同观点，例如本体概念的不同粒度及其聚合。为了解决多本体方法带来的本体映射困难，复合方法提出用一个通用共享的词库统一管理多个本体④⑤。共享词库包含了某一个领域的基本术语，这些术语

---

① Kim W, Seo J. Classifying Schematic and data heterogeneity in multidatabase systems [J]. Computer, 1991, 24(24)：12-18.

② Goh C H. Representing and Reasoning about Semantic Conflicts in Heterogeneous Information Systems[M]. Massachusetts Institute of Technology, 1997：54-63.

③ Gruninger M U M. Ontologies：Principles, methods and applications[J]. Knowledge Engineering Review, 1996, 11(2)：93-136.

④ 王绍光. 中国公共政策议程设置的模式[J]. 中国社会科学, 2006(5)：42-56.

⑤ Wache H, Scholz T, Stieghahn H, et al. An Integration Method for the Specification of Rule-Oriented Mediators [C]. International Symposium on Database Applications in Non-Traditional Environments. IEEE Computer Society, 1999：109-112.

是多个本体共用的，因此可以让多个本体之间的比较变简便，而有时候，这个共享词库本身就是一个本体①。

本体与数据源的联系，可以是基于数据库模式，也可以是数据库中使用的单个术语。总体上看，一般具有四种方式：

1）相似结构。直接应用数据库模式，将数据库结构一对一拷贝。这种联系是在复制模型的基础上建立的，便于追溯原始数据，如 SIMS② 和 TSIMMIS 系统③就是采用这种方式建立进行数据定义的。

2）定义术语。为了让数据库模式下的术语语义清晰，可以将数据库或者数据库模式中术语进一步定义清晰。这种定义不直接反映数据库的结构，仅仅通过定义术语建立起与信息之间的联系。定义本身可以包含定义术语的规则。通常情况下，术语是由概念定义进行描述的④。

3）丰富结构。这是建立本体与数据源联系的最常用的方法，是以上两种方法的结合，要求建立与数据源结构相似的逻辑模型，同时包含对概念的补充定义。

4）元注释。添加语义信息到数据源中的方法称为元注释，这种方法始于互联网环境，通过注释避免信息冗余，例如通过给文本加上标签，通过标签可以实现信息聚合。

---

① Stuckenschmidt H, Van Harmelen F. Ontology-based metadata generation from semi-structured information[C]. International Conference on Knowledge Capture. ACM, 2001: 163-170.

② Arens Y, Knoblock C A, Shen W M. Query Reformulation for Dynamic Information Integration[M]//Intelligent Integration of Information. Springer US, 1996: 11-42.

③ Chawathe S S, Garcia-Molina H, Widom J. Flexible Constraint Management for Autonomous Distributed Databases[C]. IEEE Data Engineering Bulletin, 1970: 23-27.

④ Wache H, Visser U, Stuckenschmidt H, et al. Ontology-based integration of information—A survey of existing approaches [J]. Ijcai '2001 Workshop on Ontologies & Information Sharing, 2002: 108-117.

6.2 本体在网络舆情信息聚合的作用

细粒度的信息组织是实现深度聚合的基础。本书关注的是多源数据的有序组织,旨在建立一个可以有效聚合数据的机制。虽然在网络舆情意见挖掘研究领域已经有了较多研究成果,然而对于舆情信息和相关数据的组织还处于起始阶段。从科学、社会和政府三大领域的维度看,大部分研究基于单一来源(如纯科学领域、用户生成内容、纯政府数据)的数据而开展,来自科学领域的数据可以借鉴正式的知识表述体系进行组织,虽然篇章层面的组织难度不大,但是句子级或特征级组织也面临一些困难。政府信息资源管理中最大的问题是由于行政管理结构带来的信息孤岛问题,要打破部门壁垒才能实现有效的信息聚合。本书把政府领域的信息来源限定在政府政策范围内,从其构成要素看,信息组织难度不大。来自社会实践领域的用户生成内容进行组织的难度较大,因为"①正式的知识表述体系诸如分类或主题词表,编撰消耗的人力和资源成本很高,用户生成内容更新速度快,缺乏人力和资源的配合;②词表不适合描述与话题和事件相关的一个重要元素时间;③词表不描述公众发展中起重要作用的参与者,即议题中涉及的人、机构及他们相互之间的互动关系"①。

对决策者来说,舆情应对要建立在对舆情事件了解和掌握的基础上,对舆情的掌握需要全面分析舆情,而网络舆情的分析本质上是对事件信息及传播态势的分析,辅助决策需要了解事件发展态势并提供可选的应对方案,信息要素既包括事发时间、地点、相关人物、相关机构、网民参与情况、评论观点、情感倾向等,也包括事件涉及的领域知识、政策法规、当地风俗民情等,因此需要对网络舆情事件相关信息进行有序组织,使海量、分散在社会

---

① 张鹏翼,周妍,袁兴福.公众议题知识库的多层本体设计[J].图书情报工作,2013,57(13):132-139.

实践、科学研究和政府部门的信息得以聚合，呈现网络舆情事件利益相关者及其观点、备选决策方案的优劣势及其可能带来的潜在影响等。要实现聚合网络舆情信息的目的，网络舆情事件本体的构建必不可少。本体能够有效表示知识，揭示自然语言文本中的语义关联，从而实现信息向知识的转化。

Uschold 和 Grüninger 认为，使用本体可以达到三大目标：①实现人与组织之间的沟通；②系统之间的交互；③组件得以重用①。本书设计网络舆情事件通用本体的目的与此相符，可以表述为：通过本体实现舆情事件本体相关知识克服系统之间的障碍并得以交流，同时促进了基于事件的推理。具体表现在：

1)舆情事件本体提供对相关舆情信息资源的内容单元进行抽取的依据，尤其是在处理多来源的信息时，由于各种来源的网络信息其内容组织结构有极大的差异，舆情事件本体可以使组织哪些内容、怎样进行组织统一化、规范化。

2)舆情事件本体为聚合网络舆情信息提供检索点。事件本体是在事件关键要素的基础上建立起来的，通过判断要素特征可以实现同一关系信息的聚合，方便用户在信息系统中按照决策信息需求进行有效的检索。

3)舆情事件本体是聚合网络舆情信息的依据，使不同来源、不同方面的舆情信息资源能够依据议题、时间、空间、人物、机构、观点、情感倾向等进行聚合，使可能存在的隐含知识显性化，为用户提供更具针对性的信息分析结果。

4)网络舆情事件本体提供了一个具有较大概念扩展性的模型，可以适应不同软件工具的需求。一般而言，存储科研领域的成果、政府文件、威胁测评报告的数据库中可以直接提取以上字段，或者通过添加注释的方式直接在原数据库结构基础上创建本体

5)网络舆情事件本体提供了聚合多源异构数据的可行性，支持网络舆情

---

① Gruninger M U. Ontologies：principles，methods and applications［J］. Knowledge Engineering Review，1996，11(2)：93-136.

事件应对决策的全过程。例如,通过恰当定义规则,不同著录模式之间可以彼此映射,降低了本体映射的难度;通过聚合不同数据库,满足决策不同阶段的知识需求。因此,舆情事件本体可以动态描述网络舆情事件的全貌,让决策者更接近事件实质及事件参与各方的利益诉求。借助事件本体可以辅助发现文本中信息之间存在的关系,添加实例后即可用来描述文本,即与事件有关的各种网络信息资源,包括新闻报道、网友评论、专家论著、政府文件等。

6)网络舆情事件本体揭示了网络舆情事件的概念及其与计算机处理相关的方面,跳出了纯技术视角,仍然能够使人较好地理解网络舆情信息分析是如何进行的。通过提供关于概念的背景知识可以实现语义推理,通过语义关系聚合相关信息。例如:如果将"问题疫苗"与"公共卫生安全"建立概念关联,则问题疫苗网络舆情事件都可以添加两个标签:"问题疫苗"和"公共卫生安全事件"。

由于网民数量、信息传播渠道越来越多,网络舆情事件时常爆发,同时来自科研领域的成果数量也在不断增加,网络舆情事件应对决策者想要及时获得有价值的信息的难度也在随之增加,其知识需求需要通过挖掘网络舆情信息、案例库、知识库、政府文件等才能得到满足。建立网络舆情事件通用本体后,可以不断增加概念与概念之间的关系以及增加本体实例,为复杂决策提供比传统数据库更有效率的决策支持。

6.3 网络舆情事件本体模型构建

网络舆情信息分析中处理的核心对象是网络舆情事件,网络舆情事件与传统舆情事件的主要区别是网络舆情事件的舆论平台是否为互联网,互联网和新媒体的产生使得舆论范围更广泛,参与人数更多,传播速度更快。网络舆情事件和其他事件一样也有普通事件具备的要素,但除了普通事件的要素外，网络舆情事件应该具有一定的互联网的特性和传统舆情事件的特性。

以往已有多种研究事件表示的模型，如 MUC 的事件模版，将事件信息与事件相关的特定组织、人或人群实体关联起来，采用事件模版提取事件信息。ACE 的事件结构体，从微观粒度研究事件，认为事件是涉及具体参与者的，通常能被描述为状态的变化。基于本体的事件模型 ABC，以事件为驱动，通过对事件、情景、动作和 Agent 等概念及其关系的描述来表示事件，但是不能描述事件之间的关系与事件要素之间的关系①。国际报业点新闻院会基于 XML 的新闻信息交换标准 EventML-G2，用于描述新闻事件，在网页中给出创建一个标准新闻事件需要填写的信息②。此外还有基于新闻报道 5W1H 思想的事件本体，如针对学术研究领域的事件本体③、基于事件的人物本体模型④、事件语义模型⑤、中文新闻事件本体⑥等，事件表示主要延续了 who、what、when、where、why 和 how 这六个要素的有机组合思想，没有对事件之间的关系进行说明。

为了充分利用网络舆情信息资源，从纷繁杂乱的信息中揭示信息的价值，无论是商业应用领域，还是社会管理领域，都已经产生了大量的信息处理技术方面的研究成果。在诸多研究成果中，本体被认为是能较好地处理异

---

① Lagoze C, Hunter J. The ABC ontology and model[J]. Journal of Digital Information, 2001, 2(2): 1-18.

② EventsML-G2, Version 2. 9[EB/OL]. [2015-08-29]. http://www.iptc.org/site/News_Exchange_Formats/EventsML-G2/Specification/.

③ Jeong S, Kim H G. SEDE: An ontology for scholarly event description[J]. Journal of Information Science, 2010, 36(2): 209-227.

④ Han Y J, Park S Y, Park S B, et al. Reconstruction of People Information based on an Event Ontology[C]. International Conference on Natural Language Processing and Knowledge Engineering, 2007: 446-451.

⑤ Teymourian K, Paschke A. Towards semantic event processing[C]. ACM International Conference on Distributed Event-Based Systems, Debs, 2009: 1-2.

⑥ 王伟，赵东岩. 中文新闻事件本体建模与自动扩充[J]. 计算机工程与科学, 2012, 34(4): 171-176.

质性数据、改进数据共享效果的解决方案①②③。本书构建网络舆情事件本
体的语料库源于社会管理领域的网络资源，目标是面向资源的聚合应用。在
资源筛选、实体名称提取、关系构建等方面具有一定的难度。资源选择方
面，社会管理领域网络舆情信息资源数量庞大，内容质量参差不齐，网络用
语表达随意性极大，采集到大量的网络资源后，需要对其进行筛选过滤，提
取一定数量的、语义质量好的、具有代表性的资源后，才能有效提炼信息内
容所包含的实体、实体属性、实体间关系以构建本体。在实体名称库构建过
程中，网络用语不规范且表达随意性大，要对其进行人工筛选、同义归类。
在实体关系构建上，需要考虑建立机构与机构间的关系库、机构与人物之间
的关系库、人物与人物之间的关系库来实现对网络舆情信息内容的深入挖
掘，而不仅是一般的共现关系。

　　因此，本书在对大量社会管理领域网络舆情事件文本素材分析的基础
上，结合突发网络舆情应对的决策需求，对社会管理领域的网络舆情信息要
素进行分解，首先从主题特征及非主题特征两个维度确定核心类，然后确立
类的属性以及类之间的关系，再根据定义的类创建类的实例，最后将本体形
式化，使之能让计算机识别，主要过程见图6-1。

6.3.1　资源采集与筛选

　　面向应对决策的社会管理领域网络舆情信息资源采集是获取语料用与构
建本体的第一步。从第4章的分析可知，从决策需求角度看，需要采集的网
络资源应该满足以下条件：

　　1）采集的资源是社会管理领域网络舆情事件相关资源。本书以疫苗事

---

　　① Mate J. et al., Ontology-based data integration between clinical and research systems[J]. Plos One, 10(1), E0122172.

　　② Noy N F. Semantic integration: A survey of ontology-based approaches [J]. Acm Sigmod Record, 2004, 33(4): 65-70.

　　③ Gaihua F. FCA based ontology development for data integration [J]. Information Processing and Management, 2016(52): 765-782.

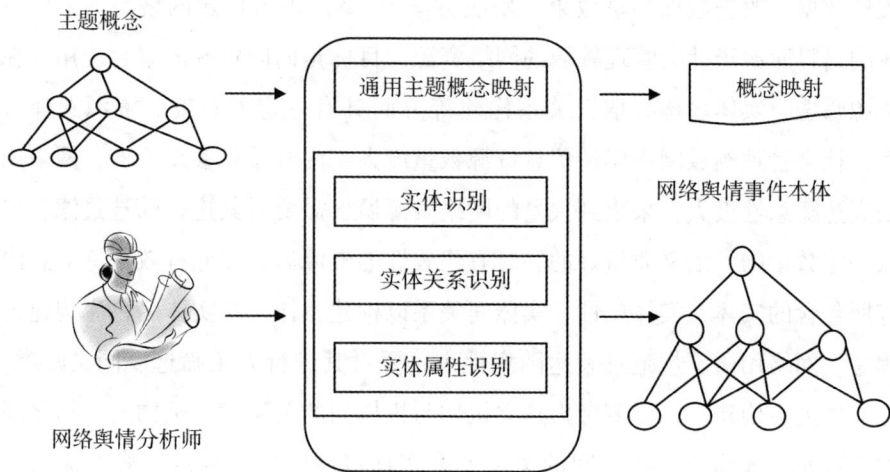

图 6-1 网络舆情事件本体构建过程

件舆情为分析对象，因此需要采集包括"疫苗"的网络信息资源。

2)采集的资源类型既包括网络舆情信息(含新闻及用户评论)，也包括政府文件信息，以及来自科研领域的专家学者发表的论文或著作信息、研究机构提供的风险或威胁测评报告等。

3)采集的资源形式应相对规范，也就是采集结果应该得到经过信息聚合框架中层级 0 数据定义之后的相对结构化的数据。

本书采集社会管理领域典型的网络舆情信息资源作为本体构建的语料来源。采集的网络资源类型和各种类型的内容范围如表 6-1 所示。

由于数据量较为庞大，质量良莠不齐，需要对采集回来的网络舆情信息资源要进行质量控制，控制原则主要有：①过滤字数少于 5 的信息。字数较少的文本包含的信息量小，往往只是单纯的诸如"转发""顶"等评价，对于实体抽取和观点挖掘来说意义不大。②在用户评论中常常出现错别字，过滤出现错别字大于 4 且总字数小于 10 的信息。

由于资源采集不是本书研究重点，因此假设构建本体的网络舆情信息资源语料库中的信息已经根据层级 0 的数据定义完成了预处理和结构化处理，可以直接用于本体的文本分析。

表 6-1   **网络资源采集类型和内容范围**

资源类型	采集内容范围
网络舆情 文本信息	新浪微博：新浪微博博主发表的博文及其用户评论
	百度知道：网友提问与回答
	知乎：网友提问与回答
	百度：百度检索结果中的新闻报道
	微信公众号：微信公众号推文以及用户评论
政府文件	政务网站中公开发布的政府文件信息全文
科学研究	从 cnki、国研网、第一智库、百度文库等资源库中检索获取的研究 论文题录或全文。
威胁测评报告	事件相关的威胁测评报告
过往案例	与当前事件相似的过往案例

6.3.2　数据构成与信息聚合单元分析

6.3.2.1　数据构成分析

来自互联网的多源异构数据集，从数据构成上可以划分为三大类：用户数据、资源数据和主题数据。

1)用户数据是指关于生成信息的用户的数据，例如用户 ID、用户 IP、用户的注册数据(注册账号时用户提供的性别、年龄、职业、注册时间、用户身份、用户所处行业、爱好等信息，用户注册后相应平台根据用户的使用情况给予的用户等级信息等。)。不同类型的用户数据数量和结构存在差异，需要根据相应的平台来进行数据定义。

2)资源数据指的是信息发布者、信息发布时间、信息发布地址、信息发布平台(媒体)、信息正文，以及资源获得的点赞数、评论数、转发数等交互特征数据。因为数据来源的不同，资源数据的结构存在的差异较大，需要根据相应的平台来进行数据定义。

3）主题数据是指将资源数据进行主题分析之后得到的数据，例如信息正文中包含的机构实体、人物/人群实体、地点实体、时间实体、主题词、情感词等。除了学术论文或著作、少量案例提供有主题词以外，其余类型的信息的主题数据都需要经过文本挖掘来获取，此类数据的处理难度最大。

6.3.2.2　信息聚合单元分析

网络舆情信息聚合的聚合单元分析是建立在舆情信息的内在结构和外部特征两种基础上，结合信息分析的需求，从网络舆情信息、政府文件、科研成果三种来源对信息结构进行分解，得到分析所需使用的数据的不同维度，作为信息聚合的基本单元。

（1）网络舆情信息构成要素分析

网络舆情是由事件引起的，与新闻事件或普通事件的描述有所不同，其构成要素也因此区别于纯粹的新闻报道事件或普通事件。突发网络舆情应对决策的制定与实施密不可分，网络舆情事件往往是一个"舆情产生—官方回应—公众与媒体反应"的连续体，需要将决策制定与实施联系在一个统一的系统中。因此本书认为：

从文本角度看，网络舆情事件信息聚合要素应该包括两个方面：一是消息，二是评论或转载。前者是指在微信公众号文章、微博文章、媒体网站文章、企业网站文章、论坛主帖、博客文章、政府网站文章等各种平台上发布的文本及伴随着文本发布的相关数据。后者是指对平台发布的文本进行转发或评论的文本，以及伴随着转发或评论而产生的相关数据。为了清楚说明网络舆情事件的发展态势、辅助应对决策，除了描述事件信息以外，还需要把舆论参与过程动态反映到事件状态中来。

从社会管理角度看，网络舆情事件指的不只是实际发生的事件本身，而是人们因为关注某一事件或话题而参与到网络空间的讨论中的全过程。因此，本书认为，网络舆情信息聚合要素应该包含网络舆情事件发生的时间、地点、涉事人物、涉事机构、参与各方表达的主题或观点等要素。

1) 时间

网络舆情事件区别于线下事件的特征之一就是其对舆情事件动态性的强调，时间既是描述事件静态状态的要素，也是描述动态性必不可少的关键要素。"一呼百应"甚至"一呼万应"已成为网络常态，一条热门信息一旦上网，便可能在数以亿计的微信群、QQ群、微博、虚拟社区等以几何级的速度、核分裂式传播，从发生到发酵成为热点所需时间越来越短。赢得时间才能赢得话语权，人民网舆情监测室提出"黄金4小时"概念，指的就是应对决策要及时、快速，从网络舆情管理的五阶段划分也可知，网络舆情事件发生后需要及时进行调节。因此，网络舆情事件信息聚合时需要描述时间维度，作为表示知识、呈现信息、分析事件和舆情发展过程的关键要素。

网络舆情事件中的时间包括以下几类：

①与事件生命周期有关的时间，即具体事件发生、发展、结束的时间，如汶川地震发生的时间、天津港爆炸发生的时间、十九大召开的时间和结束的时间等。与事件生命周期有关的时间，是进行舆情案例归档、事件跟踪时重要的记录字段。

②事件引发的舆情生命周期时间，即舆情的发生时间、发展过程相关的高峰或回落时间、舆情结束的时间、舆情事件的归档时间，可以分为三大类：媒体报道时间、官方回应时间、每个网友发帖或评论的具体时间等。

与事件生命周期相关的时间和与舆情生命周期相关的时间在有些舆情事件中是重合的，但也不乏存在具有时差的情况，例如"孙小果舆情事件"中包含相关报道中提到其多次犯案的时间、上次被捕的时间，以及引发网络舆情的时间；女大学生失踪时间与该事件引起关注的时间；食品安全案件处理结果通报时间与该案件曝光时间等，在分析舆情事件时，会发现存在多个时间子类，彼此之间可能存在较大的时差。由于多方参与，信息交流过程中，事件生命周期的各个时间节点会被多种来源的信息不断地补齐，从而形成一条较为完整的时间链。

2）地点

应对网络突发舆情事件产生的危机必须有的放矢，因此网络舆情事件与"谁"有关，是分析舆情以辅助决策首先要解决的问题。网络舆情事件中涉及的实体类型（即"谁"）众多，可以分为地点、机构和人物三种。地点信息反映具体事件发生的空间，会让舆情参与者们更了解事件的经过，同时也会让相关的地方媒体或政府更加重视这一事件。

网络舆情事件中的地点包括以下三类：

①事件发生的相关地，如 2017 年舆情热点中的红黄蓝幼儿园虐童事件、江苏常熟民房纵火事件、全国多地现脚臭盐事件、江歌遇害案等事件中都包含了事件发生地的详细信息。

②舆情指向地，如"最悲伤作文"小学将被强拆事件中，除了该小学之外，舆论主要指向之一是当地政府；"山东情侣公园约会遭枪杀"事件中火车站安保问题遭受质疑，地点是河南安阳；反腐新闻报道跟帖中，网友常常不会对报道的事件本身做评论，而是在跟帖中透露或发布某个地方存在腐败的信息。

③观点产生的地址，属于动态地址，随评论者变化而变化，如网友 IP 地址。观点产生者的地点在分析恶意散播谣言、网络水军等方面具有重要的作用。

3）人物

人物是网络舆情事件实体类型中的第二种，是构成事件的关键要素。为了描述事件，首先需要描述人和对象等参与事件的实体①。网络舆情事件中的人物包括以下三类：

①涉事主体与客体，包括事件发起者、承受者，或参与事件的个体或群体，例如 2017 年网络舆情热点事件中，弱势群体、学生群体的生活状态一直是社会关注的焦点，涉事主体的分析是应对决策时首先需要了解的

---

① 王伟，赵东岩. 中文新闻事件本体建模与自动扩充[J]. 计算机工程与科学，2012，34(4)：171-176.

人物对象。学生、教育工作者、警察、名人、医务人员常常是高频涉事人群。例如，社会管理问题中常常爆发网络舆情的"强拆事件"，其施事者可能有"城管""开发商""艾滋病拆迁队"，客体可能有"村民""钉子户"等。除了个人以外，还有一部分舆情事件是指向涉事群体的，涉事群体可能包括例如：公务员、富二代、留守儿童等，代表的是一个时空背景下的某一群人。

②非涉事者，然而成为公众评论指向的对象，在网友讨论过程中，还会出现针对某个网友的评论内容或其中提到的与事件本身没有关系的人或人群进行评论的情况，这些情况涉及的人物并非第一类，然而却掀起了舆情高峰。

③参与网络舆情的每一个个体，含信息发布者、信息评论者、信息转载者、信息关注者，这些个体自身具有代表其网络身份的特征，包括 ID、昵称、级别(如是否认证微博、博客等级)等。倘若实行网络实名制以后，这些个体信息将更加全面、准确。

4)机构

当前我国网络舆情事件多发，机构是处置网络舆情的主体，因此，机构是网络舆情事件实体类型中的第三种，与地点要素通常直接相关，如政府部门、学校、社会组织、公益组织、企业等。网络舆情事件中的机构通常包括以下几类：

①涉事机构，即发起事件或参与事件的相关机构。例如"宁波—煤气站距学校 20 米，安监部门：煤气站先建的"事件中，涉事机构包括煤气站、学校、安监部门。

②非涉事机构，却因其他原因被卷入舆论漩涡。研究表明，新媒体环境下信息传播的根本特征之一是增强事件间的联动性，经网络传播的事件，在一定条件下可能发展成为联动事件，进而影响主流社会舆论[1]。例如因郭美

---

① 江颖红. 微博事件的卷入度研究——以上海地区用户分层为例[D]. 上海师范大学，2013：12-13.

美炫富而引起慈善信任危机的中国红十字会、"山东情侣公园约会遭枪杀"事件中安保问题受到质疑的安阳火车站等。

5）主题

网络舆情信息的主题是指网民讨论的话题的主要内容，可以使用标签或主题描述的方式来进行表达。在用户自生成内容中，标签的使用已经较为普遍，可以通过直接采集用户自己为所发布信息添加的标签来实现信息聚合。主题描述则是较为规范的通过抽取文本内容中的主要概念来获得，本书考虑使用主题词的方式，每个主题词代表一个概念，通过概念与概念之间的语义关系，可以构建起主要议题的知识体系，这是比标签更为规范、系统的信息资源组织方法。

（2）政府文件的信息聚合单元分析

舆情应对决策方案制订需要参照相关的政府公文、行政法令、应急预案等。一般来说，政府公文、行政法令、应急预案等政府文件均具有较为统一规范的结构，本节接下来将对政府文件信息聚合的聚合单元进行分析。

①时间。通常指的是公文、法令或应急预案发布的时间、开始实施的时间、公开时间三类。一般来说，政府公文和法令的文本信息中会直接出现发布时间与开始实施时间，应急预案一般则没有，可以提取其公开时间。公开时间是指公文、法令或应急预案在互联网上发布的时间。

②机构。通常指的是公文、法令或应急预案的发布机构、适用机构两类。一般来说，从以上文件的文本信息中都会直接显示。

③人物或人群。通常指的是公文、法令或应急预案的适用人群。一般来说，从以上文件的文本信息中都会直接显示。

④地点。通常指的是公文、法令或应急预案的适用人群。一般来说，从以上文件的文本信息中都会直接显示。

⑤主题。一般来说，除了公文会在问候列出关键词以外，法令或应急预案均没有明确、具体的关键词或主题词，需要使用文本挖掘的方法从标题、

正文或目录中提取主题词作为主题描述，根据关键词或主题建立起行政法令的检索入口，实现与网络舆情事件的对接。

(3)科研成果的信息聚合单元分析

科研成果的物理结构是较为规范的，一篇完整的论文、一本著作或一份科研报告的外表属性通常包括作者、作者所属机构、发表时间，内容属性包括标题、摘要、关键词、正文、参考文献、附录等 8 个部分构成。正文内容通常包括文字、图片、表格三种不同的表达方式。因此，其聚合单元包括：

①时间，通常包括发表时间与发布时间。

②地点，从辅助应对决策的角度看，地点应该指的是科研成果内容适用的地理空间。需要使用文本挖掘的方法获取。

③人物或人群，常指科研成果的作者或主要贡献者，除此之外，还可能包括成果所研究的对象。

④ 机构，常指作者所属机构，还可能包括成果所研究的对象。

⑤ 主题，通常可以直接从关键词中直接提取，为了保证全面性，还可以从正文分词后通过相应的主题分析获得。

科研成果一般可以从学术论文数据库(如 CNKI、万方、维普、Elsevier 等数据库等)、智库、科研项目官方网站、学术会议网站等获得全文或部分内容。

科研成果与网络舆情事件描述的对接方式有三种：关键词、主题、专家名称(科研成果的作者)。在不清楚该领域专家有哪些的情况下，通过关键词或主题获得相关成果信息。在了解专家的情况下，可以直接通过专家名称获得相关成果信息。

6.3.3 核心类提取及定义

通过对网络舆情信息聚合要素的具体分析归纳，选定七个大类作为网络

舆情事件本体的主要属性，并对其进行层次化分析，找出各自的子类，形成
层次结构。从希望达到描述网络舆情事件到何种程度的视角，对其属性进行
定义和必要的约束限制，以有效反映类间关系。根据前述网络舆情信息聚合
概念框架，本书拟建立的是一个通用的网络舆情事件本体，其主要模块如图
6-2 所示。

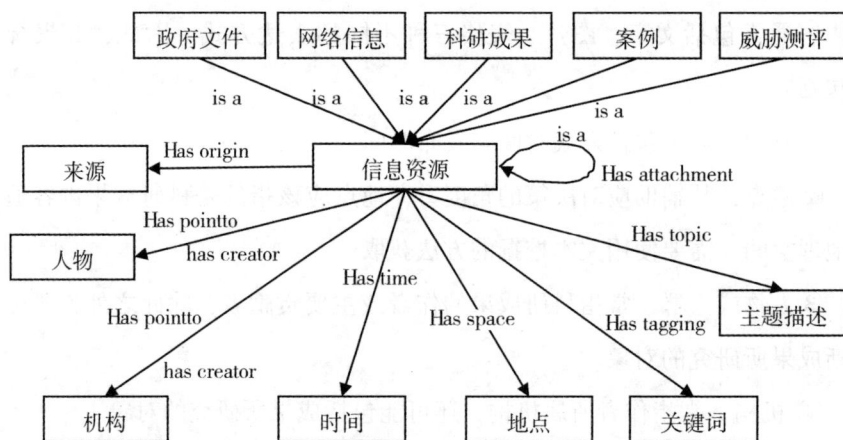

图 6-2　网络舆情事件本体

　　考虑重用性、可维护性及其演变的可能性，大型本体通常采用模块化的
方式来构建。本书的主要设计目标是创建一个高度模块化的本体，通过合并
已经建立的本体规范来表达更通用的元数据概念，以达到聚合网络舆情应对
决策中所需要的信息和知识的目的。本体模型中，"人物"可以重用 FOAF①
中对人物及人物关系的描述规范，"时间"可以重用 DC 元数据规范等。从舆
情应对全过程的角度，为满足决策需求，信息资源的来源考虑更广泛，包括
网络意见、专家意见、案例、政府文件、威胁测评报告等，构建起原始数据
及其利用之间的联系。这些不同来源的信息都具备 7 个核心类：来源、人

---

① Brickley D, Miller L. The friend of a friend（FOAF）vocabulary specification［J］.
Apple Computer, 2007：189-211.

物、机构、时间、环境、关键词和主题描述。接下来，本书将详细分析这 7 个核心类。

(1) 来源

由于细粒度信息聚合是对源资源的信息抽取和利用，"来源"类可以建立起源资源与网络舆情信息分析所使用知识之间的关系。例如信息检索时记录了知识的来源包括某博客网站 URL、专家系统、政府文件系统，说明为了满足该决策者的需求，需要从以上三种途径获取知识。

表 6-2　　　　　　　　　　　核心类"来源"定义

类名	来源
标签	origin
定义	信息资源的存储路径
注释	表示信息来自哪个平台、系统、何种工具，或出自哪个具体的文本
子类	①资料来源：资料来自哪个平台、系统、数据集或何种工具，如 CNKI 数据库、专家库、案例库，博客、政府文件来源网站的 URL 等； ②观点来源：网络意见或专家意见来自哪个文本文档。

(2) 人物

人物是聚合网络舆情事件信息的核心类，可以划分为评论者、被评论者、决策者和资源创建者四类，既包括个体，也包括群体。"人物"类是实现来自科研领域、社会实践领域和政府决策领域三个主体的信息聚合的重要途径。例如，在聚合模型层级二，决策者可以根据人物类信息聚合发现意见领袖、焦点人群，也可以发现拥有某类型知识的专家，还可以跟踪特定个体或人群的网络形象变化。

表 6-3   核心类"人物"定义

类名	人物
标签	people
定义	创建信息、参与决策、意见指向对象、事件利益相关者等类型的人物或人群实体
注释	表示人物或人群的名称、昵称或账号
子类	(1)评论者：对网络舆情事件进行评论的网民； (2)决策者：参与网络舆情应对决策的人； (3)被评论者：网络舆情事件中的意见指向或与事件有关联的人物、科学研究成果指向的或政府文件适用的人群； (4)创建者：对创建资源的内容主要负责的人，例如专家、学者、博文作者、记者等

(3)机构

机构是聚合网络舆情事件信息的核心类，可以划分为意见持有机构(评论机构)、意见指向机构(被评论机构)、资源创建机构三类。"机构"类是实现来自科研领域、社会实践领域和政府决策领域三个主体的信息聚合的重要途径。例如，在聚合模型层级二，决策者可以根据机构类信息聚合发现机构间关系变化，也可以发现拥有某类型知识的机构，还可以跟踪特定机构的网络形象变化。

表 6-4   核心类"机构"定义

类名	机构
标签	organization
定义	网络舆情事件的涉事机构、相关机构、评论意见指向的机构，或产生研究成果的政府、企事业单位、社会组织或科研机构等组织机构实体
注释	表示组织机构的名称、昵称或账号

续表

子类	(1)意见持有机构：在网络舆情事件中主动发出信息、提出观点的组织机构； (2)意见指向机构：在网络舆情事件中，网民评论或媒体评论指向的组织机构； (3)创建机构：指对创建资源的内容主要负责的机构，例如科研院所、政府机关、风险评估机构等

（4）时间

时间是聚合网络舆情事件信息的核心类，可以划分为网络舆情事件发生时间、资源创建时间、信息发布时间、评论时间、转载时间等五类。"时间"类是实现多维度信息聚合的重要途径。例如，在聚合模型层级一，可以进行基于时间轴的信息聚合，呈现网络舆情信息传播的关键节点。在聚合模型层级二，可以基于时间轴的信息聚合，呈现舆情事件的核心人物、核心机构、核心主题随时间变化的状态。

表 6-5 核心类"时间"定义

类名	时间
标签	time
定义	与信息资源自身生命周期中的一个事件相关的日期，如网络舆情事件发生时间、资源创建时间、信息发布时间、评论时间、转载时间
注释	表示信息资源生命周期中的各种时间
子类	(1)事件发生时间：事件实际发生的时间； (2)资源创建时间：信息资源创建的时间； (3)信息发布时间：信息在网络上发布的时间； (4)信息被转载时间：信息在网络上发布后被用户转载的时间； (5)评论时间：用户发表评论的时间

（5）地点

地点是聚合网络舆情事件信息的核心类，可以划分为网络舆情事件发生地所属的行政区划、网民位置（IP 地址）、空间区域等三类。"地点"类是实现多维度信息聚合的重要途径，基于地点共现的聚合，可以在聚合层级一分析网络舆情事件传播范围，也可以在聚合层级二呈现参与舆情事件的网民的地理分布，还可以在聚合层级三实现科研知识与风险测评的聚合。

表 6-6　　　　　　　　　　　　　核心类"地点"定义

类名	地点
标签	space
定义	与网络舆情事件或事件相关的地理位置、行政区划或空间区域
注释	表示事件或网络舆情事件所处的环境
子类	（1）行政区划：事件发生地所属的行政区划； （2）网民位置：网民发表评论时所处的地理位置，可能以 IP 地址显示； （3）空间区域：网络舆情发生的空间区域、科学研究成果或政府文件适用的空间区域

（6）关键词

关键词是信息主题特征的表达，可以使用受控语言，也可以使用非受控语言来进行表达。从类型上看可以划分为内容关键词、图标关键词两类。基于关键词的聚合，是决策过程中为决策者提供专家知识供给的重要途径。

表 6-7　　　　　　　　　　　　　核心类"关键词"定义

类名	关键词
标签	tagging
定义	描述某一信息资源主要内容的受控或非受控的词汇
注释	在特定环境中聚合信息的依据，可以选用社会标签，也可用信息资源创建者为该资源选择的关键词

续表

子类	(1)内容关键词:表示信息资源文字内容的关键词; (2)图表关键词:从图名、表名或与阐述图表内容的相关句段中提取的关键词

(7)主题描述

语义概念的使用可以让信息资源的主题更为清晰,根据特定的主题或话题可以实现信息资源的聚合,同时,语义概念的层次结构,可以使主题的扩大或缩小变得更容易。

表6-8 核心类"主题描述"定义

类名	主题描述
标签	topic
定义	信息资源内容的主题描述
注释	表达信息资源语义内容的受控或非受控的词汇、段落或长文本
子类	(1)网络舆情事件描述:表达网络舆情事件概况的文本; (2)科研成果主题:科研成果主要内容或摘要; (3)案例概述:网络舆情事件案例的内容概要; (4)威胁评估概要:网络舆情事件风险评估摘要

6.3.4 聚合单元间关系分析

本书中,聚合单元间关系主要指实体间关系,如人物、时间、地点等实体是和内容主题并存的另一大类关系载体,在基于非主题因素的关系揭示与发现方面发挥着不可忽视的作用①。但是当前基于关系实体的信息聚合研究

———————

① 曹树金,马翠嫦.信息聚合概念的构成与聚合模式研究[J].中国图书馆学报,2016(3):4-19.

主要分布在基于关联数据的馆藏信息资源聚合①②、面向馆藏资源实体关系的聚合③④、面向事物实体关系的聚合⑤等方面，而由于网络舆情信息中包含的实体表现形式复杂、实体关系标识词位置多变、汉语表达灵活且形式多样等原因，面向社会管理领域的网络舆情信息实体关系的聚合研究仍处于空白状态。本书认为，在非结构化的网络舆情文本信息中，分布着大量命名实体(如人物、机构、行政区划、时间等)以及实体间的关系信息。准确的实体关系分析能够让我们迅速了解信息所指对象之间的关系，可以更深入地分析网络舆情中的网民观点，从而实现基于实体关系的网络舆情信息聚合。实体间关系是构建网络舆情知识库、实现信息抽取和动态分析与聚合的前提。

中文语境下的网络舆情信息中，实体名称和关系标识的表达都呈现形式多变且复杂的特点，它们出现在语句中的位置也灵活多变。对虚拟社区中公众事件和话题的研究还处在起始阶段，已有的词表并不描述议题中涉及的人、机构以及它们之间的互动关系。张鹏翼等人在构建公众话题知识库时，将人与人之间的实体关系划分为动态关系(含对立、一致和合作三种子关系)以及相对稳定的社会网络关系(包括朋友、同学、同事、家人、上司、下属六种子关系)，人与机构之间的关系分为动态关系(含对立、一致和合作三种子关系)以及相对更稳定的工作单位关系，机构与机构之间的关系分为动态关系(含对立、一致和合作三种子关系)以及相对稳定的关系(包括上级、下

---

①　王涛．基于关联数据的馆藏信息资源聚合研究[J]．图书馆学刊，2012(8)：44-46.

②　Chen Z, Gangopadhyay A, Holden S H, et al. Semantic integration of government data for water quality management[J]. Government Information Quarterly, 2007, 24(4)：716-735.

③　王泽贤．基于 CNMARC 的 FRBR 化 OPAC 系统开发初探[J]．现代图书情报技术，2008(07)：81-85.

④　Palmonari M, Sala A, Maurino A, et al. Aggregated search of data and services[J]. Information Systems, 2011, 36(2)：134-150.

⑤　Sala A. Data and service integration-architectures and applications to real domains[D]. Italy：University of Modena and Reggio Emilia, 2010.

级、子公司、母公司四种子关系)①。这是在社会管理领域中文网络舆情知识库中首次作出的实体关系概括分析，然而关系类型概括较为粗糙，也没有提取出相应的关系标识。本书在其基础上，对人物、机构两种类型的实体之间的关系类型及其关系标识进行全面和深入的探索。

表 6-9 人物关系分析表

关系类别	比例	关系类别	比例
评论关系	35.94%	委托关系	1.72%
家人关系	13.28%	贿赂关系	1.77%
证据关系	6.37%	纠纷关系	1.23%
犯罪关系	5.64%	竞争关系	0.98%
朋友关系	5.64%	邻居关系	0.98%
合作关系	4.66%	师徒关系	0.98%
工作关系	4.92%	买卖关系	0.74%
采访关系	2.94%	赠予关系	0.25%
校友关系	2.94%	医患关系	0.25%
师生关系	2.94%		

表 6-10 人物机构分析表

关系名称	比例	关系名称	比例
评论关系	56.46%	工作单位关系	1.73%
询问关系	11.30%	纠纷关系	1.49%
请求关系	10.19%	住所关系	0.73%
首脑关系	7.92%	犯罪关系	0.25%
采访关系	4.95%	委托关系	0.25%

---

① 张鹏翼，周妍，袁兴福. 公众议题知识库的多层本体设计[J]. 图书情报工作，2013，57(13)：132-139.

续表

关系名称	比例	关系名称	比例
成员关系	3.73%	医患关系	0.25%
证据关系	1.98%		

表 6-11　　　　　　　　　　**机构关系分析表**

关系名称	比例	关系名称	比例
敌对关系	27.70%	委托关系	4.35%
合作关系	25.51%	契约关系	4.35%
流向关系	20.24%	总部分部关系	2.17%
竞争关系	13.50%		

由表 6-9、表 6-10、表 6-11 可知，人物关系中评论关系出现的频率是最高，其次是家人关系，两者的比例与其他类型的关系相差较大，出现频率最少的是医患关系和赠予关系。人物实体关系中评论关系出现的频率是最高的，排第二的是询问关系，两者的比例加起来高达 68%，出现频率最少的是犯罪关系、委托关系和医患关系。机构关系中敌对关系出现的频率是最高的，紧随其后的是合作关系，流向关系排在第三，而出现频率最少的是总部分部关系。

6.3.4.1　人物关系定义及其特征词

1)家人关系，指亲人之间的关系，即有血亲关系的人，既包括直系关系，又包括旁系关系，可分为夫妻关系、兄弟姐妹关系、长辈晚辈关系三个关系子类。

①夫妻关系。特征词有：老公、老婆、丈夫、妻子、结婚、新婚、迎娶、老伴、配偶、太太、新娘等。"先生""夫人""媳妇"等词作为关系判定特征词时，因其具有多义，需要根据上下文语境判断是否指示夫妻关系。

比如：

> 苏先生的老婆张女士非常漂亮。

> 苏先生和张女士是在 2015 年结婚的。

> 张女士是苏先生的媳妇。

上述的三个例子实体关系都是(苏先生，张女士，夫妻关系)。

②兄弟姐妹关系。特征词有：哥哥、姐姐、弟弟、妹妹、堂哥、堂姐、表姐、表哥、表弟、兄妹、兄长、大哥、大姐、兄弟、嫂子、姐夫、弟媳、妹夫等。比如：

> 张嘉骥的妹妹是张倩玺。

> 张嘉骥和张倩玺是兄妹。

上述的两个例子实体关系都是(张嘉骥，张倩玺，兄弟姐妹关系)。

③长辈晚辈关系。特征词有：爸爸、妈妈、父亲、母亲、舅舅、舅妈、伯伯、叔叔、姑姑、姑丈、伯母、婶婶、阿姨、姨妈、奶奶、爷爷、外公、外婆、继母、继子、儿子、女儿、婆婆、家公、家婆、公公、长子、长女、次子、次女等。比如：

> 等等是邓超的儿子。

> 静静的舅舅林先生表示非常失望。

> 刘女士是贝贝的继母。

上述三个例子的实体关系分别表示为：(邓超，等等，长辈晚辈关系)，(林先生，静静，长辈晚辈关系)，(刘女士，贝贝，长辈晚辈关系)。

2)朋友关系，指有人际交往的实体，彼此之间有交情的人；在网络舆情事件中，朋友关系可分为好友关系和情侣关系两个关系子类。

①好友关系。特征词有：朋友、好友、闺蜜、密友、知己、老相识、挚友、友人、亲朋、老友、忘年之交、损友、结识、私交、友谊、死党等。比如：

> 苏先生是在毕业晚会上与王先生结识的。

> 苏先生与王先生是忘年之交。

➤ 苏先生是王先生的损友之一。

上述三个例子的实体关系都是(苏先生，王先生，好友关系)。

②情侣关系。特征词有：男朋友、女朋友、男友、女友、情侣、情人、男女朋友、初恋、旧爱、前任、新欢、热恋、情妇等。比如：

➤ 苏先生是张女士的男朋友。

➤ 苏先生和张女士是一对情侣。

➤ 苏先生的初恋是张女士。

上述三个例子的实体关系都是(苏先生，张女士，情侣关系)。

3)工作关系，指因为工作与他人接触而形成的一种人际关系。工作关系包括同事关系、上司下属关系、内外事活动关系、雇佣关系共四个子类。

①同事关系的特征词相对比较少，有时候并未出现特征词，需要人工判断是否属于这种关系，不过这种情况相对比较少出现，一般都带有"同事"这个特征词。比如：

➤ 苏先生的同事吴先生很好客。

➤ 和苏先生同个部门的吴先生很好客。

➤ 苏先生部门的那个吴先生很好客。

上述三个例子的实体关系都是(苏先生，吴先生，同事关系)，第三个例句就是前面所说的需要自己判断的类型，里面并没有出现表示同事关系的特征词，但是不难看出"苏先生"和"吴先生"是"同事关系"。

②上司下属关系的特征词有：老板、领导、主管、助手、上司、下属、秘书、助理等。比如：

➤ 刘先生是苏先生的上司。

➤ 苏先生的主管是刘先生。

➤ 苏先生是刘先生的得力助手。

上述三个例子的实体关系都是(刘先生，苏先生，上司下属关系)。

③内外事活动关系指的是实体因为内事、外事、侨务、台务等工作而与对象建立起的关系，特征词有：接见、会见、会晤等。比如：

> 李克强在苏州会见罗伊瓦斯。

例句中的人物实体"李克强"和"罗伊瓦斯"在句子中表示两者关系的特征词为"会见",所以该句的实体关系可表示为(李克强,罗伊瓦斯,内外事关系)。

④雇佣关系指某一人物实体通过支付薪水来交换另一人物实体为其工作时所产生的关系。雇佣关系是动态关系,它的特征词有:保姆、雇请、雇佣、雇用等。比如:

> 陈阿姨是林先生的保姆。

> 林先生雇请陈阿姨帮忙打扫卫生。

上述两个例子的实体关系都是(林先生,陈阿姨,雇佣关系)。

4)校友关系,指在同一个学校有过学习经历的人之间的关系,既包括同班同学关系、同级同学关系、同专业同学关系,也包括不同年级、不同专业、不同学院的校友关系。校友关系属于相对稳定的关系。

校友关系的特征词有:同学、同桌、班长、课代表、同班、同学校、同专业、同学院、校友等。比如:

> 陈晓明是黄志龙的同学。

> 陈晓明是黄志龙的班长。

> 陈晓明和黄志龙是同学校的。

上述三个例子的实体关系都是(陈晓明,黄志龙,校友关系)。

5)师生关系,指老师和学生在教学过程中形成的关系。师生关系是相对稳定的关系。师生关系的特征词有:老师、班主任、学生、导师等。比如:

> 李老师是小明的语文老师。

> 小明是李老师的学生。

上述三个例子的实体关系都是(李老师,小明,师生关系)。

6)邻居关系,指某人与住在隔壁或者附近的另一个人的关系。邻居关系属于相对稳定的关系。邻居关系的特征词有:隔壁家、邻居、对门、邻里、街坊等。比如:

➤ 苏先生隔壁家的老爷爷非常孤独。

➤ 苏先生的对门住着一个非常孤独的老爷爷。

上述两个例子的实体关系都是(苏先生，老爷爷，邻居关系)。

7)师徒关系，指师父和徒弟之间的关系，是相对稳定的关系。师徒关系的特征词有：师父、徒弟、弟子、门下、爱徒、学徒、恩师、高徒、拜师等。比如：

➤ 释小龙的师父是释永信。

➤ 释小龙是释永信的弟子。

上述两个例子的实体关系都是(释小龙，释永信，师徒关系)。

8)医患关系，指医务人员和患者在治疗期间形成的一种医治关系，它属于相对稳定的关系。医患关系的特征词有：医生、大夫、主治医师、病人、护士、患者、病患、专家等。比如：

➤ 王先生是刘奶奶的主治医师。

➤ 刘奶奶是王先生的病人。

上述两个例子的实体关系都是(王先生，刘奶奶，医患关系)。

9)采访关系，指记者为了获取新闻信息而进行调查、访问、录音等活动，是一种搜集信息的方式。采访关系就是记者与采访的另一人物实体之间的关系。采访关系通常都是通过发生的某个事件才与记者之间建立起的关系，所以属于动态关系。采访关系的特征词有：透露、告诉、介绍、采访、走访、接受……采访、对……表示、向……提供、对……称、回应……采访、向……讲述等。比如：

➤ 苏先生告诉记者说现在很幸福。

➤ 苏先生接受记者采访说现在很幸福。

➤ 苏先生回应记者采访称现在很幸福。

上述三个例子的实体关系都是(苏先生，记者，采访关系)。

10)证据关系，指某一人物实体能够为另一人物实体所发生的事情进行证明时所产生的关系。证据关系属于动态关系。证据关系的特征词有：目击者、目击证人、知情人、举报、证人、证实、证明、爆料、看到、目睹等。比如：

> 老王证实了李先生正在倒车。

> 知情人小美说，刘先生确实不在公司。

> 李明目睹了韩梅梅作弊的全过程。

上述三个例子的实体关系分别表示为(老王，李先生，证据关系)，(小美，刘先生，证据关系)，(李明，韩梅梅，证据关系)。

11)犯罪关系，指当某一人物实体对另一人物实体做出了某些违法的行为时，两者之间所产生的关系就是犯罪关系。犯罪关系是由违法事件而产生的，所以它属于动态关系。犯罪关系的特征词有：绑架、杀人、抢劫、投毒、诈骗、骗取、盗走等。比如：

> 黄某绑架了刘女士。

> 刘女士在上班的路上被黄某抢劫了。

> 黄某盗走了刘女士苹果 6S 和现金数百元。

上述三个例子的实体关系都是(黄某，刘女士，犯罪关系)。

12)合作关系，指两个人物实体为实现一个共同的目标或达到共同的利益而一起努力所产生的关系，它是因为某个共同的利益或目标才产生的合作行为，目标实现后两者的关系可能就会产生变化，所以合作关系属于动态关系。合作关系的特征词有：合作、合伙人、联手、合伙、伙伴、舞伴、搭档、对唱等。比如：

> 苏先生和徐先生合伙开了一间公司。

> 张女士是苏先生毕业舞会的舞伴。

> 跨年晚会上，杨钰莹和张信哲情歌对唱。

上述三个例子的实体关系分别表示为：(苏先生，徐先生，合作关系)，(张女士，苏先生，合作关系)，(杨钰莹，张信哲，合作关系)。

13)评论关系，指某一人物实体对另一个人物实体进行议论或批评时所产生的关系，它属于动态关系。评论关系的特征词有：质疑、评论、评价、议论、批评等，不过有些句子可能并未出现有关的特征词，但也能根据句子的语义判断出是表示评论关系的。网民 ID 与其评论的人物对象之间的关系也是评论关系，其中网民 ID 以"@ +ID"形式表示，直接在抓取数据时提取，当网民评论中出现人物名称时，则默认建立该网民与其评论人物对象之间存在评论关系。比如：

> 付先生对杨先生的做法提出了质疑。

> 付先生认为杨先生是在炒作。

> 对于杨先生的做法，付先生说他明显在炒作。

上述三个例子的实体关系都是(付先生，杨先生，评论关系)，例句 4 并没有出现有关的特征词，但是经过分析，我们也可以判断出"付先生"和"杨先生"之间存在"评论关系"。

14)委托关系，指某一人物实体将事情托付给另一人物实体时所产生的关系。委托关系是因为存在着某件事而产生的，所以属于动态关系。委托关系的特征词有：律师、代理、委托、交托、托付、付托等。比如：

> 马先生是吴先生的律师。

> 李先生将公司托付给了张女士。

上述两个例子的实体关系分别表示为(马先生，吴先生，委托关系)，(李先生，张女士，委托关系)。

15)贿赂关系，指某一人物实体为了实现某种不正当的行为，给另一个人物实体提供某种利益从而实现目的时所产生的关系。贿赂关系是由于某个目的而产生的，所以属于动态关系。贿赂关系的特征词有收受、贿赂等，有些句子也可能没有出现明显的特征词，不过可能会出现有关某种利益的词语，需要通过人工判断是否存在贿赂关系。比如：

> 王局长收受来自刘总所送的 100 多万元人民币。

> 刘总为了自己的项目能得到王局长的关照，送给王局长 100 万元人民币。

上述两个例子的实体关系都是(刘总，王局长，贿赂关系)，例句 2 中并没有出现表示两者关系的特征词，但从"送给""100万元人民币"两个语句可以判断出实体"刘总"和"王局长"之间存在着"贿赂关系"。

16)纠纷关系，指人物实体之间因某件事争执不下所产生的关系，它是因为某件事而产生的，所以属于动态关系。纠纷关系的特征词有：争执、吵架、被告、纠缠等。比如：

➤ 小敏和晓飞发生了争执。

➤ 小敏和晓飞因为这件事已经纠缠了几天了。

上述两个例子的实体关系都是(小敏，晓飞，纠纷关系)。

17)竞争关系，指某一人物实体为了自己的利益与另一人物实体进行斗争而产生的关系。竞争关系是因为某件事才产生竞争行为的，如果这个事件结束，可能两个实体的关系就不是竞争关系了，所以竞争关系属于动态关系。竞争关系的特征词有：对手、抗衡、挑战、不敌、对阵、力克、交锋、大战等。比如：

➤ 这场比赛科比的对手是艾弗森。

➤ 这场比赛是艾弗森正式挑战科比。

➤ 这场比赛艾弗森不敌科比。

上述的三个例子的实体关系都是(科比，艾弗森，竞争关系)。

18)买卖关系，指人物实体之间通过货币或实物互相换取自己所需的物品时所产生的关系，它是由于换取这个事件所产生的关系，所以属于动态关系。买卖关系的特征词有：买来、卖出、交易、买进、卖给、售给、购进等。比如：

➤ 苏先生从李先生那买来5个苹果。

➤ 李先生卖给苏先生5个苹果。

上述两个例子的实体关系都是(苏先生，李先生，买卖关系)。

19)赠予关系，指某一人物实体将自己的东西无偿的给予另一个人物实体，而另一人物实体也表示接受，两者之间的关系就是赠予关系。赠予关系属于动态关系，它的特征词有：捐赠、送给、赠送、捐赠、赠予等。比如：

➤ 李敏向小花捐赠了近千册的精美图书。

➤ 苏先生送给张女士一个最新款的包包。

上述两个例子的实体关系分别表示为(李敏，小花，赠予关系)，(苏先生，张女士，赠予关系)。

6.3.4.2 人物机构关系定义及其特征词

1)雇佣关系，指一个机构实体通过支付薪水来换取人物实体为其工作时所产生的关系。雇佣关系可分为工作单位关系和首脑关系两个关系子类。

①工作单位关系。一般的判别特征有：机构实体+头衔+人物实体、人物实体+机构实体+头衔、机构实体+人物实体，头衔这里主要是指职位称号，比如董事长、总经理、员工、院长等。针对判别特征，我们可看下面的例子：

➤ 金辰有限公司董事长苏先生。

➤ 苏先生是金辰有限公司的董事长。

➤ 金辰有限公司的苏先生。

上述三个例子的实体关系都是(金辰有限公司，苏先生，工作单位关系)。

②首脑关系，指国家与国家首脑之间的关系，它的特征词有：主席、首相、总统、总理等。比如：

➤ 英国首相卡梅伦表示很期待。

➤ 美国总统奥巴马近日参加了某真人秀。

上述三个例子的实体关系分别表示为：(中国，习近平，首脑关系)，(英国，卡梅伦，首脑关系)，(美国，奥巴马，首脑关系)。

2)成员关系，指成员与该组织或团体之间的关系，成员就是人物实体，而组织或团体就是机构实体。成员关系的特征词有：会员、志愿者、成员、一员、学生等。比如：

➤ 苏先生是红十字会的会员。

> 权志龙的 Bigbang 的成员。

> 易烊千玺是 tfboys 的一员。

上述两个例子的实体关系分别表示为：（红十字会，苏先生，会员关系），（Bigbang，权志龙，会员关系），（tfboys，易烊千玺，会员关系）。

3）医患关系，指医院机构与患者之间形成的一种治疗关系，机构实体一般是医院名。医患关系的特征词有：就诊、治疗、看病、挂号、医治等。比如：

> 高先生昨天晚上到西京医院就诊。

> 高先生昨天晚上去西京医院看病了。

上述两个例子的实体关系都是(西京医院，高先生，医患关系)。

4）采访关系，指媒体机构对某个人物实体进行采访时，两者之间的关系；或者当人物实体是记者时，是对某个机构实体进行采访所产生的关系。采访关系特征词有：回应、采访、从……获悉、回复……称、从……了解到、接受……采访等。比如：

> 北辰公司回复记者称传言都是假的。

> 记者从中铁建获悉暂时没有新的情况。

> 张智霖接受了娱乐报的采访。

上述三个例子的实体关系分别表示为：（北辰公司，记者，采访关系），(中铁建，记者，采访关系)，（娱乐报，张智霖，采访关系）。

5）证据关系，指人物实体能够为机构实体所发生的事情进行证明时所产生的关系。证据关系的特征词有：爆料、证明、证实、举报等。比如：

> 据王先生爆料，滴滴北京总部遭出租车司机围堵。

> 杨女士举报了泛海国际公司偷税的情况。

上述两个例子的实体关系分别表示为：（滴滴，王先生，证据关系），(泛海国际公司，杨女士，证据关系)。

6）评论关系，指某一实体对另一个实体进行评价时所产生的关系，它属于动态关系。评论关系的特征词有：质疑、评论、评价、议论、批评、表示、认为、觉得等。与人物关系中的评论关系类似，当网民 ID 的评论中出现了某个机构的名称时，也认为两者之间建立起了评论关系，人物名称以"@ +网民 ID"表示，可以直接根据抓取字段识别，机构名称则从评论文本中抽取。如果评论者是一个机构，则提取为"@ +机构 ID"表示，可以直接根据抓取字段识别，人物名称则从评论文本中抽取。比如：

➤ 新华社对桑兰的言论提出质疑。

➤ 蔡先生评价优步说十分方便实用。

➤ 对于星巴克的说法，黄先生表示非常不赞同。

上述四个例子的实体关系分别表示为：（新华社，桑兰，评论关系），（优步，蔡先生，评论关系），（星巴克，黄先生，评论关系）。

7)询问关系，指由某人发出对某个机构实体的询问，希望从该机构得到所需信息，属于动态关系。特征词有：请问，究竟，告知等。同评论关系相似，如果网民 ID 发出询问，则人物名称以"@ +网民 ID"表示，可以直接根据抓取字段识别。被询问机构的名称则从评论文本中抽取。如果评论者是一个机构，则提取为"@ +机构 ID"表示，可以直接根据抓取字段识别，被询问人物的名称则从评论文本中抽取。

8)请求关系，指由某人发出对某个机构实体的请求，希望该机构能发布相关信息。属于动态关系。特征词有：希望+发布，希望+查清等。同评论关系相似，如果网民 ID 发出请求，则人物名称以"@ +网民 ID"表示，可以直接根据抓取字段识别。被请求机构的名称则从评论文本中抽取。如果评论者是一个机构，则提取为"@ +机构 ID"表示，可以直接根据抓取字段识别，被请求人物的名称则从评论文本中抽取。

9)纠纷关系，指两个实体之间因为某个事件争执不下所产生的关系。纠纷关系的特征词有：争执、纠缠、投诉等，有时候句子中也可能不会出现明显的特征词，需要根据语义进行分析判断是否存在纠纷关系。比如：

➤ 王先生与旋风电子公司发生了一点小争执。

➤ 王先生投诉了旋风电子公司。

➤ 王先生将旋风电子公司告上了法庭。

上述三个例子的实体关系都是(旋风电子公司，王先生，纠纷关系)，例句 3 中并没有出现明显的特征词可以表明实体"王先生"和"旋风电子公司"之间的关系，但从"告上了法庭"中我们可知道两个实体存在着"纠纷关系"。

10)犯罪关系，指当某一实体对另一实体做出了某些违法的行为时，两者之间所产生的关系就是犯罪关系。犯罪关系的特征词有：诈骗、骗取、盗走、窃取等。比如：

➤ 梁某骗取了韩信传媒公司现金 5 万多元。

➤ 王某盗走了天灵珠宝公司的大量金银首饰和部分现金。

➤ 飞车驾校骗取了陈先生上万元的报名费。

上述三个例子的实体关系分别表示为：(韩信传媒公司，梁某，犯罪关系)，(天灵珠宝公司，王某，犯罪关系)，(飞车驾校，陈先生，犯罪关系)。

11)委托关系，指某一实体将某件事情托付给另一个实体时产生的关系。委托关系的特征词有：委托、托付、代理、交付等。比如：

➤ 李律师代理了王朝公司的案件。

➤ 王朝公司委托李律师帮其打官司。

上述两个例子的实体关系都是(王朝公司，李律师，委托关系)。

12)内外事活动关系，因为外交活动而建立起来的人物实体与机构实体之间的关系，一般情况下，内外事活动关系的人物与机构之间常用"抵达、到达、前往"等动词连接。比如：

➤ 李克强昨天访问了英国。

➤ 奥巴马昨天抵达中国。

上述两个例子的实体关系分别表示为：(英国，李克强，内外事活动关系)，(中国，奥巴马，内外事活动关系)。例子中出现的特征词分别为范文、抵达，从语义中可判断出实体之间的关系为内外事活动关系。

6.3.4.3 机构关系定义及其特征词

1)总部分部关系,指某个机构实体是另一个机构实体的分公司或子公司时,两者之间所产生的关系。总部分部关系的特征词有:总公司、子公司、总部、分部、分公司等。比如:

➤ 金城公司是黄城有限公司旗下子公司。

➤ 黄城有限公司是金城公司的总公司。

上述两个例子的实体关系都是(金城公司,黄城有限公司,总部分部关系)。

2)敌对关系,指两个机构实体因为某种利益冲突不能相容,相互对抗时产生的关系。敌对关系的特征词有:交锋、入侵、打击、交恶、开战、博弈等,也有些句子中并没有包含这些特征词,需要通过语义判断是都存在敌对关系。比如:

➤ 俄罗斯与土耳其持续交锋。

➤ 俄罗斯和土耳其交恶。

➤ 俄罗斯空袭炸毁土耳其救援军队。

上述三个例子的实体关系都是(俄罗斯,土耳其,敌对关系)。例句 3 中虽然没有出现明显的特征词,但是从"空袭""炸毁"两个词语可看出"俄罗斯"和"土耳其"之间的关系是"敌对关系"。

3)合作关系,指两个机构实体为了某个特定的目标或效益时,两者之间所产生的关系。合作关系的特征词有:合作、联手、合流、共同、联盟、盟友等,也有些句子中并没有包含这些特征词,需要通过语义判断是都存在敌对关系。比如:

➤ 金城公司和苏佳国际达成全面战略合作。

➤ 联想和谷歌联手推出新的智能设备。

➤ 美国和土耳其是盟友。

➤ 印尼与韩国签署协议共同研发新项目。

上述四个例子的实体关系分别表示为：（金城公司，苏佳国际，合作关系），（联想，谷歌，合作关系），（美国，土耳其，合作关系），（印尼，韩国，合作关系）。例句 4 中虽然没有出现明显的特征词，但是从"签署协议"和"共同"两个词语可以看出，实体"印尼"和"韩国"两者之间是"合作关系"。

4）竞争关系，指某一机构实体为了自己的利益与另一机构实体进行斗争而产生的关系。竞争关系的特征词有：挑衅、对手、抗衡、挑战、决斗、迎战、不敌、对阵等。比如：

➢ 朝鲜队首战的对手是美国队。

➢ 朝鲜队迎战美国队。

➢ 朝鲜队对阵美国队。

上述三个例子的实体关系都是(朝鲜队，美国队，竞争关系)。

5）委托关系，指某一机构实体将事情托付给另一机构实体时所产生的关系。委托关系是动态关系，它的特征词有：委托，托付、交付等。比如：

➢ 洪都公司委托世纪综合事务所管理法律合同。

➢ 天灵珠宝公司托付信阳会计公司管理财务。

上述两个例子的实体关系分别表示为：（洪都公司，世纪综合事务所，委托关系），（天灵珠宝公司，信阳会计公司，委托关系）。

6）契约关系，指两个机构实体签订了在法律上具有约束力的协议后，两者之间的关系。契约关系的特征词有：合同、合约、契约、协议、签订等，大部分时候，句子中并没有出现明显的特征词，需要通过语义分析，甚至靠平时的常识来分析，所以契约关系在机构关系中算是比较难判断的一种。比如：

➢ 通灵珠宝昨天与车子公司签订了协议。

➢ 恒大淘宝足球队成功夺冠。

上述两个例子的实体关系分别表示为：（通灵珠宝，车子公司，契约关系），（恒大，淘宝，契约关系）。例句 2 中并没有出现明显的特征词，而且根据语义，也分辨不出实体"恒大"和"淘宝"之间的关系，但我们都知道，两者是有签订协议的，所以两者的关系是"契约关系"。

7)流向关系，指某些事物或信息在机构实体之间的流动。流向关系的特征词有：流向、去了哪里、卖到哪里、流入等。比如：

➢ 山东该批次疫苗主要流入广东地区。

➢ 据了解，洗白后的猪肉主要从佛山销往广州番禺区。

上述两个例子的实体关系分别表示为(山东，广东，流向关系)，(佛山，广州，流向关系)。例句中都出现了"流入""销往"等表示流向关系的特征词，所以将其归为"共现关系"。需要注意的是，流向关系是具有方向性的。

第7章 基于本体的网络舆情 信息聚合单元抽取

本章将在第6章构建的网络舆情事件本体的基础上，提出网络舆情信息聚合单元抽取方法，并对信息聚合单元及其之间的关系抽取进行简单的实验验证。

7.1 基于本体的网络舆情信息挖掘模型

网民意见倾向分析大多只能从整体上反映网民对某一舆情事件的整体情感倾向是消极、积极还是中性，对于舆情应对或倾听民众声音来说，除了网民情感倾向以外，还需要知道网民的观点分布，从而帮助其实现有的放矢地回应舆情关切。

对于网络舆情应对决策者来说，首先需要知道的是在网络舆情信息中"与我相关"的舆情信息有哪些，其次是这些舆情信息分别代表了什么样的观点诉求。解决第一个问题的根本在于对网络舆情信息中实体的抽取，包括人物、人群、机构、行政区划、事物(话题)等实体。解决第二个问题的根本在于实体属性的抽取，包括与实体相关的行为、状态、情感等，以及实体间的关系。实体属性的抽取是描述网络舆情事件"情景"的前提，也是进行细粒度、多维度聚合的基础。网民的思想情感、立场观点以及价值利益诉求大多是通过书面文本进行承载的，需要采集网民所发布的内容以及进行文本分析。而且，即使有 100 个网民的观点、情感、诉求均相同，但其表达的方式可能各不相同，因此区分开不同的观点以及将相同观点的内容进行格式化和规范化显得十分重要。本书首先建立的基于本体的网络舆情挖掘模型见图7-1。

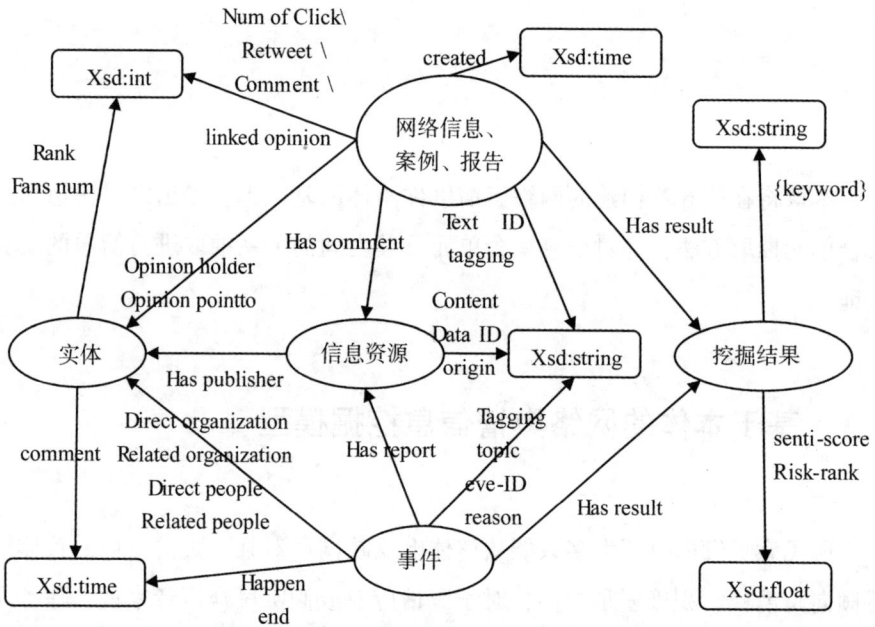

图 7-1　基于本体的网络舆情信息挖掘模型

　　面向应对决策的网络舆情信息聚合系统本体可以分成三层：核心层——舆论观点与情感，扩展层——涉事主体(实体，含人物、机构、地点)，支撑层——多源异构舆情数据文档与应对决策所需的文档。分层结构设置依据为：①分层结构提供简明的逻辑模型，使核心、扩展和支撑层的实体和关系清晰有序；②不同层次存储的数据结构复杂度和精确度不同，例如支撑层的多源异构舆情数据包含自动获取的大量多来源舆情信息与决策所需的其他信息，而核心层与扩展层则包含自动提取但经过人工控制的半自动方式提炼出的结构和内容(人名词库、机构词库等)，便于存储和扩充；③分层结构允许系统根据聚合准确性、针对性和全面性的要求，提供个性化的信息分析结果。

基于本体的挖掘结果存储作为分析的主要素材，是后期进行各项分析处理的关键步骤，是前述信息聚合概念模型的层级1的主要任务，完成这一层的相关处理之后，就可以构建起用户数据、资源数据和主题数据之间的一维关联、二维关联和三维关联规则，形成相应的聚合网络。

总体来看，基于本体的网络舆情信息挖掘需要将文本信息挖掘并提取出文本来源信息、人物实体信息、机构实体信息、地点实体信息、时间实体信息、标签信息、主题信息，赋予本体各个类及其属性以具体值。

7.2 数据库设计

网络舆情信息聚合单元抽取系统的数据库所用到的表及详细设计如下：

项目表：项目表是用于存储每次单独分析内容的表，用于区分不同的分析过程，其中包括项目编号、项目名、项目描述详情和项目创建时间(见表7-1)。

表 7-1　　　　　　　　　　　项　目　表

列名	数据类型	长度	可否为空	描述
pid	int	11	NOT NULL	项目编号
pname	varchar	255	NULL	项目名
pdesc	text	/	NULL	项目描述
pdate	date	/	NULL	项目创建时间

资源原文内容表：原文内容表是用于存储从网上抓取到的文本经过预处理的信息和文本自身原本的信息，其中包括文本编号、项目编号、文本标题、文本来源(IP 地址)、文本发表时间、文本赞同数、文本内容、信息发布者(见表 7-2)。

表 7-2 资源原文内容表

列名	数据类型	长度	可否为空	描述
orid	int	11	NOT NULL	文本编号
pid	int	11	NOT NULL	项目编号
or_name	varchar	255	NULL	文本标题
or_ip	varchar	255	NULL	文本来源
or_date	datetime	/	NULL	文本发表时间
or_agree	int	11	NULL	文本赞同数
or_content	text	/	NULL	文本内容
or_publicer	text	/	NULL	发布者

词语切分表：词语切分表用于存储对预处理后以及切割之后的单句文本进行分词，过滤掉无意义的词语之后，剩下的能够反映原文观点词语。其中包括的字段为：词组编号、项目编号、原文编号、名词库(包括人物名词库、机构名词库、地理名词库，不能划入以上三类的则归入其他名词库)、动词库、形容词库、时间(见表 7-3)。

表 7-3 词语切分表

列名	数据类型	长度	可否为空	描述
se_id	int	11	NOT NULL	词组编号
pid	int	11	NOT NULL	项目编号
or_id	int	11	NOT NULL	原文编号

列名	数据类型	长度	可否为空	描述
se_n	text	/	NULL	其他名词库
se_v	text	/	NULL	动词库
se_adj	text	/	NULL	形容词库
se_time	datetime	/	NULL	时间
se_nrw	text	/	NULL	人物名词库
se_njg	text	/	NULL	机构名词库
se_ndl	text	/	NULL	地理名词库

实体关系表：实体关系表存储的是根据实体以及关系识别模式识别出来的人物与人物之间的关系、人物与机构之间的关系、机构与机构之间的关系列表。用以形成网络舆情分析中的具体情境。其中包括的字段如表7-4所示。

表7-4　　　　　　　　　　　　　实体关系表

列名	数据类型	长度	是否为空	描述
re_id	int	11	NOT NULL	关系配对编号
pid	int	11	NOT NULL	项目编号
noun	int	11	NULL	名词
re_type	text	/	NULL	关系类型

实体属性关联表：实体属性关联表存储的是根据实体以及实体属性关系表，用于反映该实体可用表中所示的属性来进行描述，形成网络舆情分析中的具体情境。其中包括的字段有：属性配对编号、项目编号、名词、名词频率、动词库、形容词库(见表7-5)。

表 7-5　　　　　　　　　　　实体属性关联表

列名	数据类型	长度	是否为空	描述
at_id	int	11	NOT NULL	属性配对编号
pid	int	11	NOT NULL	项目编号
noun	int	11	NULL	名词
percent	double	/	NULL	名词频率
adj	text	/	NULL	形容词库
verb	text	/	NULL	动词库

7.3　聚合单元及聚合单元间关系的抽取

7.3.1　聚合单元的抽取

在自然语言处理中,无论是聚合单元还是聚合单元间关系的抽取,都需要先将平文本转化为词条,这些词条可能被用于关键词进行主题标引,因而词法分析的准确与否对整个分析效果有着重要影响。

(1)分词

数据处理的第一步是分词,现在有很多已经成型的分词算法,以及成熟的中文分词技术。因此在实现上对分词这一块的内容将选用已经成型的分词引擎实现。目前比较好用的有中科院研究的基于 HMM 的分词库的 ICTCLAS(现称为 NLPIR)、基于文本匹配的 ikanalyzer、哈工大研究的 LTP 语言技术平台。经过测试,中科院的 NLPIR 分词效果较为优秀,分词效果较好,可以添加用户词库,在离线时也可以使用比较符合系统需求,因此采用 NLPIR 分词引擎进行分词。

(2)停用词

中文文本含有某些标点符号、语气词，以及一些没有实际意义但使用频率较高单汉字，这些字或词对表达文本的主题没有任何的帮助。分词组件提供了默认的中英文停用词表，用户可以自行增加或删除停用词。

（3）词性标注

词性指作为划分词类依据的词的特点。本书采用的是 NLPIR 所提供词性标注组件。它提供了基于隐马尔可夫模型（HMM）词性标注接口供选择。经测试发现运用该组件进行词性标注拥有较高准确率。

（4）命名实体识别

命名实体识别任务是指识别文本中具有特定意义的实体，主要包括人名、地名、机构名、专有名词等。NLPIR 提供一个基于隐马尔可夫模型（HMM）和自动规则提取相结合的命名实体识别组件。该组件较全面的覆盖了中文命名实体识别的类别，包括人名、地名、机构名、专有名词、时间、日期和数量短语共七类。考虑网络舆情中用词的复杂性，本书在分析过程不断对人名词库、地名词库、机构词库、专有名词库等进行了人工干预，以增强其识别的准确率。

（5）网络用语

黄晓斌等人从词汇的结构组成与用语含义内在联系这个角度出发，将网络用语分为如下主要类型：符号图形类；谐音类；缩略词类；旧词新义类；引申类；新词类；数字代码类①。除了这些类型外，笔者认为还有一类，即故意混淆类。这类用语主要是指发言者发表较为敏感的字词是为了躲避监测而故意添加、替换混淆字符或使用拼音代替。为了改善由于网络用语导致对舆情信息标引、挖掘的准确率，笔者构建了一个网络用语映射表，把舆情信息在分词之前进行一次处理，将网络用语映射到传统用语，如表 7-6 所示。

---

① 黄晓斌，赵超. 文本挖掘在网络舆情信息分析中的应用[J]. 情报科学，2009，27（1）：94-99.

表 7-6　　　　　　　　　　传统用语与网络用语映射表

传统用语	网络用语	传统用语	网络用语
笑	：）	886	拜拜了
大侠	大虾	Pf	佩服
顶	支持	新手	小白	菜鸟
……	……	……	……

例如：

利用 NLPIR 分词系统可以将一个完整的句子切分为一个个词语，如"党的十八大以来，中央已经完成了八轮巡视，实现了对于地方和中管央企的全覆盖，查处了一批'大老虎'，整治了一批群众反映强烈的腐败问题，彰显了中央持续保持遏制腐败高压态势的决心和信心，群众无不拍手称快，党心民心贴得更紧、社会风气为之一振。"

在分词系统中分出来的结果则是"党/n 的/ude1 十/m 八大/nz 以来/f，/wd 中央/n 已经/d 完成/v 了/ule 八/m 轮/qv 巡视/vn，/wd 实现/v 了/ule 对于/p 地方/n 和/cc 中/f 管/v 央企/nr 的/ude1 全/a 覆盖/vn，/wd 查处/v 了/ule 一/m 批/q"/wyz 大/a 老虎/n"/wyy，/wd 整治/v 了/ule 一/m 批/q 群众/n 反映/v 强烈/a 的/ude1 腐败/an 问题/n，/wd 彰/ag 显/v 了/ule 中央/n 持续/vd 保持/v 遏制/v 腐败/an 高压/n 态势/n 的/ude1 决心/n 和/cc 信心/n，/wd 群众/n 无不/d 拍手称快/vl，/wd 党心/n 民心/n 贴/v 得/ude3 更/d 紧/a、/wn 社会/n 风气/n 为之一振/vl。/wj"。

切分了之后对切分的文本进行分析，首先筛选掉其中不含有意义的词，遗留下来的内容如下"党/n 十/m 八大/nz 以来/f 中央/n 完成/v 巡视/vn 实现/v 地方/n 中/f 管/v 央企/nr 全/a 覆盖/vn 查处/v 大/a 老虎/n 整治/v 群众/n 反映/v 强烈/a 腐败/an 问题/n 中央/n 持续/vd 保持/v 遏制/v 腐败/an 高压/n 态势/n 决心/n 信心/n 群众/n 拍手称快/vl 党心/n 民心/n 社会/n 风气/n 为之一振/vl"其中含有的词主要包括名词、动词、形容词。

本句中的名词有"党中央、地方、央企、老虎、群众、问题、中央、高压态势、决心、信心、群众、党心、民心、社会风气"有些名词是和这条信息中想要表述的主体是不相符的，如"老虎"，这个词虽然在句中代指贪官，但是在单单提取出来的这个词和句子的含义是不相符的。为了减少这些"噪音"的存在，利用这些噪音的偶发性，可以对之前采集的全部文本进行分词，然后对全部的分词结果进行汇总，统计所有的名词的出现次数，取在统计结果当中出现的次数最多的前 20% 的名词作为实体，并放入实体库当中。

7.3.2 聚合单元间关系的抽取

抽取实体之后还需要识别实体和实体之间的关系。本次研究采用无条件限制抽取出 858 条微博作为语料，采用模式匹配方法归纳出实体之间的关系。提取的方式如以下句子"程丹峰的一位朋友接受《中国经济周刊》记者采访时评价说"，即可根据"A 接受 B 采访"这种模式提取出 A 和 B 之间存在的采访关系。但是这种关系可能会误判断出关系，比如在上一句当中出现了"朋友"这个词可以判定两个实体之间存在的是朋友关系，但是如果是出现"朋友圈"这个词的话，这个词并不是代表是"朋友"关系，所以出现"朋友圈"的要进行剔除。实体间关系的种类及其特征词的分析详见 6.3 节的内容。

需要说明的是，文本中每个用户发表的观点中可能涉及多个实体，如果将用户发表的内容直接作为单位内容进行抽取实体关系的话，将会出现匹配到多个实体而导致关系不清晰。因此在进行抽取实体关系之前需要对文本按句切割。切割之后得到的句子再对其进行抽取实体之间的关系。抽取之后对实体、实体之间的关系进行校验，对所有文本中抽取出来的实体及关系汇总起来，统计出现较多次数的实体以及实体关系。若该实体对出现相同的联系的次数高于一定阈值的，即可视为这两个实体确实存在该关系。评论者与评论对象之间的关系的建立，数据处理时，先将评论文本中出现的人物实体、机构实体提取出来，再逐一建立起与评论者 ID 之间的评论关系。

7.3.3　聚合单元属性的提取

对实体的描述可采用两种方式来呈现。一种是采用副词+形容词来描述，用来描述该实体的状态、特征；另一种方式采用的是动词来描述，用来描述该实体发出的动作。对副词+形容词这种方式，需要保证副词和形容词紧密连在一起构成一个具体的短语，如果没有副词修饰的形容词也需要被纳入。提取在实体库当中的实体，逐一检测上文已经切分成句子的文本中是否存在该实体。若存在该实体则抽取出该句子当中所有的形容词与动词，并分别统计形容词、动词出现的次数，取出现次数较多的形容词与动词放入对应实体的属性库当中，过程见图 7-2。

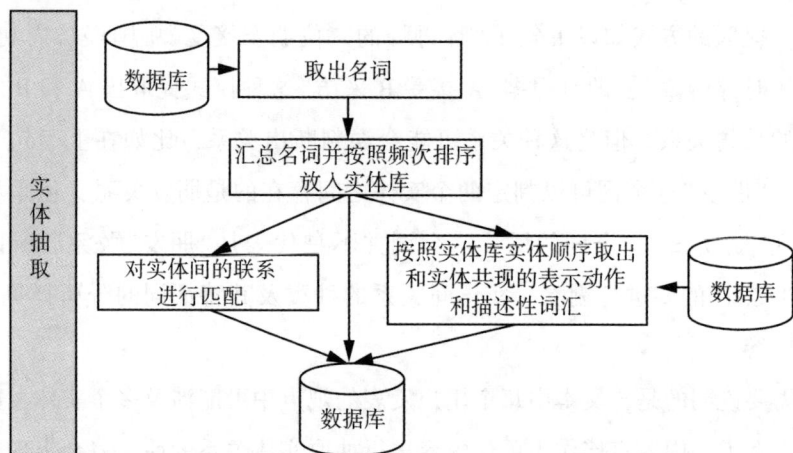

图 7-2　实体抽取流程图

7.4　聚合单元抽取实际效果检验

系统实际效果检验的方式，主要是通过系统对文本进行分析产生的分析结果，与人工对文本进行分析产生的分析结果进行比较，按照人工分析归纳的结果为标准，检验系统对文本分析的准确性①。本次采集到的样本数据是按照"疫苗"作为关键词来进行过滤的，数据总共为435条数据，时间跨度为2011年8月—2016年3月。对这些样本数据进行人工分析，归纳出每一条数据所含的内容，并对这些含义进行汇总聚合分析之后，可得出表7-7数据集内容分析表。

表 7-7 　　　　　　　　　　　**数据集内容分析表**

内容	出现次数	概率	排序
监管体系不力	43	13.27%	1
疫苗恐慌	33	10.19%	2
地方各机构自检	31	9.57%	3
案件进展	31	9.57%	3
科普疫苗知识	30	9.26%	4
严惩罪犯	30	9.26%	4
敦促机构调查	25	7.72%	5
严惩失职官员	23	7.10%	6
政府不作为	17	5.25%	7
关注宝宝	16	4.94%	8
制止谣言	12	4.01%	9
公布事件结果	10	3.09%	10
嫌疑人失联	8	2.47%	11
"山西疫苗"事件	6	1.85%	12
提防诈骗信息	5	1.54%	13
抵制市场经济	2	0.61%	14

---

① 刘明岩. 面向语义关系发现的文本挖掘研究[D]. 南京理工大学, 2010: 22-39.

续表

内容	出现次数	概率	排序
问卷调查疫苗	2	0.61%	14
总计	324	1	—

　　将表 7-7 化为实体的形式。需要对相同实体的内容进行合并，并将对应的实体属性标注出来，可得表 7-8。

表 7-8　　　　　　　　　　　　数据集内容实体表

实体名	次数	百分比	动作	描述
疫苗	71	21.52%	科普	恐慌山西
涉案人员	61	18.48%	严惩失联	—
机构	56	16.97%	自检调查	—
事件/案件	47	14.24%	进展结果	山西
监管体系	43	13.03%	—	不力
谣言/诈骗	17	5.15%	抵制	—
宝宝	16	4.85%	关注	—
市场经济	2	0.61%	抵制	—
总计	330	1	—	

　　从表 7-8 看出，有较多的人关注的是"疫苗以后还要不要打""打了之后安不安全"，对疫苗的安全问题比较关注，同时带有恐慌心理，比如某用户发布的"已注射完的疫苗，如何追本溯源查询厂家？即将要注射的疫苗，还要不要打？"就是典型该类型。同时也有一些用户发布关于疫苗的科普知识。网民关注较多的，诉求较高的是要求严惩涉案人员、有关部门对本次案件进行调查、对疫苗进行自我排查和要求了解事件进展和结果，根据频率统计可以分析出网民观点倾向，见图 7-3。

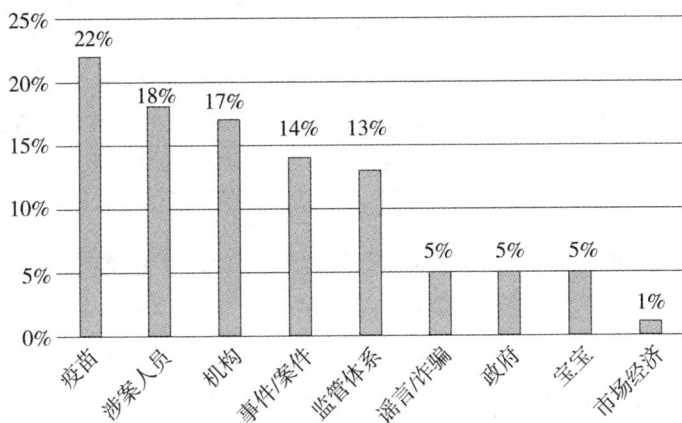

图 7-3 山东疫苗事件网友诉求比例

对于人工分析出来的结果，内容主要依赖于分析者对网民生成内容（UCG）句义段落的理解，并对其进行归类的准确性。人工分析的结果好处是归纳出的结果比较准确，但是耗时较久。如果是用网络舆情动态分析器分析，速度很快，分析出来的结果见表7-9。

表 7-9　　　　　　　　　　舆情实体及属性初步分析表

实体名	次数	百分比	动作（出现频次）	描述（出现频次）
疫苗	1042	15.02%	接种(92) 监管(46) 打(41) 关注(40) 说(38) 经营(38) 流入(34) 发酵(29) 看(25)	安全(30) 大(20) 恐慌(16) 假(16) 紧急(14) 重大(13) 广泛(12) 卫生(11) 健康(10)
事件	525	7.57%	接种(52) 关注(40) 监管(36) 经营(34) 说(32) 发生(30) 发酵(28) 问(25)	安全(21) 大(19) 重大(18) 恐慌(15) 广泛(14) 假(12) 卫生(9) 紧急(8) 好(8)
山东	487	7.02%	接种(50) 关注(42) 经营(37) 说(33) 监管(33) 发酵(26) 发生(25)问(24)	大(16) 安全(15) 重大(13) 恐慌(12) 假(12) 广泛(11) 卫生(9) 紧急(8) 好(8)

211

续表

实体名	次数	百分比	动作(出现频次)	描述(出现频次)
问题	231	3.33%	接种(30) 经营(22) 关注(21) 已查实(21) 监管(20) 说(18) 流入(18) 未发现(16)	安全(14) 重大(12) 恐慌(9) 广泛(9) 卫生(6) 紧急(5) 假(5) 深入(4) 不良(4)
人	194	2.80%	经营(31) 接种(30) 已查实(21) 监管(21) 说(21) 犯罪(16) 存在(14) 流向(13)	大(15) 重大(15) 安全(8) 近(5) 真(5) 严厉(5) 深入(4) 多(4) 紧急(4)
孩子	70	1.00%	接种(18) 打(11) 请(5) 带(4) 转发(4) 没有(4) 能(4) 希望(3) 救救(3) 是否(3) 说(3)	健康(8) 安全(7) 及时(3) 小(3) 危险(2) 恐慌(2) 不良(2) 可爱(2) 大(1) 黑(1)
中国	67	0.97%	发生(9) 出现(6) 监管(4) 相关(4) 犯罪(4) 报道(4) 卖(4) 洗(3) 会(3) 问(3) 还有(3)	假(3) 规范(2) 先进(2) 全(2) 极大(2) 完全(2) 好(2) 最新(2) 近(2) 健康(1) 大(1)
事	60	0.86%	接种(57) 关注(41) 经营(36) 监管(36) 说(33) 发生(31) 发酵(28) 问(25) 看(23)	安全(24) 大(21) 重大(18) 恐慌(16) 广泛(14) 假(12) 卫生(9) 健康(9) 紧急(8)
国家	49	0.71%	经营(20) 已查实(20) 说(11) 监管(16) 接种(12) 分析(10) 梳理(10) 涉嫌(10) 购进(10)	重大(10) 统一(3) 安全(3) 多(2) 不冷(1) 盲目(1) 健康(1) 大(1) 具体(1)

根据表 7-9 舆情实体及属性初步分析表的前 9 个实体为例,可以看出在创建这个实体库的时候有较多的冗余,比如在这个实体库当中的实体"中国"和"国家"其实是同一个实体。而"山东"和"事件"这两个实体出现的行为和描述属性其实都十分类似,因此,可以将这两个实体进行合并,如表 7-10。

在疫苗舆情信息中网民关注的实体主要是"疫苗""山东事件"。网民主要关注接种疫苗、打疫苗、经营疫苗和疫苗的监管这几个范畴。从描述当中可以得到网民比较关心"假疫苗"的安全问题,同时也看出网民对疫苗产生了恐慌的心理。分别对疫苗的动作分析和属性分析可以得到图 7-4 疫苗事件中实体"疫苗"属性图。

表 7-10　　　　　　　　　　　网络舆情动态分析表

实体名	次数	百分比	动作（共现频次）	描述（共现频次）
疫苗	1042	15.02%	接种(92) 监管(46) 打(41) 关注(40) 说(38) 经营(38) 流入(34) 发酵(29) 看(25)	安全(30) 大(20) 恐慌(16) 假(16) 紧急(14) 重大(13) 广泛(12) 卫生(11) 健康(10)
山东	1012	14.59%	接种(52) 关注(40) 监管(36) 经营(34) 说(32) 发生(30) 发酵(28) 问(25)	安全(21) 大(19) 重大(18) 恐慌(15) 广泛(14) 假(12) 卫生(9) 紧急(8) 好(8)
问题	231	3.33%	接种(30) 经营(22) 关注(21) 已查实(21) 监管(20) 说(18) 流入(18) 未发现(16)	安全(14) 重大(12) 恐慌(9) 广泛(9) 卫生(6) 紧急(5) 假(5) 深入(4) 不良(4)
人	194	2.80%	经营(31) 接种(30) 已查实 (21) 监管(21) 说(21) 犯罪(16) 存在(14) 流向(13)	大(15) 重大(15) 安全(8) 近(5) 真(5) 严厉(5) 深入(4) 多(4) 紧急(4)
中国	116	1.68%	经营(20) 已查实(20) 监管(20) 接种(12) 分析(10) 梳理(10) 涉嫌(10) 购进(10)	重大(10) 极大(4) 统一(3) 安全(3) 假(3) 规范(2) 先进(2) 最新(2) 健康(2)
孩子	70	1.00%	接种(18) 打(11) 请(5) 带(4) 转发(4) 没有(4) 能(4) 希望(3) 救救(3) 是否(3) 说(3)	健康(8) 安全(7) 及时(3) 小 (3) 危险(2) 恐慌(2) 不良(2) 可爱(2) 大(1) 黑(1) 高(1)
事件	60	0.86%	接种(57) 关注(41) 经营(36) 监管(36) 说(33) 发生(31) 发酵(28) 问(25) 看(23)	安全(24) 大(21) 重大(18) 恐慌(16) 广泛(14) 假(12) 卫生(9) 健康(9) 紧急(8)

在疫苗舆情信息中网民关注的实体主要是"疫苗""山东事件"。网民主

213

要关注接种疫苗、打疫苗、经营疫苗和疫苗的监管这几个范畴。从描述当中可以得到网民比较关心"假疫苗"的安全问题，同时也看出网民对疫苗产生了恐慌的心理。分别对疫苗的动作分析和属性分析可以得到图7-4疫苗事件中实体"疫苗"属性图。

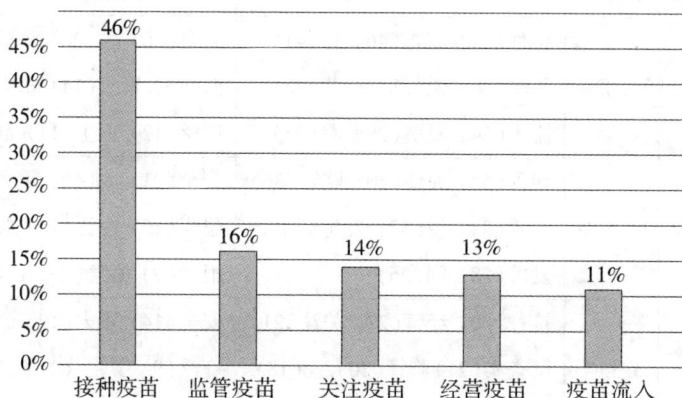

图7-4　疫苗事件中实体"疫苗"属性图

对疫苗事件中的实体进行匹配，对匹配的结果输出，然后人工筛选之后的结果，见表7-11。

从表7-11可以看出系统可以抓取出包含在用户发表内容里的语义关系，虽然在抓取的时候可能会把同句当中其他相关的实体也抓取出来，识别不出实体对应的关系。但是在设定了条件之后还是可以减少识别实体关系的工作量。根据不完全调查，人民网舆情监察等平台进行网民诉求分析时大部分是使用人工抽样的方法，抽样数据大多在300条。而在本次测试中，所使用的网络舆情信息数据所包含的句子总共是1535条，筛选出具有关系的为1260条，减少了82%的工作量，大大提高了网络舆情动态分析的效率。从关系抽取的准确性角度看，目前ACE在英文关系抽取人物测评方面的最好纪录也尚未突破40%①。对比人工抽取，在实体名称词典的辅助下，本系统的关系

———————————

① 赵琦，刘建华，冯浩然．从ACE会议看信息抽取技术的发展趋势[J]．现代图书情报技术，2008(3)：18-23.

识别准确性约为 63%。实验有效证实了本书所提方法的可行性和有效性。

表 7-11 **疫苗事件实体关系示例**

实体 1	实体 2	关系	原 句
@ adea	卫生部门	请求	@ adea：希望各地卫生部门尽快公布疫苗具体流向并通知已注射过的宝宝家长
@ adea	家长	评论	@ adea：希望各地卫生部门尽快公布疫苗具体流向并通知已注射过的宝宝家长
陈某	—	专家	昆明市妇幼保健院预防保健科副主任陈某提醒
记者	家长	采访	记者走进预防接种机构采访接种儿童的家长
母女俩	—	犯罪	最后就归结为母女俩犯罪
省	医院	买卖	6 亿假疫苗，一个省没关系能把假药卖到医院么
@ 郑勇	卫健委部长	询问	郑勇：这么大的事情，卫健委部长都不露面？
孩子	学校	成员	我记得孩子上一年级的时候，学校要查打疫苗的小绿本，如果你没有打够他们规定的针数，必须一针一针的补回来的，要不然孩子不让学，想想就心慌
外国疫苗	国产疫苗	竞争	外国疫苗竞争不过国产疫苗的
知乎用户	监管部门 医院 收货方 庞某 药监局	询问 询问 询问 询问 询问	知乎用户：毒奶粉，问题疫苗，监管部门你干啥去了？！什么级别的医院会牵涉进去？下游的收货方能够追踪吗？庞某两人是单枪匹马卖掉价值 5.7 亿的疫苗吗？她们的上下游就丝毫不知情？药监局全体人间蒸发了？

第8章 网络舆情信息聚合网络

基于本体进行网络舆情信息中的实体、实体对识别、抽取以及分类存储后，根据第7章的抽取结果，本章主要研究分析结果的聚合网络。面向应对决策的网络舆情信息聚合包括多种数据来源：网络舆情信息、政府文件、科研成果、案例库、风险评估报告等，从信息链中数据到信息、知识的增值过程的角度，需要首先建立对网络舆情信息的语境定义，实现网络舆情意见挖掘的观点聚合，即将最为繁杂的网络舆情信息(从互联网采集的用户自生成内容)的挖掘结果进行聚合。然后从用户、资源、观点信息三种维度，总结概括信息聚合网络，每种聚合网络都生成一种分析结果，由此实现网络舆情信息分析结果的可视化呈现。

8.1 网络舆情观点聚合

在网络舆情意见挖掘领域中，情感极性研究一直是近年来的研究热点，本书第7章基于本体的意见挖掘结果将网络舆情信息中出现的实体以及其属性(文本中与实体一起出现的动词和形容词，动词定义为动作属性，形容词定义为描述属性)同时提取出来，并计算其共现频次，目的是为了对其做进一步的语境分析，实现网络舆情信息中包含的观点内容的聚合。

网络舆情观点聚合主要研究一个给定的网络舆情事件数据集的观点聚合

问题，将数据集中包含的用户观点内容全面呈现，而不仅仅局限于目前研究中只挖掘其情感极性。经过聚合单元抽取之后，基于本体中的主题或关键词与其属性之间的共现关系，提取出网民意见中提及的实体以及网民对实体进行的动词或形容词描述，产生观点聚合结果，让应对决策者能在概览网民意见表达的基础上，透视其核心利益诉求。

Urkey 和 Pantel 认为，计算机几乎不能理解人类语言，因而限制了人类向计算机传达指令，计算机也不能向人类解释其交互行为，这又限制了计算机分析和处理文本的能力，语义向量空间模型（VSMs）正在逐步突破这些限制。向量空间模型主要分为三大类：基于术语-文档，基于单词-文本以及基于对模式，每种模式对应使用相应的应用程序①。

基于上下文的语义分析方法（contextual semantic approaches）已经在计算机科学中的自然语言处理和信息检索等领域中广泛使用，该方法主要通过词语共现模式来决定词语的语义，例如关联性或语义影响力，也就是通常所说的统计语义学②③，这种方法在网络舆情研究中经常用于情感分析④⑤。例如，利用点态互动信息（PMI）计算一个给定单词和一个包含 14 个积极性与消极性典型词语的平衡集（例：很好，好，差，很差）的统计相关性。如果一个单词与积极性词语的关联程度比它与消极性词语的关联程度要高，那么就将这个单词定义为积极性单词，反之亦然。尽管这种方法不需要大型词典，

① Turney P D, Pantel P. From frequency to meaning: Vector space models of semantics [J]. Journal of Artificial Intelligence Research, 2010, 37(1): 141-188.

② Turney P D, Pantel P. From frequency to meaning: Vector space models of semantics[J]. Journal of Artificial Intelligence Research, 2010, 37(1): 141-188.

③ Wittgenstein L, Schulte J. Philosophical Investigations [M]//Blackwell B. Philosophical investigations, 2004: 711-719.

④ Takamura H, Inui T, Okumura M. Extracting semantic orientation of words using spin model[J]. Ipsj Sig Notes, 2010, 2005(22): 79-86.

⑤ Turney P D, Littman M L. Measuring praise and criticism: Inference of semantic orientation from association[J]. Acm Transactions on Information Systems, 2003, 21(4): 315-346.

但是它的识别速度是非常有限的①。这主要是因为：一方面，为了检索相关词语的共现频率，基于上下文的语义分析方法使用了网络搜索引擎；更为重要的是，由于其词库中种子词语选择的有限性以及将整个网络作为其语料库，使得这种方法不能针对词语在不同领域的应用而赋予其特定的情感极性②。

在具体的文本内容中，词语级的情感挖掘面临的问题通常是其词语极性难以界定，往往是隐含地传递出其情感极性。概念化的语义分析方法使用外部的语义知识库(例如本体和语义网)以及自然语言处理技术来捕捉词语的概念化表述，Saif 等人提出将一般的概念化语义(例如"总统""公司")合并到受监督的分类器中，进而提高辨别情感极性的准确性③。

SenticNet 是一个用于情感分析的、基于概念的词典④。它包含14 000个收集自 Open Mind 语料库的细粒度概念以及与之对应的情感定位。事实证明，SenticNet 在用于传统文本中的情感探测上是很有价值的(例如：用户评论)⑤。和 SentiStrength⑥ 不同，ScienNet 并不是为像 Twitter 这类网站量身定制的。尽管概念化的语义分析方法已经比纯粹的句法分析要做得更好，但是，这一方法的应用通常局限于其基础知识库，处理规范表达的文本是效果

---

①　Xu T, Peng Q, Cheng Y. Identifying the semantic orientation of terms using S-HAL for sentiment analysis[J]. Knowledge-Based Systems，2012，35(15)：279-289.

②　Ding X, Liu B, Yu P S. A holistic lexicon-based approach to opinion mining[C]. International Conference on Web Search and Web Data Mining, WSDM 2008, Palo Alto, California, Usa, February, 2008：231-240.

③　Saif H, He Y, Fernandez M, et al. Semantic Patterns for Sentiment Analysis of Twitter[M]. The Semantic Web-ISWC，2014.

④　Cambria E, Havasi C, Hussain A. Senticnet 2：A semantic and affective resource for opinion mining and sentiment analysis[C]. FLAIRS Conference，2012：202-207.

⑤　Garcia-Moya L, Anaya-Sanchez H, Berlanga Lavori R. Retrieving Product Features and Opinions from Customer Reviews[J]. Intelligent Systems IEEE，2013，28(3)：19-27.

⑥　Thelwall M, Buckley K, Paltoglou G, et al. Sentiment strength detection in short informal text[J]. Journal of the American Society for Information Science & Technology，2011，62(2)：200-208.

较好，但是在处理具有快速的符号演变和语言变形的网民自生成数据流时，效果较差。

Saif 等人提出 SentiCircles 用于分析推特信息文本的情感倾向，采用情感词所处的上下文，计算共现情感词对在不同语境下的情感倾向以发现它们的语义关系，并把这种方法用于实体级的情感倾向挖掘与文本级的情感倾向极性分析。实验结果证明 SentiCircle 算法在文本级挖掘中体现出极好的置信度①。

本书使用实体属性共现（命名为 EntityView）方法来进行语境定义分析，其作用是通过实体的上下文语义来判断与其相关的观点内容。该方法主要是参照情感倾向分析中对某一术语的情感极性的上下文分析方法，即一个术语的情感极性的确定取决于其上下文。

本书的重点不在于分析网络舆情信息中的情感极性，而是往更深入、更具体的观点内容这一层面进行动态分析。我们将上下文定义为一个舆情信息挖掘项目所使用的文本的集合。一个实体 e，其上下文语义是通过计算它与其他属性（动词或形容词）的共现模式计算得到的。具体流程见图 8-1。

实体索引：这一步是为舆情信息文本分词结果中出现的人物实体、机构实体、地点实体、其他实体等建立索引。

实体-上下文向量生成：将文本中实体 E 的所有上下文中的实体以向量形式表示出来。给定一个网络舆情信息文本集合 $T = \{t_i \mid i = 1, 2, \cdots, n\}$，实体 e 的实体-上下文向量是指出现在 T 中任何一个文本中的、与实体 e 共现得实体属性的向量 $c = (c_1, c_2, c_3, \cdots, c_n)$。实体 e 的上下文语义是由它与每一个上下文中的属性 $c_i \in c$ 的语义相关性所决定的。本书通过赋予 c_i 的两个主要特征，计算出实体 e 与每一个上下文属性 c_i 的语义相关性。

上下文特征生成：计算出每一个实体与文本中其他所有属性的相关程度，即计算实体属性相关程度（EFOC）。这一特征表示实体 e 与其上下文中

---

① Saif H, He Y, Fernandez M, et al. Contextual semantics for sentiment analysis of Twitter[J]. Information Processing & Management, 2015, 52(1): 5-19.

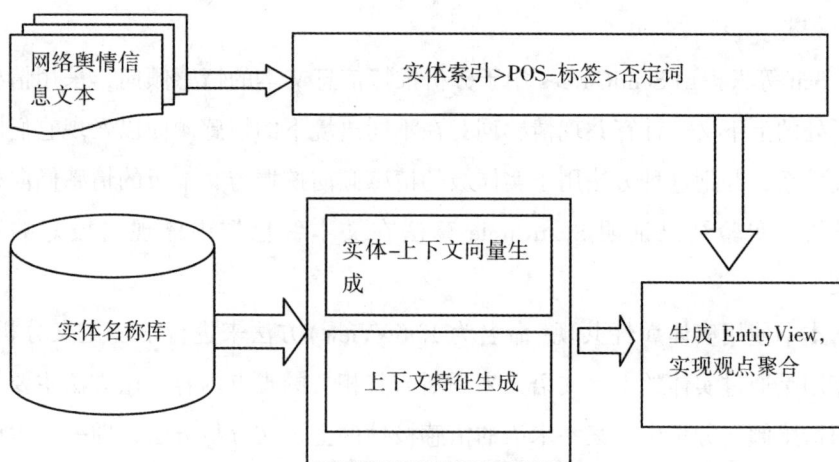

图 8-1　网络舆情观点聚合流程图

的术语$c_i \in c$(即：c_i对于e的重要程度)之间的相关程度。根据关联规则挖掘的基本原理，网络舆情信息中的实体属性关系挖掘中，实体与其属性之间存在关联关系的支持度为这两个概念同时出现的资源数与两个概念出现的资源总数之比。同时受 TF-IDF 权值模式的启发，我们对这一特征值的计算如下：

$$\text{EFOC}(e, c_i) = f(c_i, e) * \log \frac{N}{N_{c_I}} \tag{8-1}$$

其中，$f(c_i, e)$表示c_i与实体e在文本集合中的共现频率，N表示文本中实体的总数，N_{c_i}表示与c_i共现的实体的总数。

例如，根据第 7 章的实体属性抽取结果可以进行以下计算：

1)与"疫苗"实体共现的动作属性"流入"，两者在文本集中的共现次数为 34，与"疫苗"实体共现的动作属性对一共 383 次，实体动作属性对(流入，疫苗)的共现频率为 34/383，文本中出现的实体个数共 2725 个，与"流入"共现的实体的个数为 52 个，则：实体动作属性相关度 EFOC(疫苗，流入)=(34/383)*log(2725/52)= 0. 153，构成实体属性聚合的三元组表示为

<疫苗，流入，0.153>。

2）与"疫苗"实体共现的动作属性"接种"，两者中文本集中的共现次数为92，与"疫苗"实体共现的动作属性对一共383次，实体动作属性对（接种，疫苗）的共现频率为92/383，文本中出现的实体个数共2725个，与"接种"共现的实体的个数为291个，则：实体动作属性相关度EFOC（疫苗，接种）=（92/383）* log（2725/291）= 0.233，构成实体属性聚合的三元组表示为<疫苗，接种，0.233>。

3）与"疫苗"实体共现的描述属性"安全"，两者在文本集中的共现次数为30，与"疫苗"实体共现的描述属性对一共142次，实体描述属性对（安全，疫苗）的共现频率为30/142，文本中出现的实体个数共2725个，与"安全"共现的实体的个数为107个，则实体描述属性相关度EFOC（安全，疫苗）=（30/142）* log（2725/107）= 0.296，构成实体属性聚合的三元组表示为<疫苗，安全，0.296>。

4）与"孩子"实体共现的描述属性"安全"，两者在文本集中的共现次数为7，与"孩子"实体共现的描述属性对一共27次，实体描述属性对（安全，孩子）的共现频率为7/27，文本中出现的实体个数共2725个，与"安全"共现的实体的个数为107个，则实体描述属性相关度EFOC（安全，孩子）=（7/27）* log（2725/107）= 0.365，构成实体属性聚合的三元组表示为<孩子，安全，0.365>。

根据以上四个EFOC值，可以比较"疫苗"实体与"安全""流入""接种"等属性之间的相关性大小，以及可以比较"安全"这一属性对实体"疫苗""孩子"的重要性大小，详见图8-2和图8-3。

EFOC值的计算公式参照的是TFIDF的主要思想：如果某个词或短语在一篇文章中出现的频率高，并且在其他文章中很少出现，则认为此词或者短语具有很好的类别区分能力，适合用来分类。也就是说，在属性对识别中，如果实体的某个属性与该实体同时出现的频率高，并且与其他实体较少共现，则认为该属性对该实体具有较强的相关性，可以用来类别区分相应的观

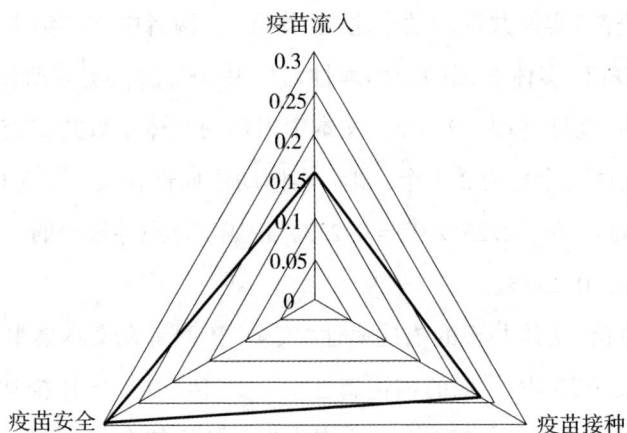

图 8-2　实体"疫苗"的属性相关度大小比较

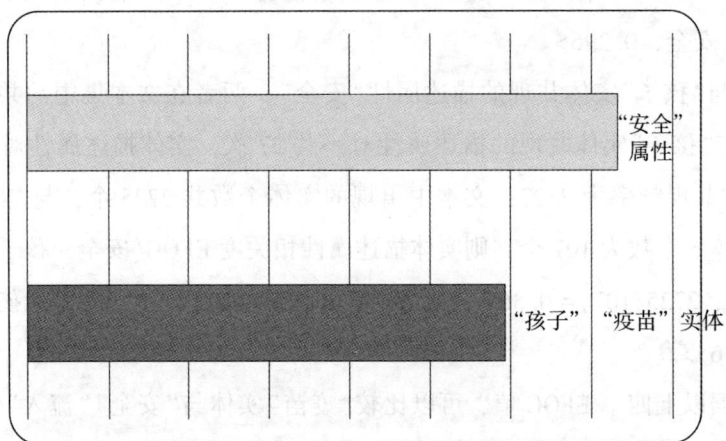

图 8-3　"安全"属性与"孩子""疫苗"实体的相关度大小比较

点，因此，EFOC 值是进行细粒度观点聚合的重要参照值。根据实体属性相关度 EFOC 的值，可以判断特定属性对某一实体的重要程度，换言之，实体属性相关度的值越大，证明该属性 c_1 对该实体 e_1 越重要，与其他实体 e_2、e_3 等相比，用户认为属性 c_1 与实体 e_1 的相关性越大。

以上分析表明，基于 EFOC 值的大小，进行实体动作属性以及实体描述属性配对的排序，可以实现对网络舆情信息中包含的网民观点内容的聚合，使网络舆情意见挖掘不再只是停留在共现词频统计，或者情感倾向极性值分析的层面，而是可以以具有相关度值的观点内容形式呈现给决策者，使其快速、准确抓住用户对各类型实体的关注焦点、对特定实体关注的主要方面等，有的放矢地制定应对决策方案。

8.2 网络舆情信息聚合模式

网络舆情信息聚合的目标是为了实现信息到知识的增值，也就是从抽取出的聚合信息单元中发现信息与信息之间显露或隐含的关系、规律等，为辅助决策提供知识。本节着重探讨信息计量学和网络计量学中的共现分析方法与耦合分析方法，信息组织方法中的主题与非主题特征，以及本体模型中的实体关系在网络舆情信息聚合中的应用，剖析网络舆情信息资源聚合的模式。

网络舆情信息聚合模式需要综合考虑用户数据、资源数据和主题数据三个维度中的主题特征与非主题特征，从聚合的维度来看，可以分为用户数据-用户数据、资源数据-资源、数据、主题数据-主题数据三类一维聚合，用户数据-资源数据、用户数据-主题数据、资源数据-主题数据三类二维聚合，以及用户数据-资源数据-主题数据三维聚合。网络舆情事件本体中包含七个大类，这七种大类之间存在多种关联关系。从聚合依据选择的要素来看，可以划分为不添加时间轴的聚合模式(见表 8-1)与添加时间轴的聚合模式(见表 8-2)。这两种聚合模式可以为网络舆情应对决策者提供纵向与横向、宏观与微观的舆情分析结果，便于根据决策需求进行舆情分析结果的可视化呈现与交互。

表 8-1 　　　　　　　　　　　　　**不添加时间轴的聚合模式**

聚合网络	关联维度	共现路径	聚合依据
基于人物关联的聚合	资源-资源	被评论者-被评论者共现	人物-人物关系分析
	用户-资源	评论者-被评论者共现	人物-人物关系分析
基于机构关联的聚合	资源-资源	被评论机构-被评论机构共现	机构-机构关系分析
	用户-资源	评论机构-被评论机构共现	机构-机构关系分析
基于人物-机构关联的聚合	资源-资源	被评论者-被评论机构共现	人物-机构关系分析
	用户-资源	评论者-被评论机构共现	人物-机构关系分析
	用户-资源	评论机构-被评论者共现	人物-机构关系分析
基于人物-地点关联的聚合	资源-资源	被评论者-地点共现	人物地点耦合分析
	用户-资源	评论者-地点共现	人物地点耦合分析
	用户-用户	评论者-来源 IP 共现	人物地点耦合分析
基于地点关联的聚合	用户-资源	来源 IP-地点共现	密度分析
	资源-资源	地点-地点共现	密度分析
基于机构-地点关联的聚合	资源-资源	被评论机构-地点共现	机构地点耦合分析
	用户-资源	评论机构-地点共现	机构地点耦合分析
基于人物-主题关联的聚合	资源-主题	被评论者-关键词共现	人物关键词耦合分析
	用户-主题	评论者-关键词共现	人物关键词耦合分析
基于机构-主题关联的聚合	资源-主题	被评论机构-关键词共现	机构关键词耦合分析
	用户-主题	评论机构-关键词共现	机构关键词耦合分析
基于地点-主题关联的聚合	资源-主题	地点-关键词共现	地点关键词耦合分析
	用户-主题	来源 IP-关键词共现	地点关键词耦合分析

续表

聚合网络	关联维度	共现路径	聚合依据
基于主题关联的聚合	主题-主题	关键词-关键词共现	共词分析
基于来源平台关联的聚合	资源-资源	来源平台-来源平台共现	密度分析
基于人物-来源平台关联聚合	资源-资源	被评论者-来源平台共现	人物来源平台耦合分析
	用户-资源	评论者-来源平台共现	人物来源平台耦合分析
基于机构-来源平台关联聚合	资源-资源	被评论机构-来源平台共现	机构来源平台耦合分析
	用户-资源	评论机构-来源平台共现	机构来源平台耦合分析
基于地点-来源平台关联聚合	资源-资源	地点-来源平台共现	地点来源平台耦合分析
	用户-资源	来源 IP-来源平台共现	地点来源平台耦合分析
基于主题-来源平台关联聚合	主题-资源	关键词-来源平台共现	主题来源平台耦合分析

8.2.1 不添加时间轴的聚合模式

不添加时间轴的模式下，网络舆情信息聚合网络、聚合数据关联维度、共现路径以及聚合依据详见表 8-1。

8.2.1.1 基于人物关联的聚合

基于人物关联的聚合的共现路径是人物-人物共现，根据数据来源差异可以将人物划分为来自用户数据库的"评论者"，即信息的创建者，以及来自

225

资源数据库的"被评论者"，即从文本内容中挖掘得到的人物实体。聚合依据是从网络舆情动态分析中抽取得到的人物-人物关系类型，例如"评论者-被评论者"的聚合依据可能来自人物关系中的评论关系、询问关系、请求关系等，"被评论者-被评论者"的聚合依据可能来自人物关系中的家人关系、证据关系、犯罪关系、朋友关系、合作关系、工作关系、采访关系、校友关系、师生关系、委托关系、贿赂关系、纠纷关系、竞争关系、邻居关系、师徒关系、买卖关系、赠予关系、医患关系等。对人物关系的准确识别是有效进行人物关联聚合的重要基础。

基于人物关联的聚合的目的旨在识别潜在的用户群体，进行人群划分。通过被评论者与被评论者的共现，可以发现被评论的人物之间存在的关系网络。通过评论者与被评论者的共现，可以发现对被评论的人物的关注人群的分布情况，或者发现特定评论者所关注的对象人物群体。

8.2.1.2　基于机构关联的聚合

基于机构关联的聚合的共现路径是机构-机构共现，根据数据来源差异可以将机构划分为来自用户数据库的"评论机构"，即信息的创建机构，以及来自资源数据库的"被评论机构"，即从文本内容中挖掘得到的机构实体。聚合依据是从网络舆情动态分析中抽取得到的机构-机构关系类型，例如"评论机构-被评论机构"的聚合依据可能来自机构关系中的评论关系、询问关系、请求关系等，"被评论机构-被评论机构"的聚合依据可能来自机构关系中的敌对关系、合作关系、流向关系、竞争关系、委托关系、契约关系、总部分部关系等。对机构关系的准确识别是有效进行机构关联聚合的重要基础。

基于机构关联的聚合的目的旨在识别潜在的机构群体，进行机构群体划分。通过被评论机构与被评论机构的共现，可以发现被评论的机构之间存在的关系网络。通过评论机构与被评论机构的共现，可以发现对被评论的机构的关注机构的分布情况，或者发现特定评论机构所关注的对象机构群体。

8.2.1.3 基于人物-机构关联的聚合

基于人物-机构关联的聚合的共现路径是人物-机构共现，根据数据来源差异可以将人物、机构划分为来自用户数据库的"评论者""评论机构"，即信息的创建者或机构，以及来自资源数据库的"被评论者""被评论机构"，即从资源文本内容中挖掘得到的人物或机构实体。聚合依据是从网络舆情动态分析中抽取得到的人物-机构关系类型，例如"评论机构-被评论者""评论者-被评论机构"的聚合依据可能来自人物-机构关系中的评论关系、询问关系、请求关系等，"被评论者-被评论机构"的聚合依据可能来自人物-机构关系中的首脑关系、采访关系、成员关系、证据关系、工作单位关系、纠纷关系、住所关系、委托关系、医患关系等。对人物-机构关系的准确识别是有效进行人物-机构关联聚合的重要基础。

基于人物-机构关联的聚合的目的旨在识别潜在的人物或机构群体，进行人物或机构群体划分。通过被评论机构与被评论者的共现，以被评论人物或被评论机构为中心，可以发现被评论的人物与机构之间存在的关系网络。通过评论者与被评论机构的共现，可以发现特定用户关注的机构群体，或者对特定机构的关注用户群体。通过评论机构与被评论者的共现，可以发现对被评论的人物的关注机构的分布情况，或者发现特定评论机构所关注的对象人物群体。

8.2.1.4 基于人物-地点关联的聚合

基于人物-地点关联的聚合的共现路径是人物-地点共现，根据数据来源差异可以将人物、地点划分为来自用户数据库的"评论者""用户来源 IP 对应的地点"，即信息的创建者或用户所在地，以及来自资源数据库的"被评论者""被评论地点"，即从资源文本内容中挖掘得到的人物或地点实体。共现路径包括三种："被评论者-地点"共现、"评论者-来源 IP"共现、"评论者-来源 IP"共现。聚合依据是进行人物要素与地点要素的耦合分析，通过耦合关系来建立两者之间的网络关系，聚合网络原理如图 8-4 所示。

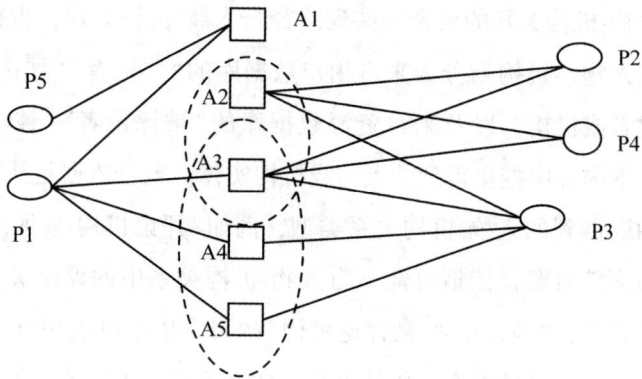

图 8-4　人物-地点聚合网络原理

在图 8-4 中，人物 P1 与地点 A1、A3、A4、A5 共现，人物 P2 与地点
A2、A3 共现，人物 P3 与地点 A2、A3、A4、A5 共现，人物 P4 与地点 A2、
A3 共现，人物 P5 与地点 A1 共现，则人物 P2、P3、P4 存在着地点 A2、A3
的耦合，人物 P1、P3 存在着地点 A3、A4、A5 的耦合，人物 P1、P5 存在
着地点 A1 的耦合。由此，多个人物形成了基于地点耦合的聚合网络。同理
亦可生成多个地点基于人物耦合的聚合网络。

基于人物-地点关联的聚合的目的旨在识别潜在的人物或地点之间的关
系，进行人物或地点群体划分。通过被评论者与地点的共现，以被评论人物
或地点为中心，可以发现被评论的人物与地点之间存在的关系网络。通过评
论者与地点的共现，可以发现特定用户关注的地理空间，或者对特定区域的
关注用户的群体分布。通过评论者与其来源 IP 对应地点的共现，可以发现
参与网络舆情事件的评论用户的来源地分布情况，或者发现特定来源地的评
论者的群体分布情况。

8.2.1.5　基于地点关联的聚合

基于地点关联的聚合的共现路径是地点-地点共现，根据数据来源差异

可以将地点划分为来自用户数据库的"用户来源 IP 对应的地点",即信息创建者的所在地,以及来自资源数据库的"被评论地点",即从资源文本内容中挖掘得到的地点实体。共现路径包括两种:"地点-地点"共现、"地点-来源IP"共现。聚合关系的计算方法是采用密度分析方法,通过密度来显示地点与地点之间的紧密联系程度。

基于地点关联的聚合的目的旨在识别潜在的地点之间的关系,进行地点群划分。通过被评论的地点与地点的共现,可以发现用户关注的地点与地点之间存在的关系网络。通过评论者来源地与地点的共现,可以发现特定来源地的用户关注的地理空间的情况,或者对特定区域的关注用户的地理空间分布,识别出网络舆情事件参与用户的地理分布。

8.2.1.6 基于机构-地点关联的聚合

基于机构-地点关联的聚合的共现路径是机构-地点共现,根据数据来源差异可以将机构划分为来自用户数据库的"评论机构",即信息的创建机构,以及来自资源数据库的"被评论机构""被评论地点",即从资源文本内容中挖掘得到的机构或地点实体。共现路径包括两种:"被评论机构-地点"共现、"评论机构-地点"共现。聚合依据是进行机构要素与地点要素的耦合分析,通过耦合关系来建立两者之间的网络关系。

基于机构-地点关联的聚合的目的旨在识别机构与地点之间潜在的关系,进行地点群或机构群划分。通过被评论的机构与地点的共现,可以发现用户关注的地点与机构之间存在的关系网络,揭示被评论机构的区域分布特征。通过评论机构与地点的共现,可以发现机构关注的地理空间的情况,或者对特定区域的关注机构群体。

8.2.1.7 基于人物-主题关联的聚合

基于人物-主题关联的聚合的共现路径是人物-关键词共现,根据数据来源差异可以将人物划分为来自用户数据库的"评论者",即信息的创建者,来自资源数据库的"被评论者",即从资源文本内容中挖掘得到的人物实体。共现路径包括两种:"被评论者-关键词"共现、"评论者-关键词"共现。聚合依据是进行人物要素与关键词要素的耦合分析,通过耦合关系来建立两者之间的网络关系。

基于人物-主题关联的聚合的目的旨在识别人物与主题之间潜在的关系。通过被评论的人物与关键词的共现,揭示与被评论者相关的观点,发现用户对关注的人物发表了哪些观点,在某种程度上可以反映出用户对被评论人物的关注焦点或看法。通过评论者与关键词的共现,可以发现评论者的信息表达与传递的情况,揭示潜在共识人物群体或用户关注的主题热点等。

8.2.1.8 基于机构-主题关联的聚合

基于机构-主题关联的聚合的共现路径是机构-关键词共现,根据数据来源差异可以将机构划分为来自用户数据库的"评论机构",即信息的创建机构,来自资源数据库的"被评论机构",即从资源文本内容中挖掘得到的机构实体,以及来自主题数据库的关键词。共现路径包括两种:"被评论机构-关键词"共现、"评论机构-关键词"共现。聚合依据是进行机构要素与关键词要素的耦合分析,通过耦合关系来建立两者之间的网络关系。

基于机构-主题关联的聚合的目的旨在识别机构与主题之间潜在的关系。通过被评论的机构与关键词的共现,揭示与被评论机构相关的观点,发现用户对关注的机构发表了哪些观点,在某种程度上可以反映出用户对被评论机构的关注焦点或看法。通过评论机构与关键词的共现,可以发现评论机构的信息表达与传递的情况,揭示潜在共识机构群体或机构关注的主题热点等。

8.2.1.9 基于地点-主题关联的聚合

基于地点-主题关联的聚合的共现路径是地点-关键词共现,根据数据来源差异可以将地点划分为来自用户数据库的"来源 IP 对应的地点",即信息创建者的来源地,来自资源数据库的"被评论的地点",即从资源文本内容中挖掘得到的地点实体，以及来自主题数据库的关键词。共现路径包括两种："地点-关键词"共现、"来源 IP 对应的地点-关键词"共现。聚合依据是进行地点要素与关键词要素的耦合分析，通过耦合关系来建立两者之间的网络关系。

基于地点-主题关联的聚合的目的旨在识别地点与主题之间潜在的关系。通过被评论的地点与关键词的共现，揭示被评论的地点相关的观点，发现用户对关注的地点发表了哪些观点，在某种程度上可以反映出用户对被评论地点的关注焦点或看法。通过来源 IP 地点与关键词的共现，可以发现与地方相关的信息表达与传递的情况，揭示潜在共识群体的地区分布，或特定地区用户关注的主题热点等。

8.2.1.10 基于主题关联的聚合

基于主题关联的聚合的共现路径是关键词-关键词共现，只需要使用来自主题数据库的关键词进行一维关联。聚合依据是进行关键词要素之间的共词分析，通过对反应文本主题内容的关键词进行统计分析，研究文本内容之间的内在联系和主题结构。在本书 9.1 节中，使用 EFOC 值来实现观点聚合，即是基于主题关联的聚合内容的一部分，用于处理通过实体及其属性关联的观点聚合，对于非实体或实体属性的关键词，则使用共词分析来完成。基于主题关联的聚合目的旨在发现话题主题、讨论热点、观点分布。

8.2.1.11 基于来源平台关联的聚合

基于来源平台关联的聚合的共现路径是来源平台-来源平台共现，只需要使用来自资源数据库的来源平台进行一维关联。聚合依据是进行来源要素之间的密度分析。基于来源平台关联的聚合的目的旨在通过对记录文本来源的平台数据的密度统计，发现来源平台之间的相关性，及其对话题演变趋势的影响。

8.2.1.12 基于人物-来源平台关联的聚合

基于人物-来源平台关联的聚合的共现路径是人物-来源平台共现，根据数据来源差异可以将人物划分为来自用户数据库的"评论者"，即信息的创建者，来自资源数据库的"被评论者"，即从资源文本内容中挖掘得到的人物实体。共现路径包括两种："被评论者-来源平台"共现、"评论者-来源平台"共现。聚合依据是进行人物要素与来源要素的耦合分析，通过耦合关系来建立两者之间的网络关系。

基于人物-来源平台关联的聚合的目的旨在识别人物与来源平台之间潜在的关系。通过被评论的人物与来源平台的共现，揭示被评论者相关的平台，发现用户在何种平台关注哪些人物。通过评论者与来源平台的共现，可以发现评论者的平台使用情况，揭示哪些用户使用何种平台，进行平台的用户群体划分。

8.2.1.13 基于机构-来源平台关联的聚合

基于机构-来源平台关联的聚合的共现路径是机构-来源平台共现，根据数据来源差异可以将机构划分为来自用户数据库的"评论机构"，即信息的创建机构，来自资源数据库的"被评论机构"，即从资源文本内容中挖掘得到的机构实体。共现路径包括两种："被评论机构-来源平台"共现、"评论机构-来源平台"共现。聚合依据是进行机构要素与来源要素的耦合分析，通过耦合关系来建立两者之间的网络关系。

基于机构-来源平台关联的聚合的目的旨在识别机构与来源平台之间潜在的关系。通过被评论的机构与来源平台的共现，揭示被评论机构相关的平台，发现用户在何种平台关注哪些机构。通过评论机构与来源平台的共现，可以发现评论机构的平台使用情况，揭示哪些机构使用何种平台，从而进行平台的机构群体划分。

8.2.1.14 基于地点-来源平台关联的聚合

基于地点-来源平台关联的聚合的共现路径是地点-来源平台共现，根据数据来源差异可以将地点划分为来自用户数据库的"来源 IP 对应的地点"，即信息创建者的来源地，来自资源数据库的"（被评论）地点"，即从资源文本内容中挖掘得到的地点实体。共现路径包括两种："地点-来源平台"共现、"来源 IP-来源平台"共现。聚合依据是进行地点要素与来源要素的耦合分析，通过耦合关系来建立两者之间的网络关系。

基于地点-来源平台关联的聚合的目的旨在识别地点与来源平台之间潜在的关系。通过被评论的地点与来源平台的共现，揭示被评论地点相关的平台，发现用户在何种平台关注哪些地点。通过来源 IP 与来源平台的共现，可以发现区域用户的平台使用情况，揭示哪些地方的用户使用何种平台，进行平台的地点群体划分。

8.2.1.15 基于主题-来源平台关联的聚合

基于主题-来源平台关联的聚合的共现路径是关键词-来源平台共现，使用资源数据库的"来源平台"与主题数据库的"关键词"进行二维关联，聚合依据是进行关键词要素与来源要素的耦合分析，通过耦合关系来建立两者之间的网络关系。

基于主题-来源平台关联的聚合的目的旨在识别主题与来源平台之间潜在的关系。通过关键词与来源平台的共现，揭示与主题相关的平台，或者与平台相关的主题，发现用户在何种平台发表了哪些观点、讨论了哪些主题。

8.2.2 基于时间轴的主题聚合模式

基于时间轴的网络舆情信息聚合网络、聚合数据关联维度、共现路径以及聚合依据详见表 8-2。

8.2.2.1　基于时间轴的人物-主题关联聚合

基于时间轴的人物-主题关联的聚合的共现路径是时间-人物-关键词共现，根据数据来源差异可以将人物划分为来自用户数据库的"评论者"，即信息的创建者，来自资源数据库的"被评论者"，即从资源文本内容中挖掘得到的人物实体。共现路径包括两种："被评论者-时间-关键词"共现、"评论者-时间-关键词"共现。聚合依据是按照时间刻度进行人物要素与关键词要素的耦合分析，时间要素可以日、周、月、年为刻度，根据时间刻度计算人物要素与关键词要素的耦合关系，呈现人物-主题关联随时间变化的状态。

基于时间轴的人物-主题关联的聚合的目的旨在揭示随着时间的变化，人物与主题之间潜在的关系变化趋势。通过被评论的人物与关键词的共现随时间变化的趋势，揭示与被评论者相关的观点的变化，在某种程度上可以反映出用户对被评论人物的关注焦点或看法的变化状态。通过评论者与关键词的共现随时间变化的趋势，可以发现评论者的信息表达与传递情况的变化发展，揭示潜在共识人物群体或用户关注的主题热点的变化等。

表 8-2　　　　　　　　　　　**基于时间轴的主题聚合模式**

聚合网络	关联维度	共现路径	聚合依据
基于时间轴的人物-主题关联聚合	资源-主题	被评论者-时间-关键词共现	人物关键词耦合分析
	用户-资源-主题	评论者-时间-关键词共现	
基于时间轴的机构-主题关联聚合	资源-主题	被评论机构-时间-关键词共现	机构关键词耦合分析
	用户-资源-主题	评论机构-时间-关键词共现	
基于时间轴的地点-主题关联聚合	资源-主题	地点-时间-关键词共现	地点关键词耦合分析
	用户-资源-主题	来源 IP-时间-关键词共现	
基于时间轴的来源平台-主题关联聚合	资源-主题	来源平台-时间-关键词共现	平台关键词耦合分析
基于时间轴的主题关联聚合	资源-主题	关键词-时间-关键词共现	共词分析

8.2.2.2 基于时间轴的机构-主题关联聚合

基于时间轴的机构-主题关联的聚合的共现路径是时间-机构-关键词共现，根据数据来源差异可以将机构划分为来自用户数据库的"评论机构"，即信息的创建机构，来自资源数据库的"被评论机构"，即从资源文本内容中挖掘得到的机构实体。共现路径包括两种："被评论机构-时间-关键词"共现、"评论机构-时间-关键词"共现。聚合依据是按照时间刻度进行机构要素与关键词要素的耦合分析，时间要素可以日、周、月、年为刻度，根据时间刻度计算机构要素与关键词要素的耦合关系，呈现机构-主题关联随时间变化的状态。

基于时间轴的机构-主题关联的聚合的目的旨在揭示随着时间的变化，机构与主题之间潜在的关系变化趋势。通过被评论的机构与关键词的共现随时间变化的趋势，揭示与被评论机构相关的观点的变化，在某种程度上可以反映出用户对被评论机构的关注焦点或看法的变化状态。通过评论机构与关键词的共现随时间变化的趋势，可以发现评论的机构的信息表达与传递情况的变化发展，揭示潜在共识机构群体或机构关注的主题热点的变化等。

8.2.2.3 基于时间轴的地点-主题关联聚合

基于时间轴的地点-主题关联的聚合的共现路径是时间-地点-关键词共现，根据数据来源差异可以将地点划分为来自用户数据库的"来源 IP 对应的地点"，即信息创建者的来源地，来自资源数据库的"（被评论）地点"，即从资源文本内容中挖掘得到的地点实体。共现路径包括两种："地点-时间-关键词"共现、"来源 IP-时间-关键词"共现。聚合依据是按照时间刻度进行地点要素与关键词要素的耦合分析，时间要素可以日、周、月、年为刻度，根据时间刻度计算地点要素与关键词要素的耦合关系，呈现地点-主题关联随时间变化的状态。

基于时间轴的地点-主题关联的聚合的目的旨在揭示随着时间的变化，

地点与主题之间潜在的关系变化趋势。通过被评论的地点与关键词的共现随时间变化的趋势，揭示与被评论者相关的地点的变化，在某种程度上可以反映出用户对被评论地点的关注焦点或看法的变化状态。通过来源 IP 对应地点与关键词的共现随时间变化的趋势，可以发现特定地区的用户的信息表达与传递情况的变化发展，揭示用户因来源地不同而产生的关注的主题热点的差异及其变化情况等。

8.2.2.4　基于时间轴的来源平台-主题关联聚合

基于时间轴的来源平台-主题关联的聚合的共现路径是时间-来源平台-关键词共现，使用资源数据库的"来源平台""时间"与主题数据库的"关键词"进行二维三元关联。聚合依据是按照时间刻度进行来源平台要素与关键词要素的耦合分析，时间要素可以日、周、月、年为刻度，根据时间刻度计算来源平台要素与关键词要素的耦合关系，呈现来源平台-主题关联随时间变化的状态。

基于时间轴的来源平台-主题关联的聚合的目的旨在揭示随着时间的变化，来源平台与主题之间潜在的关系变化趋势，揭示与主题相关的平台，或者与平台相关的主题的动态发展过程，发现用户在什么时间、何种平台发表了哪些观点、讨论了哪些主题。

8.2.2.5　基于时间轴的主题关联聚合

基于时间轴的主题关联的聚合的共现路径是时间-关键词-关键词共现，使用资源数据库的"时间"与主题数据库的"关键词"进行二维关联。聚合依据是按照时间刻度进行关键词要素的共词分析，时间要素可以日、周、月、年为刻度，根据时间刻度计算关键词要素之间的共词关系，呈现主题关联随时间变化的状态。

基于时间轴的主题关联的聚合的目的旨在揭示随着时间的变化，来源平台与主题之间潜在的关系变化趋势，发现话题主题、讨论热点、观点分布随着时间的变化产生了怎样的变化发展，聚合结果可用作跟进话题、监测舆情与预测趋势等。

8.3 信息聚合网络实例

(1)基于共现耦合的信息聚合网络

根据 9.1 节对实体及其属性之间的 EFOC 值算法，对第 6 章所选语料中的 100 个网民评论进行聚合单元的抽取，并根据聚合模式计算部分聚合单元对之间的 EFOC 值，表 8-3 所示为机构-关键词的 EFOC 值矩阵，表 8-4 所示为矩阵中所用的机构名称和关键词代码的对应名称，根据表 8-3 构建的机构-关键词聚合网络实例如图 8-5 所示，图中直观地展现了机构与关键词之间的聚合关系，根据图中边的宽度和位置可以看出，机构 1 和机构 5 可以聚合成一个子群，机构 3 和机构 6 可以凝聚成一个子群，机构 2 与机构 1、3、5、6之间没有紧密联系。而如果采用单纯统计共现词频的方式来分析，则只能分析出单独的机构与其对应的关键词之间的关系。

表 8-3 机构-关键词的 EFOC 值矩阵

	ORZ1	ORZ2	ORZ3	ORZ4	ORZ5	ORZ6	…
TAG1	0.421	0.128	0	0	0.357	0	
TAG2	0.128	0	0	0	0.294	0	
TAG3	0.409	0	0	0	0.438	0	
TAG4	0.103	0	0	0	0.008	0	
TAG5	0.236	0	0.206	0	0	0.399	
TAG6	0	0	0.115	0	0	0.328	
TAG7	0	0	0.259	0	0	0.29	
TAG8	0	0.103	0.097	0	0	0.12	

续表

	ORZ1	ORZ2	ORZ3	ORZ4	ORZ5	ORZ6	…
TAG9	0	0.142	0	0	0	0	
TAG10	0.018	0.304	0	0	0.189	0	
TAG11	0.122	0	0	0	0.232	0	
…							

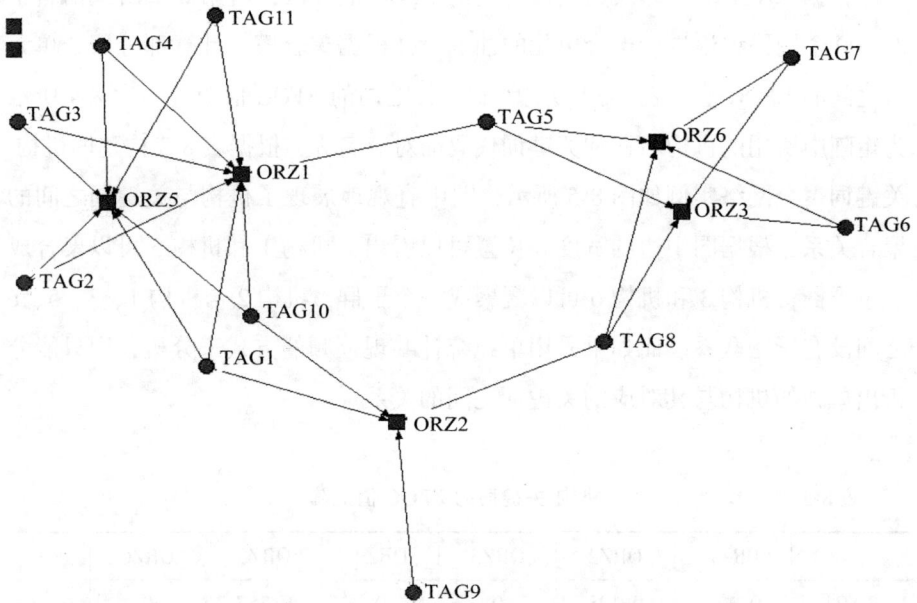

图 8-5　机构-关键词聚合网络实例

（2）基于关系的聚合网络

采用相同的语料，基于关系呈现聚合网络。表 8-5 是语料中出现的人物-人物关系分析以及人物-机构关系分析结果。图 8-6 是根据关系分析而得到的人物聚合网络，图中直观地呈现了根据网民评论得到的人物关系、人物机构关系图。结合本体的推理功能，还可以对表中的显性关系推理得到一些潜在关系，补充在网络图中（虚线所示连线为推理关系，例如实例中为孙顺利与

边静之间的关系，除了语料显示的家人关系之外，推理得到的关系类型还有
同事关系）。

表8-4　　　　　　　　　　　　　　代码对照表

代码	名称	代码	名称
ORZ1	社区医院	TAG3	接种
ORZ2	保北医药	TAG4	担心
ORZ3	食药监总局	TAG5	疫苗
ORZ4	公安部	TAG6	失责
ORZ5	防疫站	TAG7	监管
ORZ6	山东省食药监局	TAG8	公布
TAG1	问题	TAG9	下线
TAG2	流向（流入）	TAG10	安全
—	—	TAG11	毒疫苗

表8-5　　　　　　　　　　　　　实体关系分析实例表

实体1	实体2	关系类型	实体1	实体2	关系类型
孙顺利	保北医药	工作单位关系	边静	保北医药	工作单位关系
边静	张梦凡	同事关系	张梦凡	高英祥	同事关系
@zhutn	边静	评论关系	@zhtn	孙顺利	评论关系
孙顺利	边静	家人关系	庞某	边静	交易关系
庞某	张梦凡	交易关系			

　　以往的网络舆情分析结果已经普遍采用可视化的方式呈现，然而，由于
缺乏观点聚合或关系推理，信息分析水平处于较浅的层次，所呈现的信息或

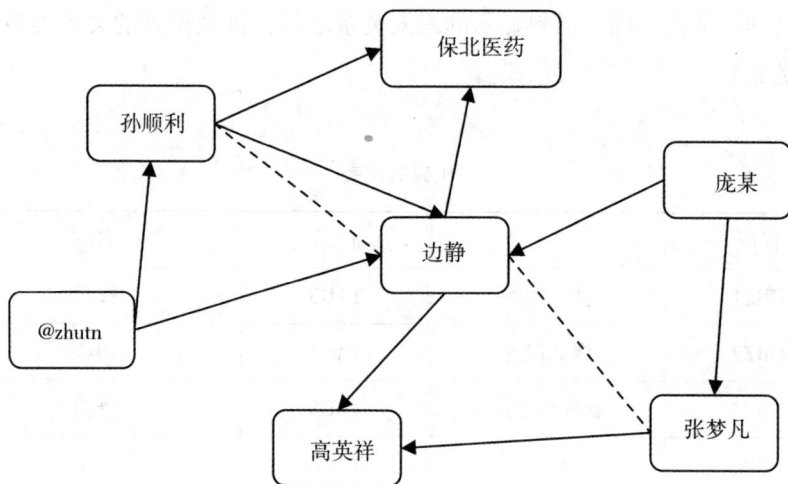

图 8-6　人物-机构聚合网络实例

信息之间的关系较为简单，如描述统计、频率统计，聚合结果也局限于识别出聚合单元之后的分类、情感极性值等，缺乏对观点内容本身、资源与用户之间的关系等的可视化模式，从以上实例可以看出，本书提出的观点聚合算法能有效呈现观点内容本身，实体间关系能在一定程度上实现关系推理，增加了网络舆情分析的深度。

第9章 舆情信息主题自动抽取
与情感倾向分析

本章主要探讨对网络舆情文本的主题自动抽取以及情感倾向分析两个问题。

9.1 舆情信息文本主题的自动抽取

网络舆情数据量庞大，且以极快的速度增长，其庞杂无序与非结构化等特征带来舆情分析的高难度。在网络舆情本体中，主题的识别，小量样本可以凭借人工归纳得出主题，但效率低下，且易受主观影响，让数据价值无法得到有效挖掘和分析利用。海量数据的主题如何分析，本书拟通过建立 LDA 模型以及 Kmeans 算法，对比分析两种算法在文本主题提取上的优劣，实现聚合单元中的"主题"字段内容的提取。为了能有效地研究用户对舆情话题的关注情况，本书采用实验法，以两个经典的类别提取算法——基于概率的主题算法 LDA 和基于距离的主题聚类算法 Kmeans 为主要的实验方法，对舆情文本数据进行聚类分析。

9.1.1 数据预处理

为了更直观地比较分析效果，本书选取知乎人工智能话题下 2016—2018

年的数据作为研究对象。一方面，知乎用户数量多，且层次明显的话题结构机制使得同种话题的问题和答案能够聚集在一起，让研究某个特定话题下用户的关注热点提供了便利。另一方面，知乎采用用户关注机制来对信息和知识进行分享与传递，其问题和回答都比一般的问答社区质量高很多，所以研究知乎话题的文本数据很有价值。

由于文本数据本身非结构化、庞杂等特点，加之 LDA 模型和 Kmeans 算法对输入数据有一定要求，所以需要预先对这些数据进行预处理。主要从三个方面进行数据的预处理：

数据清洗：由于知乎话题问答的开放性，所以即使在一个意义比较明确的问题下也会有不少相关回答是无效的信息，加之爬虫本身在抓取时不能确保完全准确爬取，所以需要对获取到的数据进行清洗，主要是通过人工手段去重以及去除部分不相关的文本信息，进一步提高样本与人工智能话题的切合度。

中文分词：由于中文文本数据不像英文单词分布那样都用空格隔开，词与词之间没有明显的界线区分，所以需要借助分词词典等工具对文本数据进行有效切割。考虑到分词过程需要对词性进行标注，从而根据词性进行有效提取，本书主要借助 Python 中的分词工具 jieba 来完成分词，分词法有基于词典和基于概率(如 HMM、最大熵模型、条件随机场等)的分词法，本书采用的是基于词典的分词法。

特征提取：这一部分主要是从分好的词中提取特征，构建词的向量空间，形成文档的词向量。在特征提取过程中采用词频过滤的方法对词汇的特征空间进一步优化，减小稀疏性。

9.1.1.1　语料采集与数据清洗

为了能够采集到足量的知乎文本数据，本书采用 Python 爬虫对知乎人工智能话题组数据进行爬取，经过去除部分干扰如 HTML 标签等无效信息之后，从而对 HTML 源码中的有效信息进行提取，形成初步的研究数据。

爬取数据范围：知乎人工智能话题组 2016—2018 这三年的数据，包括 2211 条问题以及27003条答案信息，经过初步的数据清洗，去除重复的样本以及部分不相关数据后剩余23952条答案信息。其中答案 2016 年6064条，2017 年9255条，2018 年8634条。问题数量保持不变一共有2211条。问题的信息包括问题内容、关注人数、被浏览数量以及回答数量四个字段。答案信息主要有答案内容、编辑日期、点赞数以及评论数这些字段。经过初步的人工筛选去重之后，再对这些数据进行进一步的提取以及分词等工作，使得数据能够比较好的得到展现，也有利于代入模型得到准确的结果。

9.1.1.2 分词

文本的分词采用 Python 中比较常用的中文分词库 jieba 进行，为了能有效地识别出人工智能领域的专有词汇，使用了搜狗人工智能词库作为专业词汇加入 jieba 词库中，同时使用了常用的中文停用词进行知乎文本的分词，由于停用词本身不会很完整地把所有无意义的词分离出来，所以在分词过程中人工加入一些停用词，比如"其实""干嘛"等。其次，由于搜狗人工智能词库也无法完全识别很多专业性高或者比较新颖的词，在预先对文本数据进行人工和机器分析的基础上，把出现频率加高的且 jieba 分词库没有的词添加到词库中，比如"智能家居""智慧城市""无人驾驶""指纹识别"等。然后用 jieba.posseg 对词性进行标注，进行词性的选择。分词主要去除副词以及动词等语义模糊而且同时常在文档中出现的词语，这些词会对模型的结果产生比较大的影响，去掉这些词汇等进一步加强名词、动名词等在词库中的权重，使得模型主题训练时间变小，同时主题提取效果更加清晰。分词流程如图 9-1 所示。

在实现分词的过程中，发现抓取到的数据中有不少词汇是英文词或者英文缩写，所以在分词的同时加入了英文的停用词，把所有的英文转化为小写再利用停用词去掉干扰词。其次为进一步利用这些英文字符，把出现频率较高的人工智能领域的缩写词和英文转化为汉语，经过人工验证，对出现概率比较高的词汇通过转换，改为和原汉语中的表达，数据中常见英文词转化如表 9-1 所示。

表 9-1   **英文词转换为中文词表**

原词	转化后	原词	转化后
alphago	阿尔法狗	amazon	亚马逊
nlp	自然语言处理	android	安卓
google	谷歌	cv	计算机视觉
cnn	卷积神经网络	machine learning	机器学习
rnn	循环神经网络	deep learning	深度学习
vr	虚拟现实技术	iot	物联网
ar	增强现实技术	dnn	深度神经网络
cs	计算机科学	ml	机器学习

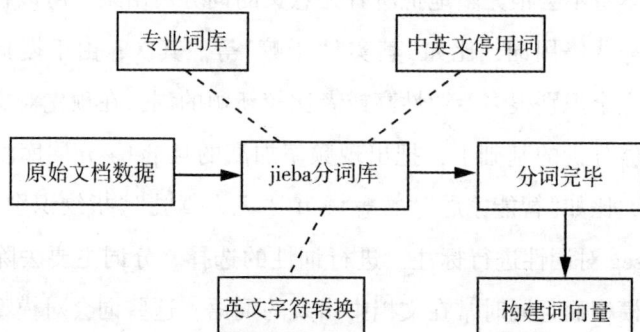

图 9-1 jieba 分词流程

9.1.1.3 基于词频的过滤

以停用词表过滤文本数据中的无效特征常用词是比较常用的文本过滤方法。考虑到知乎文本数据的多样性以及复杂性，停词表无法全面做到一些复杂符号或无用词汇的过滤，这些词汇数量众多但是出现频率极低，其中有不少是没有直接意义的，在模型构建过程中实际意义不大。同时也会增大词汇向量空间的稀疏性，降低模型主题提取效果，也会使得模型的训练时间和成本大大增加。所以本书同时采用了基于词频的过滤方法来进一步对词汇进行过滤，进一步优化提取文本数据。

以词频为 y 轴，词序号为 x 轴，绘制三年文本数据经过分词的词频图（见图 9-2），可以发现文本词汇都具有比较明显长尾效应。其中 2016—2018 年三年中词频为 1 的词汇有超过 1 万个，词频为 2 的词汇都超过 4000 个。这两种词汇在所有词汇中的总占比超过了 50%，大大增加了模型迭代的时间，给模型的建立过程带来了很多不必要的开销。

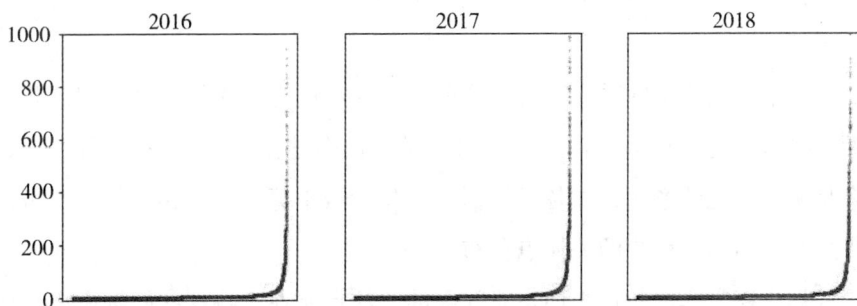

图 9-2　2016—2018 年词频分布图

因此，根据词频分析的结果，本书对分词的结果进行进一步过滤优化，过滤去除在样本数据中词频为 1 和词频为 2 的词，生成最终的模型文本输入数据。

9.1.2　数据探索性分析

知乎话题机制采取了树状的层次结构，一般每个话题都会有专属的一个父话题，以及多个子话题。为了初步了解知乎用户对人工智能话题的关注点，首先统计的人工智能话题的直属的各个子话题的关注情况，保留了关注人数 1000 以上的。绘制直方图如图 9-3 所示。

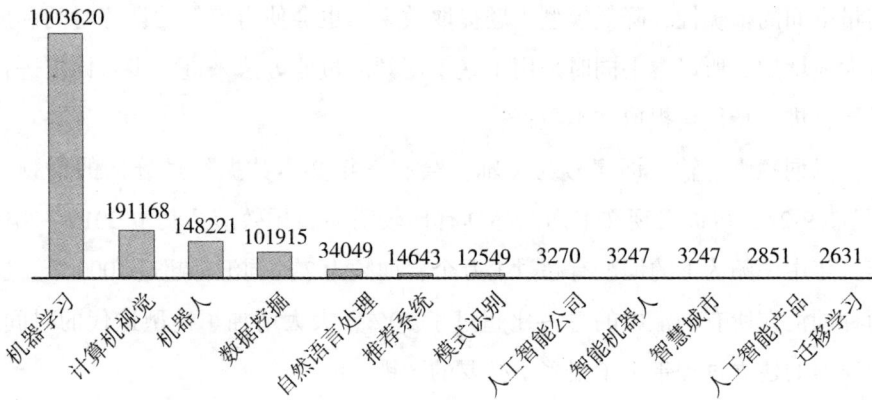

图 9-3　人工智能子话题用户关注分布

从图中可以看出知乎人工智能话题中，用户最为关注的是人工智能相关的理论技术。比如机器学习、计算机视觉、数据挖掘等，这一方面占比大。其次是人工智能的产物，如各类机器人、智慧城市等，占比相对较少。可以初步总结得出知乎用户的关注点分布。

为初步探究样本数据中用户对问题的关注点所在，将这些问题中出现频率比较高的词汇挑选出来展示。但是这样做的缺点是忽略了不同问题本身被用户关注的情况，知乎的话题结构中每个问题都有关注者、浏览量以及回答数。所以在分词时根据这些指标给不同问题赋予权重，也即是如果某问题有100 名关注者，那这个问题权重就是 100，这些问题中的词汇权重也是 100。依照上面逻辑对问题按关注者和浏览量两方面进行分词，将得到的结果汇总，选取出权重最高的 80 个词。再利用 Python 中制作词云图的库 wordcloud分别绘制词云图（见图 9-4）。

可以看出，人工智能话题中出现权重比较高的有机器学习、深度学习、谷歌的 AlphGo 以及数据算法这些领域。用户比较关注人工智能方面相关技术以及理论方面的发展，这个现象可能跟知乎用户的年轻化和整体学历偏高有比较大的关系（见图 9-5）。

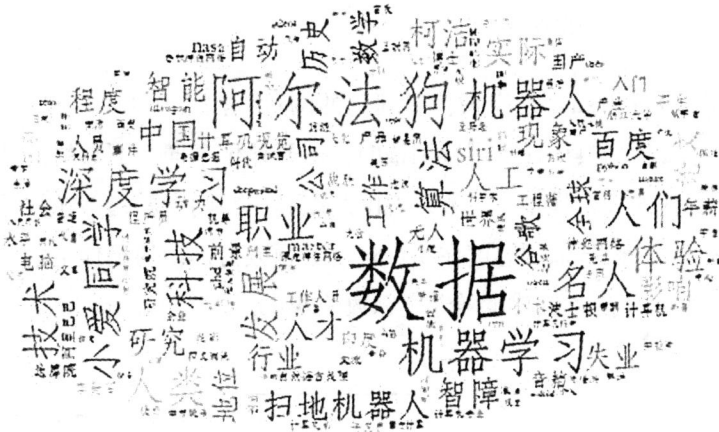

图 9-4 人工智能关注热点词云图

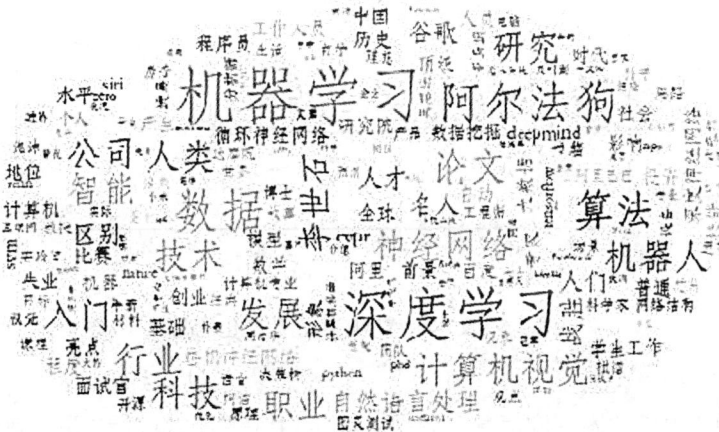

图 9-5 人工智能浏览热点词云图

从用户浏览数据中发现，和用户关注热点稍微不同的是：知乎用户在浏览方面出现了不少关于人工智能的产品，比如机器人、阿尔法狗以及智能语音产品小爱同学等都有比较高的权重，这些在用户关注问题中出现的则相对较少。

9.1.3　LDA 模型的构建

困惑度(Perplexity)是一种信息理论的测量方法。在 LDA 模型中，主题数量都是需要根据具体任务进行调整的，即要评价不同主题数的模型的困惑度来选择最优的那个模型。一般来说困惑度越小，则主题模型在数学意义上效果就更好，一般选取困惑度在拐点附近主题数为模型的最佳主题数量。绘制 2016—2018 年文本困惑度随着主题数的变化，如图 9-6 所示。

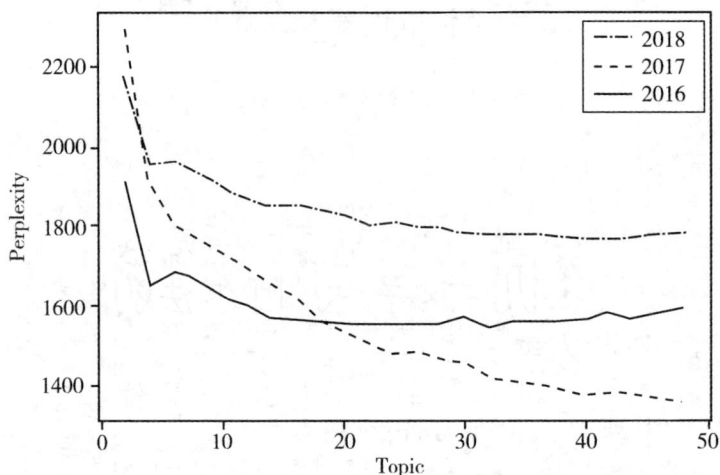

图 9-6　文本困惑度随主题数变化情况

根据图 9-6 的困惑度信息，分别对最佳 LDA 主题数进行选取。其中 2016 年选取 16 个类别，2017 年选取 24 个类别，2018 年选取 22 个类别。随后分别进行输入 LDA 模型提取主题词。

根据获取的词向量，可以载入机器学习库 sklearn 中的 LDA 模块，使用 Gibbs Sampling 进行参数后验估计进行模型的生成。本次建模参数设置如下：模型学习方式为 batch，迭代最大次数为 100，Dirichlet 的先验 α 和 β 均选择默认值 1/topics 即 0.1。其他参数均设为默认。主题的选取对最终模型的效果有很大的影响，本书根据多次建模过程的经验值选取 10 个主题建模。关键代码参数设置如图 9-7 所示。

$$lda = LatentDirichletAllocation(n\_components = 10,$$
$$learning\_method = 'batch',$$
$$random\_state = 0,$$
$$perp\_tol = 10,$$
$$max\_iter = 100,$$
$$evaluate\_every = 200)$$

图 9-7　LDA 模型参数设置

9.1.4　Kmeans 的构建

轮廓系数(Silhouette Coefficient)是一种常用的聚类类别个数 k 值的选取标准，轮廓系数能用于样本实际类别信息未知的情况，其取值范围为 $[-1, 1]$。在多样本集合中，轮廓系数指的是所有样本数据轮廓系数的平均值。其值越大，说明分类的效果越佳，一般选取轮廓系数拐点附近的 k 值作为聚类类别个数输入。绘制 2016—2018 三年数据的轮廓系数图，如图 9-8 所示。

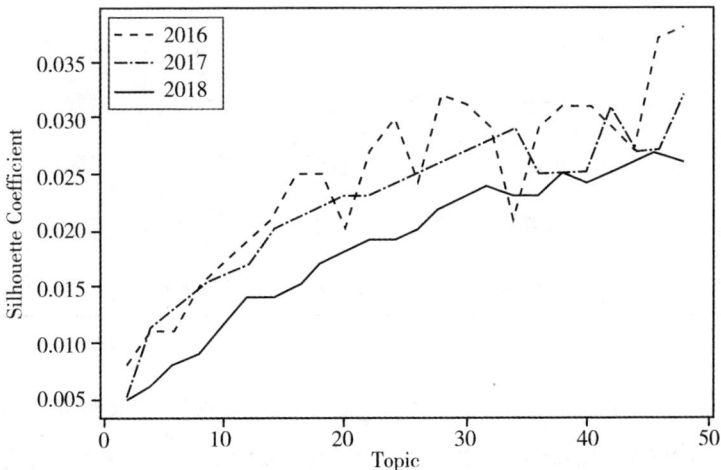

图 9-8　轮廓系数随主题数变化情况

根据以上信息，分别对最佳聚类主题数进行选取。其中 2016 年选取 16 个类别，2017 年选取 34 个类别，2018 年选取 32 个类别。随后分别进行 Kmeans 聚类，根据 TF-IDF 值抽取得到最终的一系列主题词。

9.1.5 主题抽取效果检验

9.1.5.1 LDA 主题抽取效果

对 2016—2018 三年的 LDA 模型抽取前面 10 个主题数，在每个主题下进一步抽取权重最大的前 7 主题词汇。部分结果汇总如表 9-2 所示。

表 9-2   **LDA 模型 2016 年主题抽取结果**

主题 1	公司	技术	自动	汽车	无人驾驶	机器人	科技
主题 2	智慧	城市	文明	生命	地球	生物	发展
主题 3	大数据	数据	智能	投资	行业	公司	互联网
主题 4	机器学习	模型	算法	数据	深度学习	神经网络	数学
主题 5	智能	siri	语音	亚马逊	echo	手机	产品
主题 6	人类	程序	机器	程序员	意识	能力	算法
主题 7	vr	音乐	体验	ar	设备	游戏	用户
主题 8	游戏	电脑	人类	技能	麻将	星际	信息
主题 9	人类	机器	智能	发展	计算机	能力	世界
主题 10	谷歌	tensorflow	中国	公司	计算机视觉	开源	卷积

从模型主题抽取结果可以看出，主题词聚类效果比较明显。可以得到 2016 年比较明显的话题有：无人自动驾驶(主题 1)、智慧城市(主题 2)、大数据(主题 3)、人工智能理论知识(主题 4)、智能语音产品(主题 6)、程序

与机器(主题 6)、虚拟现实和增强现实技术(主题 7)、游戏(主题 8)、机器智能(主题 9),谷歌 Tensorflow(主题 10)。虽然有些主题不是很清晰,但还是可以通过人工对主题词进行判别,从而分析得出主题的大概主旨,整体上可以看出 2016 年数据的 LDA 模型的主题聚类效果相对好。经过对全部的主题分析得出,全部 16 个主题中有 14 个主题含义比较明显。

2017 年部分主题抽取结果如表 9-3 所示。

表 9-3　　　　　　　　　　**LDA 模型 2017 年主题抽取结果**

主题 1	算法	模型	神经网络	数据	训练	特征	网络
主题 2	技术	公司	发展	行业	企业	大数据	互联网
主题 3	百度	python	代码	语言	广告	谷歌	tensorflow
主题 4	无人	商品	体验	零售	购物	用户	rfid
主题 5	科大讯飞	教育	业务	语音	行业	facebook	技术
主题 6	数学	机器学习	基础	编程	课程	专业	老师
主题 7	机器人	人类	智能	机器	能力	发展	系统
主题 8	专业	锅炉	工程师	人员	研究	答案	培训
主题 9	小冰	技术	音乐	算法	新闻	用户	创作
主题 10	地球	女孩	眼睛	星球	声音	神级	世界

从以上结果可以看到,10 个主题中有大部分主题信息是比较明显的。比较明显的主题有:人工智能知识理论(主题 1),企业行业技术(主题 2),编程技术(主题 3),无人零售(主题 4),机器学习相关知识(主题 6),机器人(主题 7)。可以看出抽取的 10 个主题中有 6 个效果比较明显。进而对全部的 24 个主题进行分析,得出其中一共有 18 个主题都被有效提取。

2018 年的部分结果如表 9-4 所示。

表 9-4　　　　　　　　　　　**LDA 模型 2018 年主题抽取结果**

主题 1	人类	智能	机器	能力	发展	阿尔法狗	大脑
主题 2	世界	系统	意识	研究	信息	机器人	计算机
主题 3	数据	大数据	信息	分析	用户	结构	预测
主题 4	中国	美国	数学	论文	基础	专业	研究
主题 5	公司	算法	技术	企业	人才	行业	岗位
主题 6	工作	行业	公司	offer	工资	范式	培训
主题 7	生物	地球	伊依	人类	生命	能量	宇宙
主题 8	python	编程	软件	语言	代码	电脑	linux
主题 9	交易	文明	人类	宇宙	发展	科技	市场
主题 10	模型	深度学习	训练	神经网络	统计学	函数	数学

可以看出，2018 年的主题提取效果也比较明显。人工根据主题词提取主题大意：智能机器的发展（主题 1），大数据（主题 3），中美论文研究对比（主题 4），行业岗位情况（主题 5，主题 6），编程技术（主题 7），人类文明发展（主题 9），人工智能相关知识理论（主题 10）。进而对全部的 22 个主题进行分析，得出其中一共有 19 个主题都被有效提取。

9.1.5.2　Kmeans 主题抽取效果

对 2016—2018 三年的 Kmeans 聚类抽取前面 10 个主题数，在每个主题下再根据 TF-IDF 值进一步抽取权重最大的前 7 主题词汇，得到最终结果汇总。

2016—2018 三年主题抽取结果如表 9-5，表 9-6，表 9-7 所示。

表 9-5   **Kmeans 模型 2016 年主题抽取表**

主题 1	人机	梦想	康纳	信心	套路	经历	世界
主题 2	感情	情感	谈论	程序	灵魂	研究	情感
主题 3	电脑	下子	战争状态	撸啊	程式	电源线	尼玛
主题 4	答案	脚本	朋友圈	套路	广告	记录	评论
主题 5	siri	图样	现场	答题	奇葩	意识	文化
主题 6	程序员	农业	人类	政治	产生	结论	笑话
主题 7	柯洁	下结论	老师	程序	稳赢	机箱	挑战
主题 8	阿尔法狗	英雄	基本法	师师	安卓	下海	金花
主题 9	机器人	进展	队长	过分	图灵	上市公司	感官
主题 10	游戏	臭棋篓子	电影	类型	智力	棋类	电脑

表 9-6   **Kmeans 模型 2017 年主题抽取表**

主题 1	智商	黄师	梅花	约会	屁事	创新能力	落日
主题 2	算法	棋盘	治国	苏联	timeline	领导	置顶
主题 3	人类	策略	国家	错误	科学	场景	优势
主题 4	泡沫	phd	蒸汽机	阿尔法狗	过度	形式	金融
主题 5	机器人	宠物	做人	有限性	艾米	老哥	老爷
主题 6	小米	扫地机	友商	芯片	扫地机器人	风气	实力
主题 7	数据	模型	前提	关系	理论	人心	论文
主题 8	机器学习	answer	微分	培训班	行业	机器	基本
主题 9	机器	木匠	成人	语言艺术	图灵测试	作曲	人脑
主题 10	百度	坑里	性命	emmmm	智商	前段时间	回答者

表 9-7　　　　　　　　　　**Kmeans 模型 2018 年主题抽取表**

主题 1	公司	百姓	太贵	声明	意思	盈利	小米
主题 2	中国	美国	差距	老师	态度	强国	世界
主题 3	预测	随机性	概率论	神话	规则	机灵	工具
主题 4	能力	文明	科技	世纪	薪资	世纪	机会
主题 5	生活	要点	学会	刷屏	算法	科技	智能
主题 6	技术	错别字	鸿沟	想象	信息	突破	升官
主题 7	机器人	真人	好事	幸存者	家政	轮子	法则
主题 8	阿尔法狗	图森	罗马	风云	大明	美感	战胜
主题 9	人类	自然保护区	t800	豆腐	社区	电源	预感
主题 10	无人驾驶	自动	手机	车祸	特斯拉	atp	无人

可以从表 9-5 至表 9-7 得出，Kmeans 在主题抽取上效果明显不佳，三年抽取的主题除了少数几个可以识别出来（2016 年的主题 2、主题 6，2017 年的主题 3、主题 6、主题表 7，2018 年的主题 2、主题 3、主题 10），其余的均比较难以判断其主题大意，说明 Kmeans 在问答社区主题抽取上效果不如 LDA 主题模型。

9.1.5.3　模型效果对比总结

2016—2018 年的数据可以看出，LDA 模型的大部分主题信息比较明显，2016 年 16 个主题中有 14 个、2017 年 24 个主题中有 18 个、2018 年有 22 个主题中有 19 个主题提取结果都被有效识别。说明 LDA 模型对问答社区文本主题聚类效果良好，能够准确地提取并识别出问答社区的文本主题信息。

Kmeans 聚类在主题提取上明显不如 LDA 模型。综合来看，Kmeans 主题提取的效率比较低，不适合直接应用于文本主题的抽取。

根据 LDA 模型的结果，可以归纳得出总结知乎用户对人工智能的关注重点有：

人工智能相关理论知识：知乎用户对这部分的话题关注持续性比较高，

包括机器学习、神经网络、深度学习、算法、模型和数学都有很高的关注度，这些领域都是人工智能的相关知识。这说明知乎用户热衷在社区讨论这些知识，这跟知乎人工智能的话题设置结构有一定关系。其次，这也跟知乎用户普遍的年轻化和相对高学历存在一定关系。

智能设备方面：由 3 年的结果综合来看，用户热衷讨论智能产品比较多的有智能语音产品比如 Siri、小爱同学、小冰等。其次还有虚拟现实技术（VR）等。

无人驾驶相关：这部分包括对无人驾驶技术、无人驾驶汽车、安全事故、无人驾驶涉及的公司如百度、谷歌等。

机器人相关：包括机器人与人类职业、工作，机器人与行业、社会这些相关话题都具有相对高热度。

谷歌阿尔法狗：谷歌阿尔法狗在知乎话题数量和关注度都比较高。2016年阿尔法狗战胜围棋冠军李世石，可以看出在这一时期这部分的主题比较明显，2017 年的主题中也能看出还是有部分讨论到阿尔法狗的内容。

还有比如智能机器对人类职业的影响，人工智能对社会的影响，智能医疗等都有不少的关注度。

9.1.6 基于 LDA 和 Kmeans 模型的文本自动抽取小结

本小节首先针对问答社区文本庞杂以及非结构化等特征，基于 LDA 模型和 Kmeans 模型挖掘用户对知乎人工话题的关注点和讨论热点，分析了 LDA 和 Kmeans 在主题提取上的效果，验证了 LDA 模型能够有效地对知乎文本数据进行主题的提取。其次通过 2016—2018 三年的数据得出了知乎用户对人工智能话题的主要关注点和讨论热点所在，有效地挖掘了这些文本的主题信息。

基于 LDA 模型和 Kmeans 聚类的文本主题挖掘已经有不少的改进和应用，为了进一步验证两种模型的效果，还可以应用改进后的算法进行主题抽取工作，所以本研究还存在不少需要克服的问题和难点。问答社区文本的研究还可以从以下方面进行：

　　1）进行改进扩展 Kmeans 聚类，由于本书只是将基本的 Kmeans 应用到数据中，所以得出的结论有限。可以利用改进或者扩展的 Kmeans 聚类研究文本的抽取工作。

　　2）结合其他多种文本挖掘算法来进行主题提取，进一步提高主题抽取的准确率。

　　3）进一步利用知乎数据的其他特征，比如回答文本的点赞数、评论数和感谢数等提取权重。此外，本书由于技术原因，没有完全爬取到知乎回答的具体评论，可以进一步对这些评论信息进行挖掘。

9.2　用户评论的情感倾向分析

　　人们在网上表达对某件事情或事物的看法时，常常通过一些语句表明自己的立场、态度和情感。情感倾向分析最近几年得到了许多关注，作为一种从意见型主观性语句中提取有用知识的方法，可以通过自动检测包含在文本中的主观信息，识别其情绪极性并且估计其情绪极性强度。在情感倾向分析技术基础上，各种知识应用系统也逐渐被开发出来，网络舆情意见挖掘，分析用户评论的情感倾向，就是其中一种非常重要的应用与研究方向。

9.2.1　网络舆情意见句分割

　　意见句是指能够表达发帖者对舆情事件中某个人物，机构或者事件的侧面意见或看法的句子。本书将意见句定义为同时包含一个以上主题词和极性词的句子。对于只含有情感词而不含主题词的句子，我们将它们称为态度句。态度句通常是表达对主题帖讨论内容和主题或支持或反对的情感倾向。比如简单如"顶""踩""喷"就鲜明表达对主题帖的支持、反对的情感倾向。

　　由于网络舆情多来源信息的语言随意性较大、断句不合理、句子突兀等原因导致句法分析器的分析效果不理想，加上句法分析器目前在处理复杂结构句子，两个以上从句的句子效果不佳，因此，在进行分析前，需要对句子进行合理分割。除了将"。""."" ！"" ! "" ；""…""""："以及空格作为断句标记，还可以将连续出现 2 个以上的"-""～"作为断句标记，如"——""～～"，此外可以对出现 2 个以上逗号的句子进行强制分割。

9.2.2 网络舆情意见句主题抽取

多源异构信息的语言随意性，给意见和主题的抽取带来较大困难，本书将探索一种基于句法分析和词汇链分群主题抽取方案。思路是先通过分析人民网舆情案例库中案例，人工归纳并给每一类型的舆情案例做标注，使用一些主题相关的词语构建多条词汇链对该类型的案例进行描述，然后利用依存句法分析筛选出有可能含有主题词的修辞结构，接着利用抽取出的候选主题词与词汇链中的词语进行相似度计算，当相似度超过一定阈值，把该候选词抽取出来，并作为主题词。具体抽取流程：

1）构建案例库分类体系，本书引入人民网的案例分类体系，将舆情分为 9 个大类，每个大类若干小类，尽可能穷举所有的案例小类，用 C 表示类别集合，C_i 表示集合 C 中的元素。这个分类体系是需要不断完善，由于时间限制，本书只选取一个大类，进行详细小类分类。

2）为每个小类做标注，通过案例分析使用一些主题相关的词语构建多条词汇链对该类型的案例进行描述。用 L 表示词汇链，K 表示词汇链中的主题词，则词汇链可以表示为 $L=\{K_1, K_2, \cdots, K_n\}$，而具体的舆情小类可以用多个主题词汇链进行表示，即 $C_i=\{L_1, L_2, \cdots, L_n\}$。

3）对帖子线索文本进行句子分割后，抽取 SBV（主谓关系）、VOB（动宾关系）、ATT（定中关系）这三种可能包含主题词的修辞结构，本书只抽取出这三个修辞关系中的名词性词语作为该句的主题词候选词，用 Kc_j 表示。

4）将帖子线索通过文本分类分到分类体系的具体小类 C_i 中。

5）如果候选主题词 Kc_j 同时也出现在帖子主题标引集合 I 中，直接将该

候选主题词 Kc_j 作为该句的主题词。

6) 如果候选主题词 Kc_j 未出现在帖子主题标引集合 I 中，将候选主题词 Kc_j 与帖子线索对应的小类 C_i 主题词汇链中主题词进行相似度计算，当候选主题词与词汇链中某个主题词相似度超过一定阈值时，则将该候选主题词作为意见句的主题词，并标注上该主题词与哪个主题词汇链关联。

7) 如果候选主题词与所有的主题词汇链中主题词的相似度都小于阈值，将不作为该句主题词，系统自动将其加到该舆情分类的备选主题词中，通过人工修正方式可以将其加到分类的主题词汇链中。

9.2.3　回帖情感倾向计算

参与网络舆情的用户在表达观点的时候，句型多变，修饰手法也多种多样，有时还夹杂很多反语、讽刺的言语，计算机尚无法自动准确理解。蔡建平等① 采用句子修辞分析法，定义一些修辞规则进行上下文情感倾向修正。娄德成等② 结合句子依存关系分析，针对不同修辞关系，使用不同的极性计算方式。上述两种方法均不够简便易行，经过测试这两种方法运用到论坛式信息源，效果也比较一般。

本书将探索一种较为简易的句子级情感倾向计算方法，大概思路是：先对回帖进行句子划分，然后循环扫描回帖中所有句子；先将句子中所有副词用一个临时堆栈存储，把所有非副词的情感极性值累加，最后将累加值与副词临时堆栈里面的所有副词极性值相乘，并将结果作为该句子的倾向值；扫描下一个句子，直到回帖中所有句子扫描完毕，将回帖中所有句子极性值按照位置不同乘以不同权重后相加，将结果作为该回帖的情感倾向值。描述算法的流程如下：

1) 获取帖子线索的一个回帖 R，将帖子进行句子切分得到句子 S_1，

①　蔡健平，林世平. 基于语义理解的意见挖掘[C]. 中国计算技术与语言问题研究——第七届中文信息处理国际会议论文集，2007：5.

②　娄德成，姚天昉. 汉语句子语义极性分析和观点抽取方法的研究[J]. 计算机应用，2006(11)：2622-2625.

S_2，…，S_n。

2）扫描句子 S_1 的所有词语，把所有的副词先存储到一个临时堆栈 Stack 中，将其他所有的情感词极性值进行累加，得到值 T_1。

3）将值 T_1 与临时堆栈 Stack 的所有副词的极性值进行相乘后得到该句 S_1 的情感倾向值 Total_1。

4）句子 S_1 的情感倾向值计算完毕，搜索下一个句子 S_2，重复步骤(2)和 (3) 得到句子 S_2 的情感倾向值 Total_2。

5）直到计算出 S_n 的情感倾向值 Total_n，并利用下面公式计算回帖的总倾向值 F。

$$F = \sum_{i=1}^{n} \alpha \times \text{Total}_i \tag{9-1}$$

其中 α 为句子 S_i 的权重系数，n 为回帖中句子总数。这个主要是考虑到汉语的使用习惯问题，人们比较喜欢在句首或句尾表达主要看法和意见。经过统计分析和实验测试可知，可以为句首、句尾和其他普通句子赋予不同的权重。详情如下：

$$\alpha = \begin{cases} 0.3 & i = 1 \\ 0.2 & i \in \{2, \cdots, n-1\} \\ 0.5 & i = n \end{cases} \tag{9-2}$$

9.2.4 回帖意见句观点挖掘

意见句观点挖掘结果可以从两个维度表示：意见句表达的主题以及主题对应情感倾向值，可以用一个二元组<主题词(组)，情感倾向值>来表示。本书采用的回帖意见句观点挖掘策略为：

1）如果句子没有主题词，即态度句，则直接将帖子线索的主题词词组放入该句挖掘结果二元组中，将句子中的极性词的极性值(指上下文极性值，下同)使用加法规则相加后保存到二元组中。

2）如果意见句只含有一个主题词，则直接将该词和句子中极性词极性值

259

相加后放入二元组。

3)如果意见句含有两个或两个以上主题词,则基于邻接词的褒贬评价算法进行计算,然后存入不同的二元组中。

剔除了噪音词之后,只保留名词,形容词,动词,然后通过主题词前后的词语单元,计算主题词的情感倾向。表 9-8 是主题词周围邻接词的具体计算方法。

表 9-8　　　　　　　　　　**主题词周围邻接词位置属性表**

前三单元	前两单元	前一单元	主题词	后一单元	后两单元	后上单元
褒贬系数	褒贬系数	褒贬系数	X	褒贬系数	褒贬系数	褒贬系数
$X=1/14$	$X=1/7$	$X=2/7$		$X=2/7$	$X=1/7$	$X=1/14$

主题词前后邻接词的褒贬性由于离主题词的距离不同,对主题词影响程度也不同,称为位置属性。具体距离不同取不同的位置属性 x,主题词情感倾向计算公式如下:

$$P(\text{word}) = \sum_{l=1}^{k} (p_l \times x_l) + \sum_{r=1}^{k} (p_r \times x_r) \tag{9-3}$$

其中 word 代表主题词, p_l, p_r 分别代表主题词 word 左边和右边的情感倾向值, x_l, x_r 代表邻接词的位置属性系数。

9.2.5　回帖意见挖掘

实现了对回帖意见句的主题抽取和句子级别的意见挖掘后,接下来即可探索回帖意见挖掘,即实现帖子级别(文档级别)的意见挖掘。图 9-9 较为清晰描述帖子线索意见挖掘的大致流程。意见挖掘结果分为意见倾向分析和意见主题分析两种不同的粒度。倾向分析着重于统计意见正负面倾向比例、分别统计所有主题的正面倾向平均值和负面平均值,并以图表的形式呈现出来。意见主题分析是在倾向分析的基础上，将不同情感倾向的回帖内容的主题抽取出来，以展示正向情感、负向情感和中性情感的意见中各自关注哪些主题。两者结合将可以准确告诉决策者民意，为决策者提供有力参考。

9.2.6 用户评论的情感倾向分析实验检验

本书从舆情数据库中选择从新浪新闻网上抓取的 1 篇具有代表性的帖子进行试验(根据人民网舆情监测频道统计，2013 年 3 月 19 日热门新闻排序第一的是新浪新闻网站标题为"广州城管被砍无民众援助，局长痛心社会不理解"的新闻，评论数总计27411)。本实验从中随机筛选出 7276 个回复字字符数大于 8 的回帖。

9.2.6.1 实验一：回帖情感倾向识别

通过程序实现回帖的情感倾向计算算法，并自动进行回帖情感倾向计算，最后会为每个帖子赋予一个情感极性值，为正表示正面情感倾向，为负表示负面情感倾向，为 0 表达中性。程序自动实现对 7276 个回帖进行自动情感标注，并将实验结果人工标引结果做比较，计算出自动标注的准确率。从两个粒度对标注的准确率进行统计：①回帖级别的情感倾向识别准确率统计；②句子级别的情感倾向识别准确率统计。以标准率、标全率和 F_1 值作为评价指标。

标准率：$P = A/B$ (9-4)

标全率：$R = A/C$ (9-5)

F_1 值：$F_1 = 2PR/(P + R)$ (9-6)

这里的 A 是人工标注和机器标准标注都标注为正(或负或 0)的帖子数或句子数；B 是机器自动标注为正(或负或 0)的帖子数或句子数；C 是人工标注为正(或负或 0)的帖子数或句子数。

句子自动情感标注 P 值、R 值和 F_1 值的简明情况如表 9-9 所示。对比句子自动情感标注和人工情感标注，其准确率到达 78.26%。

词汇级：词语极性计算

| 情感词极性词库 | 上下文极性计算 |

句子级：回帖情感判断

意见句 1

<主题 A，情感倾向值 B>　　<主题 B，情感倾向值 C>

意见句 2　　　　　　　意见句 3

<主题 A，情感倾向值 D>　　<主题 C，情感倾向值 E>

文档级：回帖意见挖掘

意见倾向分析

统计意见正负面倾向比例、分别统计所有主题的正面倾向平均值和负面平均值

意见主题分析

在倾向分析的基础上，将不同情感倾向的回帖内容的主题抽取出来，以展示正向情感、负向情感和中性情感的意见中各自关注哪些主题

意见倾向分析
图表、报表

意见主题分析
图表、报告

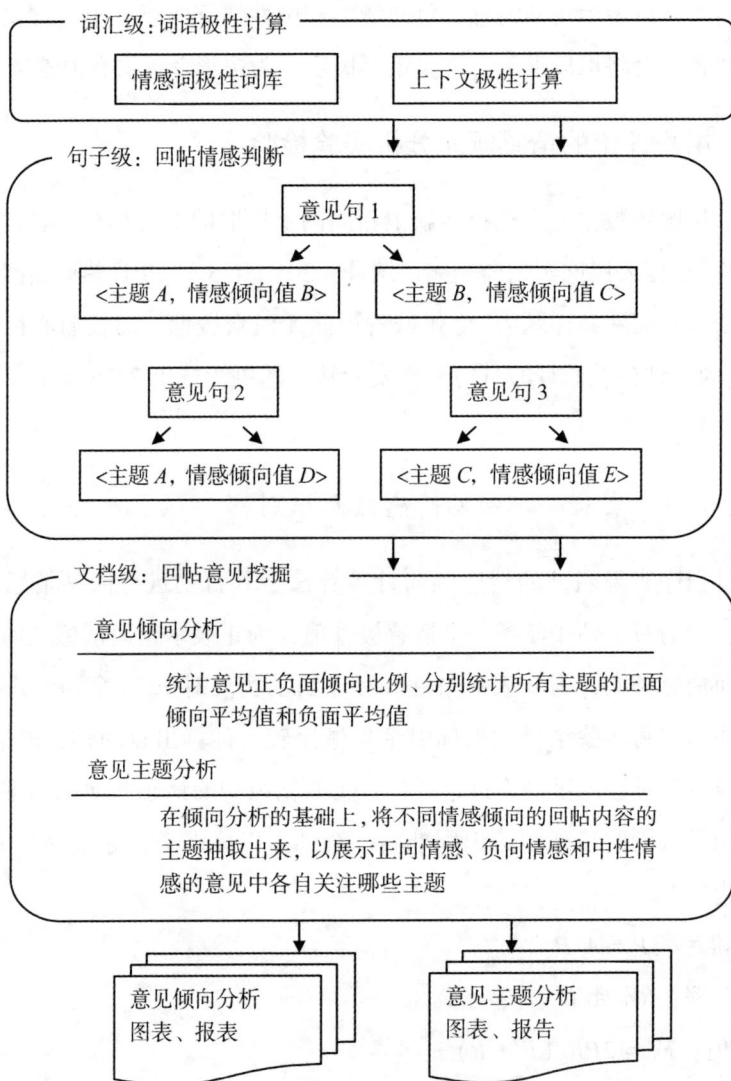

图 9-9　用户评论回帖意见挖掘流程示意图

对实验帖子中 7276 个回帖的自动情感标注，同样以 P 值，R 值和 F_1 值作为评价指标。回帖自动情感标注 P 值、R 值和 F_1 值情况如表 9-9 所示。对

比回帖自动情感标注和人工情感标注，回帖自动情感标注的准确率达
到81.07%。

由上述实验可以看出，句子和回帖的自动情感标注的准确率分别达到
78.26%和81.07%，性能和效果在情感词库不断得到补充和扩展后，还是比
较理想的，基本能够运用于实际的分析工作中。

表 9-9　　　　句子和回帖自动情感标注 P 值、R 值和 F_1 值简表

句子情感标注				回帖情感标注			
句子极性	P 值	R 值	F_1 值	回帖极性	P 值	R 值	F_1 值
正	70.63%	86.41%	77.73%	正	69.33%	89.69%	78.21%
负	74.22%	60.74%	66.81%	负	82.14%	81.23%	81.68%
中性	90.38%	87.49%	88.91%	中性	86.79%	70.30%	77.68%

综上可知，机器对正面的句子和帖子的标注准确率较低，而对负面和中
性的标注准确率略高。分析认为主要有以下 3 种原因：

1)在网络的匿名环境下，用户在表达负面看法和观点时，往往情感倾向
非常鲜明，使用较多情感倾向较重的负面词语进行表达。计算机在进行自动
标注时较为容易识别负面的情感词语。

2)用户在表达正面的情感倾向时，部分用户较为理智，通常较为全面地
分析事件或事物的两面性之后做出较为中肯的看法和观点。这给只能进行浅
层语义分析的计算机的自动标注带来一些噪音，影响了自动标注的结果。

3)中性的句子和帖子的标引准确率比较高，可能跟人工标注时，对一些
没有包含明显正面或负面倾向词语的句子和帖子的第一反应是将其归为
中性。

另外，对计算机没有能够正确标注的句子和帖子也进行的总结和分析，
发现主要存在 4 个因素导致计算机无法正确识别和标注：

1)句子中含有错别字。用户因为误打错字或故意使用别字，导致计算机

无法正确分词和识别。比如"默默爱掉(哀悼)",用户将"哀悼"输成了"爱掉",在情感词典中,"爱"是一个具有正面情感倾向的词语,而"哀悼"是一个具有负面情感倾向的词语,这样便导致无法正确标注。

2)上下文语境的影响。一些没有情感倾向的词语的特定的语境下,拥有了或正或负的情感倾向。比如"人民养了一支大狗",这句话如果单独来看,是一个中性的句子,但是发帖者用"大狗"影射城管,所以拥有负面情感倾向。

3)语气和修饰手法的影响。比如"城管被砍你们开心了吧",虽然该句还有正面情感倾向的"开心"一词,但是与"吧"搭配之后成反问语气,带有负面的情感倾向。类似的句子还有像"如果这就是现实,那我以后想爱的祖国的话要如何去爱呢?"。

4)词法分析组件错误的影响。这个主要是因为新词或一些其他因素导致无法准确分词,词性识别后导致无法准确计算词语情感倾向值。比如句子"好可怜的城管",分词组件算法将"好"单独分词并将计算情感倾向值,导致情感标注偏差。中文分词依然是意见挖掘情感倾向分析中需要解决的关键技术。

9.2.6.2 实验二:回帖情感倾向分析

汇总实验一中的情感分析结果,实现自动对 7276 个回帖的情感倾向分别统计,输出粗粒度意见挖掘报告,图 9-10 显示正面、负面和中性帖子的比例。

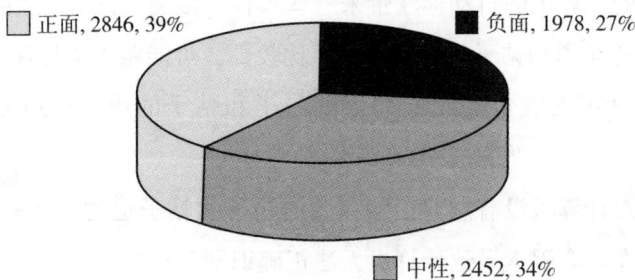

图 9-10 用户评论情感倾向占比

为了更好展现正面负面情感倾向的程度,我们将正面情感倾向按照自动标注后的极性值分为一般、中度和高度三个层次,负面情感倾向类似。这样加上中性就形成了 7 个情感倾向级别。7 个级别的情感倾向极性值范围如表9-10 所示。使用柱形图展示 7 个情感倾向级别所占的比例(实验结果如图9-11所示)。

表 9-10 情感倾向分层与极性值范围表

情感倾向级别	极性值 P 范围
+高度	$P>0.7$
+中度	$0.35<P<=0.7$
+一般	$0<P<=0.35$
中性	0
−一般	$-0.35<=P<0$
−中度	$-0.35<P<=-0.7$
−高度	$P<-0.7$

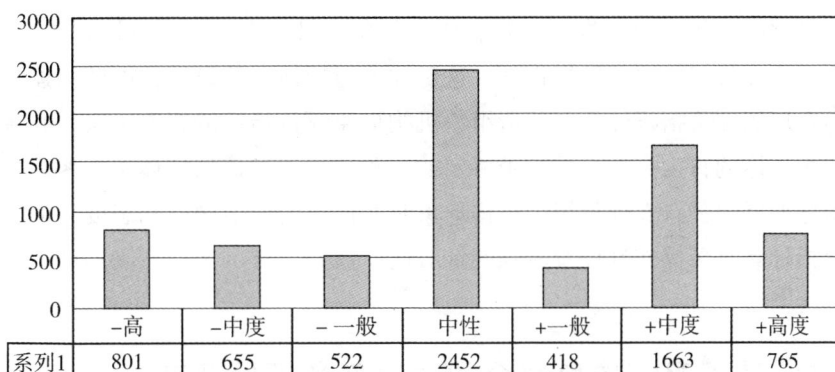

	−高	−中度	−一般	中性	+一般	+中度	+高度
系列1	801	655	522	2452	418	1663	765

图 9-11 用户评论情感倾向分析

第10章　信息聚合实践：组织机构网络形象分析

基于多源网络舆情信息聚合分析组织机构网络形象，评价对象主要包括两类：政府与高校。社会公众对网络舆情的广泛参与给组织机构网络形象建设提供了新机遇与挑战，组织机构在借助网络平台，塑造其在公众心中形象的同时，也会将社会矛盾充分曝光在网络这一"放大镜"下。组织机构可以借助网络意见平台大数据了解和吸纳民意，维护好与民众的良性互动，塑造良好的网络形象。

在网络舆情事件中，构建一套科学合理的指标体系，能够客观衡量组织机构形象的好坏，有利于对组织机构形象的塑造和工作考核。一方面，通过组织机构形象评价指标体系，在评价过程中，能够帮助组织机构对自身形象进行量化的认识，及时发现不足、纠正形象。另一方面，通过该评价体系，组织形象评价工作更具可操作性。这份评价指标体系的设置，以期构建一套科学合理的评价指标体系，厘清组织机构形象评价指标的轻重主次，并将其转化为具体的行为指标，并赋予特定的权重值。通过该指标体系，客观公正的指标能反映公众在评价组织机构形象时所倚重的价值倾向和态度，从而使评价指标具有可操作性以及较强的针对性。

10.1　基于舆情信息聚合的政府形象评价研究

政府形象是政府的整体素质、综合能力和施政业绩在国内外公众中获得的认知与评价①。通过分析舆情事件中网民对政府的相关评价，构建出政府形象评价指标体系，并依据该指标体系进行政府形象评价，有助于政府认识到公众对政府的情感倾向，政府能够有意识改进自身存在的不足，积极塑造良好的形象。

10.1.1　政府网络形象评价研究基础

国内外学术界近年来，在对政府形象评价指标体系的构建中，并未形成一套完整的指标体系。

曹随、陆奇的《政府机关形象设计与形象管理》借鉴了企业形象设计理论和方法来研究政府形象设计，提出了政府形象理念及其定位，建立了政府形象评价指标体系，这个体系涉及了"环境、人员、理念、目标、政策、效率和效果等八个指标"②。在苏柏佳、赵彦的《政府形象评估维度的解构和重建》中，国内专家、学者从不同角度对政府形象评估的维度提出了自己的见解，主要可以分为引用企业形象评估维度来测评政府形象和在政府形象进行测评时偏重美誉度两类③。胡宁生的《中国政府形象战略》立足国情，总结历史经验，前瞻未来发展，为政府改革提供了全方位的分析和战略谋划，构建了一个良好的政府形象体系，认为政府形象的客观基础是由政府价值理念、政府行为以及政府产品与绩效共同组成的④。肖军勇的《政府形象评价指标体系的理论与实践》梳理出了政府价值、行为以及绩效三个维度构建成为政府形象评价指标体系的基本框架⑤。袁文英的《网络舆情危机管理中的政府形象塑造研究》中把网络舆情危机管理中政府形象的定位分为诚信、透明、高效、责任四个政府形象⑥。赵恒煜的《政务微博对政府形象的塑造与消解

① 廖为建. 论政府形象的构成与传播[J]. 中国行政管理, 2001(3)：36-37.
② 曹随, 陆奇. 政府机关形象设计与形象管理[M]. 北京：经济管理出版社, 2002.
③ 苏柏佳, 赵彦. 政府形象评估维度的解构和重建[J]. 台声·新视角, 2005(2)：32-33.
④ 胡宁生. 中国政府形象战略[M]. 北京：中共中央党校出版社, 1998.
⑤ 肖军勇. 政府形象评价指标体系的理论与实践[D]. 中南大学, 2007.
⑥ 袁文英. 网络舆情危机管理中的政府形象塑造研究[D]. 湖南大学, 2012.

研究》中认为政务微博中政府形象可以分解为理念要素、行为要素、视觉要素以及形象要素等四个方面①。曾焱的《公关目标下的政府形象评价体系——以公共危机为实证研究》在对公关目标量化与分解的基础上，制定了公共危机中的政府形象评价体系的框架：以政府的具体行为和外部公众的感知为出发点，从透明度、美誉度和和谐度三个维度来进行评价②。

已有的研究对政府形象指标体系的构建维度进行了一定探讨，但缺乏较为系统的指标体系研究。本书在国内外政府形象评价研究成果的基础上，尝试构建一套相对完整的政府形象评价指标体系，以期较全面地评价政府形象，同时政府也能够借助指标分数的计算，及时发现不足，给政府部门一个参考。

10.1.2　舆情事件中的政府形象评价指标体系

10.1.2.1　政府形象评价体系的构建原则和立足点

10.1.2.1.1　指标构建的原则

1）目的性。对于任何活动的评价，都是有目的性的，因此，评价指标要能充分反映目标。否则，评价活动不仅达不到预期目的，其本身也失去了意义。

2）可行性。指标的构建必须从实际出发，尽量做到易评价和易监测，确保指标含义准确、清晰、全面。

3）客观性。客观真实的指标能避免主观臆断的影响，获得良好的评价效果。

4）动态性。政府形象建设是一个不断发展进步的过程，因此，评价指标的构建必须能够适应环境的变化，能够随时进行修改。

10.1.2.1.2　指标构建的立足点

1）立足公众利益。政府形象评价是通过公众对政府行为等方面的印象，

---

① 赵恒煜. 政务微博对政府形象的塑造与消解研究[D]. 华南理工大学，2014.
② 曾焱. 公关目标下的政府形象评价体系——以公共危机为实证研究[D]. 浙江大学，2006.

然后加入其自身的理性思考，形成的政府形象评价立场。所以，评价指标要立足公众利益。这样才能获得群众的信任，打牢群众基础，并且使评价工作具有针对性。

2）立足政府行为。如果没有从政府行为出发，容易造成公众的过高期望，产生鸡蛋里挑骨头的行为，使评价缺乏实际性。因此，指标构建要立足政府行为，才能对政府起到很好的指导作用。

10.1.2.2　构建政府形象指标体系的框架

网络舆情事件中政府形象评价指标体系的主要框架包含三大部分：政府行为、社会生态绩效以及工作人员素质。

首先，是政府行为，政府的实际作为是评价政府形象的基础。政府的公共性要求政府行政人员应当全心全意为人民服务，为公众谋福利；而政府的自利性也决定了政府会追求自己的利益。政府的公共性与自利性矛盾交错，因此，政府行为成为评价政府形象的一个重要指标。

其次，是社会生态绩效。政府所取得的社会生态绩效影响着政府治理水平。优秀的社会生态绩效，能提高公众的幸福感使政府获得公众的认可，有利于塑造良好的政府形象。政府面对的是公众众多的要求，社会对政府的需求又复杂多样，使得政府面临着巨大的绩效挑战。所以，社会生态绩效是评价政府形象关键指标之一。

最后，是行政人员素质。行政人员素质的高低严重影响着行政部门管理工作的水平和效率，从各方面影响着行政管理工作的顺利进行，对政府塑造良好的形象起着不可或缺的作用。因此，行政人员素质也是评价政府形象关键指标之一。

10.1.2.3　构建政府形象体系的详细指标

在政府形象评价指标体系基本框架的基础上，选取舆情事件中的网民评论作为依据，分析、归纳、构建出政府形象评价指标体系。

本书共选取了25件网络舆情事件，从中分析、总结出对应的评价指标，见表10-1。

表 10-1　　　　　　　　　　　指标与舆情事件的对应表

一级指标	二级指标	事件名称	事件类型
1. 政府行为	1.1 政府信息透明、全面	国办：遇重大突发事件最迟 5 小时内发布权威信息	政策法规
	1.2 科学、民主决策	福建漳州 PX 项目爆炸；花 6.5 亿元建的立交桥一通车就堵死	事故灾难
	1.3 政府引导力度	房地产兴业异常繁荣；河南多地出台意见限彩礼	社会道德、政策法规
	1.4 政府参与度	遗憾！河北蠡县坠井男童已找到，已无生命体征	事故灾难
	1.5 监管力度	魏则西事件；遗憾！河北蠡县坠井男童已找到，已无生命体征；《人民日报》谈治霾督企更要督政	社会道德、事故灾难、公共卫生
	1.6 官员问责力度	最高法再审改判：聂树斌无罪；遗憾！河北蠡县坠井男童已找到，已无生命体征；环境污染不能只"问"不"责"	事故灾难、公共安全
	1.7 相关配套措施完善程度	关于女职工权益的保护	政策法规
2. 社会生态绩效	2.1 环境洁净要求（如：雾霾、垃圾）	142.2 万平方公里国土遭雾霾、上海 4000 吨垃圾偷倒苏州太湖	环境保护
	2.2 城市交通拥堵状况	北京为缓解城市拥堵收取拥堵费；关于全国最堵城市排行榜的分析报告	政策法规
	2.3 公共卫生指标（如：疫苗安全）	山东假疫苗	公共卫生
	2.4 安全生产指标（如：降低矿难率）	内蒙古煤矿爆炸；福建漳州 PX 项目爆炸	事故灾难
	2.5 社会治安状况	丽江旅游被打	社会安全
	2.6 房屋建筑安全指标	浙江温州民房坍塌	事故灾难

续表

一级指标	二级指标	事件名称	事件类型
3.工作人员素质	3.1 机关作风（勤政、廉政）	丽江旅游被打；北京为缓解城市拥堵收取拥堵费；因在占道经营摊点买菜，福建宁化4名教师被全县通报	社会安全、政策法规、社会道德
	3.2 服务意识（杜绝官僚作风）	派出所喊话民政局"少找麻烦多办实事"，被网友称为"业界良心"；广州：市民不用为证明"我妈是我妈"跑断腿，出台《广州市政府信息共享管理规定》；消防战士救火时按分工拍照竟被围观者辱骂殴打始终没还手	社会道德、政策法规
	3.3 依法行政（不人情行政）	环保"不合格"的郑州，为何政绩考核"优秀"	政策法规
	3.4 行政效率（简化业务流程）	派出所喊话民政局"少找麻烦多办实事"，被网友称为"业界良心"；广州：市民不用为证明"我妈是我妈"跑断腿，出台《广州市政府信息共享管理规定》	社会道德、政策法规

首先，政府行为包括政府信息透明、全面，科学、民主决策，政府引导力度，政府参与度，监管力度，官员问责力度以及相关配套措施完善程度（见图10-1）。政府信息透明、全面，政府要主动、及时、准确地向公众公开政府事务，以及政府所掌握的其他信息；科学、民主的决策，政府要想人民之所想，急人民之所急，准确及时发现百姓需求，第一时间主动满足其需求，决策要充分反映民意、广泛集中民智，比如，在郑州，花6.5亿元建的立交桥一通车就堵死，这件事情就没有体现科学的决策，给老百姓的生活带来困扰；政府引导力度，政府要加强对网络舆情的引导力度，加强宣传引导，使社会风气向好的方向发展；政府参与度，在寻找河北蠡县坠井男童的

过程中，政府参与度就得到了淋漓尽致地体现；监管力度，政府必须完善行政监督机制，加强事前、事中和事后的监督，如果加强对废弃机井的监管，河北蠡县的那个男童就不会坠井了吧；官员问责力度，有利于加强官员的责任心以及完善干部的选拔，在环境治理问题上，同样也不能只问不责；相关配套措施完善程度，就像国家出台二胎政策，其教育、家庭保障等配套措施也应该跟上。

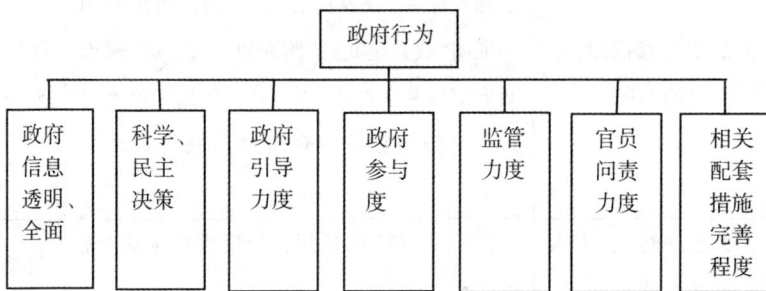

图 10-1　政府行为指标结构图

社会生态绩效包括环境洁净要求、城市交通拥堵状况、公共卫生指标、安全生产指标、社会治安状况以及房屋建筑安全指标（见图 10-2）。环境洁净要求，发展不只是单纯的 GDP，生态文明建设应该贯穿经济社会发展的全过程，只有解决好环境问题，才能激活社会发展活力，才能成就一个地方的经济发展、社会稳定，比如，当大范围雾霾来临时，政府应当采取措施紧急应对，在网络上出现了一句话调侃"厚德载雾""自强不吸"，可见环境问题已经引起了大家的关注；城市交通拥堵状况，交通问题事关公众的日常出行，政府要加强道路交通的规划、建设和管理，提高交通综合管理水平，缓解交通拥堵问题，打造安全、畅通、便捷、有序的交通环境；公共卫生指标，医疗卫生体制需要坚持为人民服务的公益性质，政府应承担维护公共卫生的责任，山东假疫苗事件的出现，引起了我们的广泛关注，愿我们能够共同努力，保障食品、药品的安全；安全生产指标，任何一个细微的差错都可能酿成大祸，政府必须要防患于未然、防微杜渐，建立健全安全管理体系，保障安全生产；社会治安状况，社会冲突是社会发展过程中客观的社会现象，社会冲突无法避免，这时候，政府更应该维护整个社会秩序，前段日子被炒得沸沸扬扬的丽江旅游被打事件，希望政府部门能提高旅游服务市场的准入门槛，出台严密监管措施，以整治社会乱象；房屋建筑安全指标，"安得广厦千万间"，住房问题一直萦绕在普通民众的心头，房屋建筑安全也是一个重要的指标，浙江温州民房坍塌牵动了千万网友的心。

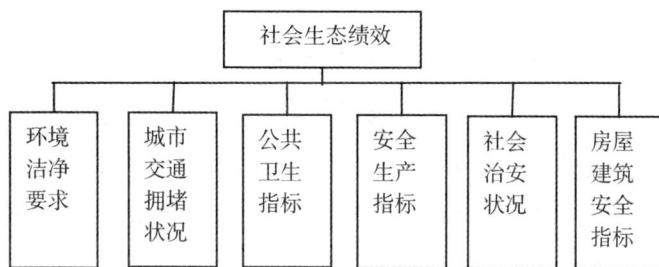

图 10-2 社会生态绩效结构图

再次，工作人员素质的高低直接影响到行政管理效率的高低（见图10-3）。其中，工作人员素质这个二级指标包括机关作风、服务意识、依法行政以及行政效率。机关作风，是指作风是否务实、是否勤政廉政，如表格中提到的事件"北京为缓解城市拥堵收取拥堵费"，如果仅仅是靠收取拥堵费来治理交通问题，没从根本上解决，治标不治本，难免显得有点懒政了；服务意识，政府应树立"全心全意为人民服务的"核心理念，将公共利益摆在优先位置，人人都喜欢为人民着想的政府，所以在当派出所喊话民政局"少找麻烦多办实事"的时候，才会被众多网友称为"业界良心"；依法行政，政府应遵守程序得当的规则体系，不人情形政，也不是为了政绩考核而考核，如，环保不合格的郑州，政绩考核却为优秀，就遭到了网友的质疑；行政效率，提高政府执政效率，最大限度满足公众对公共服务以及与自身关系密切的业务活动的需要。

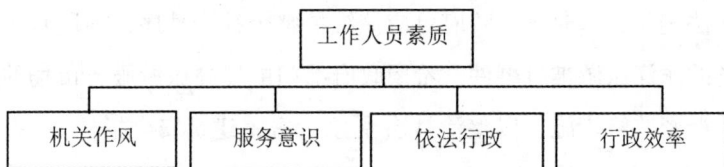

图 10-3　工作人员素质结构图

综上，最终构建的政府形象指标体系分为三层：第一层为总目标"政府形象评价"；第二层为一级指标，包括"政府行为""社会生态绩效""工作人员素质"；在一级指标下，进一步包括末级指标，共 17 个。

政府行为分为七个子类：

1.1　政府信息透明、全面、1.2　科学、民主决策、1.3　政府引导力度、1.4　政府参与度、1.5　监管力度、1.6　官员问责力度、1.7　相关配套措施完善程度。

社会生态绩效分为六个子类：

2.1　环境洁净要求（如：雾霾、垃圾）、2.2　城市交通拥堵状况、2.3　公共卫生指标（如：疫苗安全）、2.4　安全生产指标（如：降低矿难率）、2.5　社会治安状况、2.6　房屋建筑安全指标。

工作人员素质分为四个子类：

3.1　机关作风（勤政、廉政）、3.2　服务意识（杜绝官僚作风）、3.3　依法行政（不人情行政）以及 3.4　行政效率（简化业务流程）。

政府形象评价指标体系如图 10-4 所示。

10.1.2.4　政府形象评价体系指标的具体含义

二级指标具体含义见表 10-2。

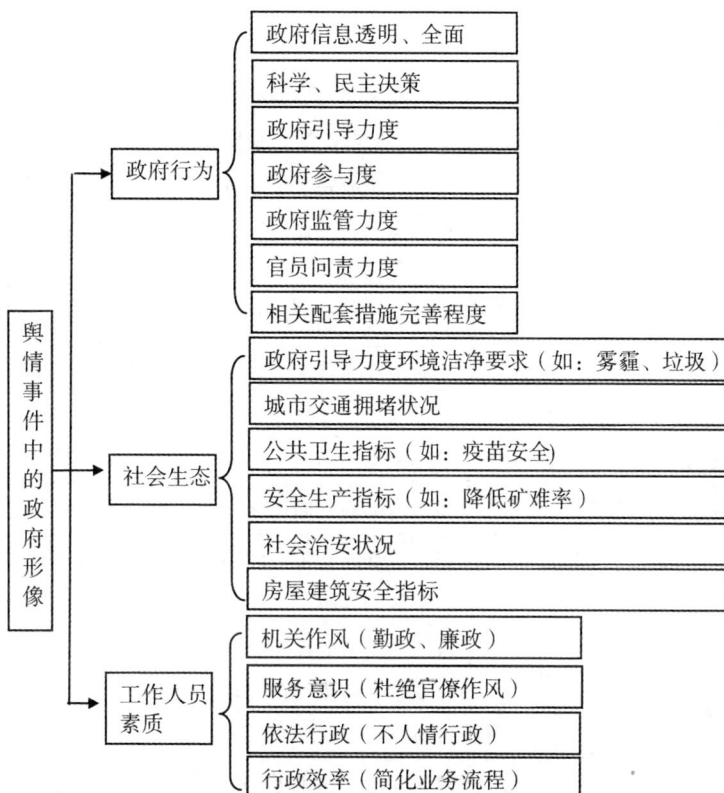

图 10-4 政府形象评价指标体系

The figure shows a hierarchical structure with 舆情事件中的政府形像 on the left branching into three categories:

政府行为:
- 政府信息透明、全面
- 科学、民主决策
- 政府引导力度
- 政府参与度
- 政府监管力度
- 官员问责力度
- 相关配套措施完善程度

社会生态:
- 政府引导力度环境洁净要求（如：雾霾、垃圾）
- 城市交通拥堵状况
- 公共卫生指标（如：疫苗安全)
- 安全生产指标（如：降低矿难率）
- 社会治安状况
- 房屋建筑安全指标

工作人员素质:
- 机关作风（勤政、廉政）
- 服务意识（杜绝官僚作风）
- 依法行政（不人情行政）
- 行政效率（简化业务流程）

表 10-2   **二级指标具体含义**

二级指标	指标含义
1.1 政府信息透明、全面	在政府网站上公开相关信息，特别是在有突发事件情况下，需要及时、全面地公布信息情况
1.2 科学、民主决策	在目的上体现公共利益，在主体上体现民众的参与，在过程上体现开放、透明、科学等
1.3 政府引导力度	政府挖掘、引导、培养意见领袖的数量，以及对社会现象出台政策进行引导等

续表

二级指标	指标含义
1.4 政府参与度	政府相关部门如领导机构、责任部门等在应对突发事件时的联动协调程度和效果
1.5 监管力度	政府对企业安全生产以及危害社会安全的管理
1.6 官员问责力度	管理部门对存在过失或工作不力的单位和个体责任追究的规范，以及一系列政府责任追究制度、评议制度、责任制度以及监督检查制度的完善力度
1.7 相关配套措施完善程度	政府是否完善配套管理方案，优化政策措施
2.1 环境洁净要求（如雾霾、垃圾分类等）	主要涉及工业污染、城市污染、生态环境破坏、垃圾不分类等问题
2.2 城市交通拥堵状况	城市内部的交通拥堵状况
2.3 公共卫生指标（如疫苗安全）	包括对食品安全、药品安全的监督管制，以及对重大疾病的预防、监控等
2.4 安全生产指标（如减低矿难率）	政府是否采取预防和控制措施以保证从业人员的人身安全、避免设备破坏，以保证生产经营活动顺利进行
2.5 社会治安状况	政府是否积极解决社会治安问题，维护治安秩序、保障社会稳定等
2.6 房屋建筑安全指标	危房、抗震、建筑施工安全以及建筑事故安全等
3.1 机关作风（勤政、廉政）	行政人员是否勤政廉政，作风务实、诚实守信
3.2 服务意识（杜绝官僚作风）	行政人员是否提供热情、主动、周到的服务，是否具有敬业精神
3.3 依法行政（区别于人情行政）	是否依照法律规定的权限、依照程序行使权力、履行职责，是否依法办事、严格执法，是否存在人情行政问题
3.4 行政效率（精简业务流程）	机关人员的业务熟练度、熟悉度，人员合作精神、办事速度、是否根据用户需求精简业务流程，便民利民等

10.1.3 舆情事件中的政府形象评价指标权重分析

到目前为止，政府形象评价指标体系基本成型，现在要对指标进行权重赋值。在本书中，采用了层次分析法求得最大特征根和特征向量，进而得到各个指标的对应权重。层次分析法以一种定性与定量相结合的方法处理各种决策因素；该法的主要思想是通过将复杂问题分解为若干层次和若干因素，对两两指标之间的重要程度作出比较判断，建立判断矩阵，通过计算判断矩阵的最大特征值以及对应特征向量，就可得出不同方案重要性程度的权重，为最佳方案的选择提供依据①。

首先邀请专家对上述体系中各个指标的相对重要性进行评定，构成判断矩阵。在建立了判断矩阵之后，根据各专家的评价，借助 Excel 表格，进行矩阵计算，这里采用的是几何平均法，具体为：

① 将判断矩阵 A 第 i 行元素相乘作为列向量 B 的第 i 个元素

$$B = \prod_{j=1}^{n} a_{ij} = \begin{pmatrix} a_{11} & a_{12} & \cdots & a_{1n} \\ \cdot & \cdot & & \cdot \\ \cdot & \cdot & \cdot & \cdot \\ \cdot & \cdot & \cdot & \cdot \\ a_{n1} & a_{n2} & \cdots & a_{nn} \end{pmatrix}$$

② 将矩阵 B 中的各元素开 n 次方根所得所有元素的集合平均值

$$w = \sqrt[n]{B_i} \, (i = 1, \ 2, \ \cdots, \ n),$$

③ 将 W 归一化后计算得

$$W_i = \frac{W_i}{\sum_{i=1}^{n} W_i} \, (i = 1, \ 2, \ \cdots, \ n),$$

$W_i = (W_1, \ W_2, \ \cdots, \ W_n)^T$ 即为所求特征向量的近似值，这也是各因子的

---

① 郭金玉，张忠彬，孙庆云. 层次分析法的研究与应用[J]. 中国安全科学学报，2008，18(5)：148-153.

相对权重。

④ 最大特征向量为

$$\lambda_{max} = \sum_{i=1}^{n} \frac{(AW)_i}{nW_i} = \sum \frac{(AW)\text{的第}i\text{个元素}}{n \times \text{特征向量的第}i\text{个元素}},$$

计算最大特征根是为了进行一致性检验，保证权重的合理性。

⑤ 一致性检验

计算一致性比例 CR，公式为：$CI = \frac{\lambda_{max} - n}{n - 1}$，$CR = \frac{CI}{RI}$，其中，$RI$ 由大量试验给出，RI 取值列于表 10-3。当 $CR < 0.1$ 时，则认为判断矩阵的一致性是可以接受的，说明指标权重具有可靠性。

表 10-3　　　　　　平均随机一致性指标 **RI**

矩阵阶数	1	2	3	4	5	6	7	8	9	10
R_I	0	0	0.52	0.89	1.12	1.26	1.36	1.41	1.46	1.49

已经根据四位专家的相对重要性评价，计算得到指标的对应权重。为了使数据更客观，本书采用把各个权重取算术平均值，得到最后的结果(见表 10-4 和表 10-5)。在最重要的一级指标工作人员素质中，服务意识最为重要，其次为依法行政。评价指标体系以及采用专家评价法所得指标权重见图 10-5。

表 10-4　　　　　　一级指标权重计算结果(修正后)

一级指标	权重
政府行为	0.3425
社会生态绩效	0.2275
工作人员素质	0.4300

表 10-5　　　　　　　　末级指标对于总指标的合成权重(修正后)

二级指标	1.1政府信息透明、全面	1.2科学、民主决策	1.3政府引导力度	1.4政府参与度	1.5监管力度	1.6官员问责力度	1.7相关配套措施完善程度	2.1环境洁净要求(如：雾霾、垃圾)	2.2城市交通拥堵状况
权重	0.0765	0.0807	0.0268	0.0243	0.0376	0.0468	0.0501	0.0217	0.0152
二级指标	2.3公共卫生指标(如：疫苗安全)	2.4安全生产指标(如：降低矿难率)	2.5社会治安状况	2.6房屋建筑安全指标	3.1机关作风(勤政、廉政)	3.2服务意识(杜绝官僚作风)	3.3依法行政(不人情行政)	3.4行政效率(简化业务流程)	
权重	0.0237	0.0431	0.0694	0.0545	0.0948	0.1596	0.1117	0.0635	

10.1.4　舆情事件中的政府形象评价实例

以网络舆情监测系统中采集的"官员醉驾撞死 2 名学生逃逸，法院判 5 年遭检察院抗诉"事件的评价信息为例，对文本信息进行预处理，排除无关评论，基于意见挖掘①和观点提取②，分析网民对法院以及检察院两个主体的情感倾向性。

分析结果发现，网民对法院的态度呈现一边倒的消极情绪，而对检察院则表示赞赏。其中，积极情绪的评论主要是对检察院抗诉的做法表示赞扬；消极情绪的评论主要是对法官的愤怒，对宣判结果的质疑，对司法环境的失望。

根据情感分析结果，当前舆情事件中的实体——"法院"的网络形象评价来自三个一级指标：依法行政得分为-118，官员问责力度的得分为-11.5，

---

① 陈忆金，曹树金，陈桂鸿. 网络舆情意见挖掘：用户评论情感倾向分析研究[J]. 图书情报知识，2013(6)：90-96.

② 陈忆金，黄彦齐. 网络舆情动态分析研究[J]. 情报资料工作，2016(6).

机关作风(勤政、廉政)的得分为-6；实体二"检察院"的网络形象评价则仅来自一个一级指标：依法行政得分为 50。

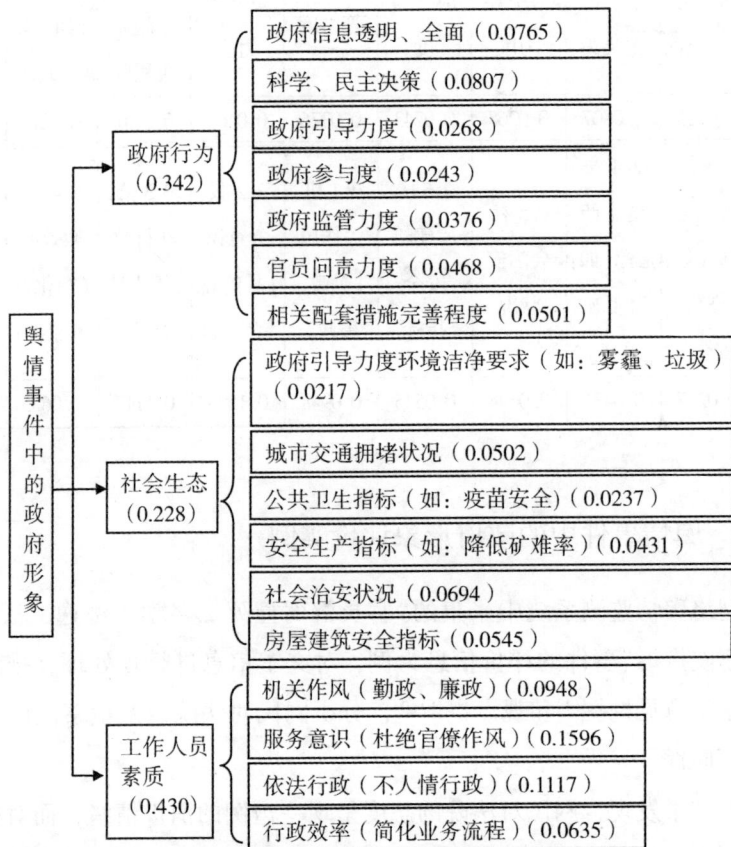

图 10-5 网络舆情事件中的政府形象指标体系及其对应权重

对应评价体系中，可以看到，依法行政的权重是 0.1117，官员问责力度的权重是 0.0468，机关作风的权重是 0.0948。因此，在这个事件中，法院的形象值是(-118×0.1117)+(-11.5×0.0468)+(-6×0.0948)=-14.2876；检察院的形象值是 50×0.1117=5.585。从评分结果可知，在此次网络舆情事件中，舆情反映的检察院的形象是正面的，法院的形象是负面的，检察院的形象值远高于法院。

10.2　基于舆情信息聚合的高校形象评价

高校形象，指的是高等院系内部精神与外在整体印象在人们眼里的固有形象和口碑，主要体现在高校里的各方各面，其中囊括了行政工作和教育管理行为，如校园生态建设以及师生、行政教辅人员的行为、态度、道德能力等。

近几年来，教育问题是能引起民众普遍关心的重要话题，包括教育福利、防治校园欺凌、高校事业单位编制改革试水等。高校网络舆情事件在这些教育问题热点舆情中占据着极为重要位置。为得到指标数据更为科学准确，以百度相关搜索量和微博讨论量综合确定高校网络舆情事件的热度，按热度高低筛选高校在微博的热门事件，得到如表 10-6 代表事件为选取对象，并对微博网友在这些事件的相关博文下的评论进行信息收集和指标整理。

表 10-6　　　　　　　　　　　**网络舆情事件表**

编号	网络舆情事件	百度相关搜索量	微博讨论量
1	北大生涉嫌弑母	172000	18000
2	南方医科大学宿舍杀人案	1130000	36906
3	华师大副教授讽范冰冰	691000	36906
4	清华北大连夜抢人	27400	14000
5	高校宿舍搜查大功率	28500	12000
6	湖南大学标志性塑像遭涂鸦	4740	3308
7	华师图书馆刷爆朋友圈	285000	1300
8	大学简称争议	1080000	3275
9	大学生破解校园卡	156000	2315
10	北大清华即将宣布结盟	33600	2137

10.2.1 舆情事件中的高校网络形象指标分析

本书对上述十个舆情事件的用户评论进行文本内容分析，整理出初步的评论指标合计 39 个(见表 10-7)，然后对这 39 个指标的重要性评价进问卷调查以确定最终指标及其权重。

1)学生 U_1。学生作为高校里最主要的组成成分之一，同时也是网络舆情事件的主要组成部分之一，它不仅是高校网络舆情事件的被评价者，同时是对事件更有评价资格的当事人。它包括：行为 U_{11}、态度 U_{12}、学习能力 U_{13}、考风 U_{14}、学风 U_{15}、活力 U_{16}、辨别能力 U_{17}。

2)教师 U_2。教师不止指的是它本身的社会角色，同时指它是该身份的承担者。古语云：教不严，师之惰。在评论中，即使主体不在教师本身，然而还是有许多评论指向教师。它包括：行为 U_{21}、态度 U_{22}、师德 U_{23}、学术道德 U_{24}、教学水平(含质量和方式方法)U_{25}、影响力 U_{26}、协作力 U_{27}。

表 10-7   网络舆情事件中高校形象评价指标体系表

总指标	一级指标	二级指标
网络舆情事件中高校形象评价指标体系 U	学生 U_1	行为 U_{11}、态度 U_{12}、学习能力 U_{13}、考风 U_{14}、学风 U_{15}、活力 U_{16}、辨别能力 U_{17}
	教师 U_2	行为 U_{21}、态度 U_{22}、师德 U_{23}、学术道德 U_{24}、教学水平(含质量和方式方法)U_{25}、影响力 U_{26}、协作力 U_{27}
	行政教辅 U_3	行为 U_{31}、态度 U_{32}、管理效率 U_{33}、道德水平 U_{34}、机关作风 U_{35}、服务意识 U_{36}、规则意识 U_{37}、学习能力 U_{38}
	高校管理行为 U_4	信息公开 U_{41}、科学民主决策 U_{42}、人员问责 U_{43}、引导力度 U_{44}、校方参与度 U_{45}、制度措施配套 U_{46}、法治水平 U_{47}、管理方法 U_{48}、创新水平 U_{49}
	校园生态 U_5	社会声誉 U_{51}、校园文化 U_{52}、校园环境 U_{53}、基础设施 U_{54}、校园安全 U_{55}、包容性 U_{56}、制度环境 U_{57}、人文情怀 U_{58}

3) 行政教辅 U_3。在某种程度来讲，高校学生的健康成长、道德素质和知识能力，跟高校的行政教辅人员的工作效果是存在着密切的关系。所以，行政教辅应该要素质过硬、结构合理、业务精湛、人员稳定才能使高校形象建设得更加美好。它包括：行为 U_{31}、态度 U_{32}、管理效率 U_{33}、道德水平 U_{34}、机关作风 U_{35}、服务意识 U_{36}、规则意识 U_{37}、学习能力 U_{38}。

4) 高校管理行为 U_4。高校管理行为是由行政人员调解管制校内各组成人员之间的行为关系，在大学整个管理过程中起着举足轻重的作用。它包括：信息公开 U_{41}、科学民主决策 U_{42}、人员问责 U_{43}、引导力度 U_{44}、校方参与度 U_{45}、制度措施配套 U_{46}、法治水平 U_{47}、管理方法 U_{48}、创新水平 U_{49}。

5) 校园生态 U_5。校园生态除了肉眼可见的真实存在自然生态环境，更重要的是由校内师生的道德素质行为组成的精神文化环境。它包括：社会声誉 U_{51}、校园文化 U_{52}、校园环境 U_{53}、基础设施 U_{54}、校园安全 U_{55}、包容性 U_{56}、制度环境 U_{57}、人文情怀 U_{58}。

10.2.2　舆情事件中的高校形象指标权重分析

评价指标权重调查主要分为三个部分：被调查人员的基本信息、行政教辅的各方面指标对高校形象评价的重要性、高校管理行为的各方面指标对高校形象评价的重要性。

本次参加问卷调查的一共有 119 人，经过对回收的 119 份问卷结果进行整理和汇总。119 个样本里，男性 49 人，占比 41.18%；女性 70 人，占比 58.82%。学历分布为：高中及以下占比 22%，大专占比 26%，本科占比 46%，研究生及以上占比 6%。

样本认为各指标对高校形象的重要性评价结果如表 10-8~表 10-13 所示。

由数据分析可知，各指标重要及很重要占比之和按从高到低排序为：高校管理 93.28%，教师 91.6%，学生 91.59%，校园生态 85.72%，行政教辅 78.99%。

表 10-8　　　　　　　一级指标对高校形象评价的重要性程度表

一级指标	不重要	不太重要	一般	重要	很重要
学生	4(3.36%)	0(0%)	6(5.04%)	41(34.45%)	68(57.14%)
教师	3(2.52%)	0(0%)	7(5.88%)	30(25.21%)	79(66.39%)
行政教辅	2(1.68%)	3(2.52%)	20(16.81%)	40(33.61%)	54(45.38%)
高校管理行为	2(1.68%)	0(0%)	6(5.04%)	35(29.41%)	76(63.87%)
校园生态	1(0.84%)	1(0.84%)	15(12.61%)	48(40.34%)	54(45.38%)

表 10-9　　　　　　　学生对高校形象评价的重要性程度表

指标：学生	不重要	不太重要	一般	重要	很重要
行为	1(0.84%)	0(0%)	4(3.36%)	32(26.89%)	82(68.91%)
态度	0(0%)	1(0.84%)	5(4.2%)	32(26.89%)	81(68.07%)
学习能力	0(0%)	1(0.84%)	18(15.13%)	45(37.82%)	55(46.22%)
考风	1(0.84%)	1(0.84%)	14(11.76%)	37(31.09%)	66(55.46%)
学风	0(0%)	0(0%)	11(9.24%)	35(29.41%)	73(61.34%)
活力	0(0%)	0(0%)	13(10.92%)	48(40.34%)	58(48.74%)
辨别能力	0(0%)	1(0.84%)	12(10.08%)	47(39.5%)	59(49.58%)

由数据分析可知，各指标重要及很重要占比之和按从高到低排序为：行为 95.8%，态度 94.96%，学风 90.75%，活力 89.08%，辨别能力 89.08%，考风 86.55%，学习能力 84.04%。

表 10-10　　　　　　教师对高校形象评价的重要性程度表

指标：教师	不重要	不太重要	一般	重要	很重要
行为	1(0.84%)	1(0.84%)	4(3.36%)	26(21.85%)	87(73.11%)
态度	1(0.84%)	0(0%)	5(4.2%)	26(21.85%)	87(73.11%)
师德	1(0.84%)	1(0.84%)	3(2.52%)	20(16.81%)	94(78.99%)

指标：教师	不重要	不太重要	一般	重要	很重要
学术道德	1(0.84%)	1(0.84%)	4(3.36%)	30(25.21%)	83(69.75%)
教学水平	1(0.84%)	1(0.84%)	4(3.36%)	42(35.29%)	71(59.66%)
影响力	2(1.68%)	1(0.84%)	15(12.61%)	37(31.09%)	64(53.78%)
协作力	1(0.84%)	4(3.36%)	11(9.24%)	43(36.13%)	60(50.42%)

由数据分析可知，各指标重要及很重要占比之和按从高到低排序为：师德95.8%，行为94.96%，态度94.96%，学术道德94.96%，教学水平(含质量和方式方法)94.95%，协作力86.55%，影响力84.87%。

表 10-11　　行政教辅对高校形象评价的重要性程度表

指标：行政教辅	不重要	不太重要	一般	重要	很重要
行为	0(0%)	0(0%)	9(7.56%)	45(37.82%)	65(54.62%)
态度	0(0%)	0(0%)	8(6.72%)	38(31.93%)	73(61.34%)
管理效率	0(0%)	0(0%)	7(5.88%)	40(33.61%)	72(60.5%)
道德水平	0(0%)	1(0.84%)	7(5.88%)	36(30.25%)	75(63.03%)
机关作风	0(0%)	1(0.84%)	9(7.56%)	35(29.41%)	74(62.18%)
服务意识	0(0%)	2(1.68%)	8(6.72%)	38(31.93%)	71(59.66%)
规则意识	0(0%)	0(0%)	13(10.92%)	44(36.97%)	62(52.1%)
学习能力	0(0%)	1(0.84%)	17(14.29%)	37(31.09%)	64(53.78%)

由数据分析可知，各指标重要及很重要占比之和按从高到低排序为：管理效率94.11%，道德水平93.28%，态度93.27%，行为92.44%，机关作风91.59%，服务意识91.59%规则意识89.07%，学习能力84.87%。

表10-12　　　　**高校管理行为对高校形象评价的重要性程度表**

指标：高校 管理行为	不重要	不太重要	一般	重要	很重要
信息公开	1(0.84%)	1(0.84%)	11(9.24%)	33(27.73%)	73(61.34%)
科学民主决策	0(0%)	1(0.84%)	10(8.4%)	41(34.45%)	67(56.3%)
人员问责	0(0%)	2(1.68%)	14(11.76%)	36(30.25%)	67(56.3%)
引导力度	0(0%)	1(0.84%)	6(5.04%)	44(36.97%)	68(57.14%)
校方参与度	0(0%)	1(0.84%)	9(7.56%)	48(40.34%)	61(51.26%)
制度措施配套	0(0%)	1(0.84%)	10(8.4%)	44(36.97%)	64(53.78%)
法治水平	0(0%)	1(0.84%)	8(6.72%)	44(36.97%)	66(55.46%)
管理方法	1(0.84%)	0(0%)	5(4.2%)	38(31.93%)	75(63.03%)
创新水平	0(0%)	1(0.84%)	10(8.4%)	39(32.77%)	69(57.98%)

由数据分析可知，各指标重要及很重要占比之和按从高到低排序为：管理方法94.96%，引导力度94.11%，法治水平92.43%，校方参与度91.6%，科学民主决策90.75%，制度措施配套90.75%，创新水平90.75%，信息公开89.07%，人员问责86.55%。

由表10-13数据分析可知，各指标重要及很重要占比之和按从高到低排序为：校园文化94.96%，校园安全93.28%，包容性92.44%，基础设施90.76%，制度环境90.76%，社会声誉90.75%，校园环境89.08%，人文情怀89.07%。

表10-13　　　　**校园生态对高校形象评价的重要性程度表**

指标：校园 生态	不重要	不太重要	一般	重要	很重要
社会声誉	2(1.68%)	0(0%)	9(7.56%)	42(35.29%)	66(55.46%)
校园文化	0(0%)	1(0.84%)	5(4.2%)	54(45.38%)	59(49.58%)

指标：校园生态	不重要	不太重要	一般	重要	很重要
校园环境	0(0%)	0(0%)	13(10.92%)	49(41.18%)	57(47.9%)
基础设施	0(0%)	0(0%)	11(9.24%)	52(43.7%)	56(47.06%)
校园安全	1(0.84%)	0(0%)	7(5.88%)	23(19.33%)	88(73.95%)
包容性	0(0%)	0(0%)	9(7.56%)	45(37.82%)	65(54.62%)
制度环境	0(0%)	0(0%)	11(9.24%)	45(37.82%)	63(52.94%)
人文情怀	0(0%)	3(2.52%)	10(8.4%)	40(33.61%)	66(55.46%)

基于本体的信息聚合方法具有多维度、多层次的特征，为科学评价网络舆情事件中的高校形象提供了研究思路和方法，通过建立具有层次性的指标实现对信息要素的拆解，并在赋予各层级指标权重的基础上，实现科学有效的评价网络形象。接下来，本研究将运用层次分析法，将以上指标进行综合评价。

首先建立指标层级结构，如图 10-6 所示。再根据调查问卷的结果分析构造判断矩阵，如果其中一个指标的重要性占比高，就表明该指标的对高校形象评价体系的影响程度比较大。判断矩阵的标度含义如表 10-14。

表 10-14　　　　　　　　　　判断矩阵的标度表

编号	重要性等级	分值
1	a，b 两个指标一样重要	1
2	a 指标比 b 指标多[1/2, 1/3)(a 比 b 稍微重要)	3
3	a 指标比 b 指标多[1/3, 1/5)(a 比 b 明显重要)	5
4	a 指标比 b 指标多[1/5, 1/7)(a 比 b 强烈重要)	7
5	a 指标比 b 指标多[1/7, 1/9)(a 比 b 极其重要)	9

根据表 10-8，由问卷调查结果分析，得到 U 判断矩阵表如表 10-15：

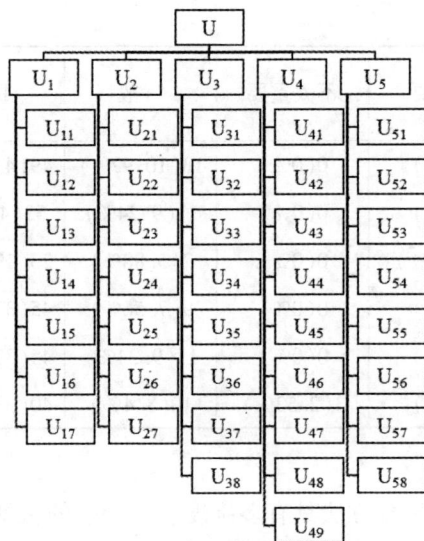

图 10-6 层次结构图

表 10-15 **U 判断矩阵表**

	高校管理	教师	学生	校园生态	行政教辅
高校管理	1	2	3	5	8
教师	1/2	1	1	4	7
学生	1/2	1	1	4	7
校园生态	1/5	1/4	1/4	1	5
行政教辅	1/8	1/7	1/7	1/5	1

根据表 10-9，由问卷调查结果分析，得到 U_1 判断矩阵表如表 10-16：

表 10-16 **U₁判断矩阵表**

	行为	态度	学风	活力	辨别能力	考风	学习能力
行为	1	2	4	5	5	6	7
态度	1/2	1	3	4	4	6	7

续表

	行为	态度	学风	活力	辨别能力	考风	学习能力
学风	1/4	1/3	1	2	2	4	5
活力	1/5	1/4	1/2	1	1	3	4
辨别能力	1/5	1/4	1/2	1	1	3	4
考风	1/6	1/6	1/4	1/3	1/3	1	3
学习能力	1/7	1/7	1/5	1/4	1/4	1/3	1

根据表 10-10，由问卷调查结果分析，得到 U$_2$ 判断矩阵表如表 10-17：

表 10-17 **U$_2$判断矩阵表**

	师德	行为	态度	学术道德	教学水平	协作力	影响力
师德	1	2	2	2	3	6	7
行为	1/2	1	1	1	2	5	6
态度	1/2	1	1	1	2	5	6
学术道德	1/2	1	1	1	2	5	6
教学水平	1/3	1/2	1/2	1/2	1	5	6
协作力	1/6	1/5	1/5	1/5	1/5	1	2
影响力	1/7	1/6	1/6	1/6	1/6	1/2	1

根据表 10-11，由问卷调查结果分析，得到 U3 判断矩阵表如表 10-18：

表 10-18 **U$_3$判断矩阵表**

	管理效率	道德水平	态度	行为	机关作风	服务意识	规则意识	学习能力
管理效率	1	2	2	3	3	3	4	6
道德水平	1/2	1	1	2	2	2	3	5

续表

	管理效率	道德水平	态度	行为	机关作风	服务意识	规则意识	学习能力
态度	1/2	1	1	2	2	2	3	5
行为	1/3	1/2	1/2	1	1	1	2	6
机关作风	1/3	1/2	1/2	1	1	1	2	6
服务意识	1/3	1/2	1/2	1	1	1	2	6
规则意识	1/4	1/3	1/3	1/2	1/2	1/2	1	3
学习能力	1/6	1/5	1/5	1/6	1/6	1/6	1/3	1

根据表 10-12，由问卷调查结果分析，得到 U_4 判断矩阵表如表 10-19：

表 10-19 U_4判断矩阵表

	管理方法	引导力度	法治水平	校方参与度	科学民主决策	制度措施配套	创新水平	信息公开	人员问责
管理方法	1	1	2	3	4	4	4	4	6
引导力度	1	1	2	3	4	4	4	4	6
法治水平	1/2	1/2	1	2	3	3	3	3	4
校方参与度	1/3	1/3	1/2	1	2	3	3	3	4
科学民主决策	1/4	1/4	1/3	1/2	1	1	1	1	3
制度措施配套	1/4	1/4	1/3	1/3	1	1	1	1	3
创新水平	1/4	1/4	1/3	1/3	1	1	1	1	3
信息公开	1/4	1/4	1/3	1/3	1	1	1	1	3
人员问责	1/6	1/6	1/4	1/4	1/3	1/3	1/3	1/3	1

根据表 10-13，由问卷调查结果分析，得到 U_5 判断矩阵表如表 10-20：

表 10-20   U₅判断矩阵表

	校园文化	校园安全	包容性	基础设施	制度环境	社会声誉	校园环境	人文情怀
校园文化	1	2	3	4	4	4	5	5
校园安全	1/2	1	2	3	3	3	4	4
包容性	1/3	1/2	1	2	2	2	3	3
基础设施	1/4	1/3	1/2	1	1	1	3	3
制度环境	1/4	1/3	1/2	1	1	1	3	3
社会声誉	1/4	1/3	1/2	1	1	1	2	2
校园环境	1/5	1/4	1/3	1/3	1/3	1/2	1	1
人文情怀	1/5	1/4	1/3	1/3	1/3	1/2	1	1

经过计算,判断矩阵 U 的最大特征值 $\lambda_{max} = 5.196$,该特征值对应的归一化特征向量

$W = (0.396, 0.240, 0.240, 0.090, 0.034)$;则 $CI = \dfrac{\lambda_{max} - n}{n - 1} = 0.049$, $RI = 1.12$;

故 $CR = \dfrac{CI}{RI} = 0.044 < 0.1$,表明 U 通过了一致性检验。

同理可对判断矩阵 U_1,U_2,U_3,U_4,U_5 进行一致性检验,结果如表 10-21所示:

表 10-21   一致性检验结果表

U	1	2	3	4	5
λ_{max}	7.350	7.166	8.19	9.313	8.191
CI	0.058	0.028	0.027	0.039	0.027
RI	1.36	1.36	1.41	1.46	1.41
CR	0.043	0.020	0.020	0.027	0.019

由表 10-21 可知，*CR* 全部都小于 0.1，U_1，U_2，U_3，U_4，U_5 全部都通过了一致性检验。则说明以上矩阵据有满意的一致性。

通过层次分析法对一级指标和二级指标的权重进行了确定，并最后通过层次总排序确定了 39 个指标的最终权重，在网络舆情事件中，可以通过以上指标对高校形象进行评价，指标及权重见表 10-22。

表 10-22   层次总排序的权重结果表

一级指标	权重 WU_i	二级指标	权重 WU_{ij}	总排序权重 W_{ij}
学生 U_1	0.396	行为 U_{11}	0.362	0.143
		态度 U_{12}	0.262	0.104
		学习能力 U_{13}	0.131	0.052
		考风 U_{14}	0.086	0.034
		学风 U_{15}	0.086	0.034
		活力 U_{16}	0.046	0.018
		辨别能力 U_{17}	0.028	0.011
教师 U_2	0.24	行为 U_{21}	0.293	0.07
		态度 U_{22}	0.175	0.042
		师德 U_{23}	0.175	0.042
		学术道德 U_{24}	0.175	0.042
		教学水平 U_{25}	0.117	0.028
		影响力 U_{26}	0.039	0.009
		协作力 U_{27}	0.028	0.007
行政教辅 U_3	0.24	行为 U_{31}	0.274	0.066
		态度 U_{32}	0.168	0.04
		管理效率 U_{33}	0.168	0.04
		道德水平 U_{34}	0.102	0.024
		机关作风 U_{35}	0.102	0.024

续表

一级指标	权重 WU$_i$	二级指标	权重 WU$_{ij}$	总排序权重 W$_{ij}$
行政教辅 U$_3$	0.24	服务意识 U$_{36}$	0.102	0.024
		规则意识 U$_{37}$	0.057	0.014
		学习能力 U$_{38}$	0.026	0.006
高校管理 行为 U$_4$	0.09	信息公开 U$_{41}$	0.237	0.021
		科学民主决策 U$_{42}$	0.237	0.021
		人员问责 U$_{43}$	0.151	0.014
		引导力度 U$_{44}$	0.118	0.011
		校方参与度 U$_{45}$	0.059	0.005
		制度措施配套 U$_{46}$	0.057	0.005
		法治水平 U$_{47}$	0.057	0.005
		管理方法 U$_{48}$	0.057	0.005
		创新水平 U$_{49}$	0.036	0.003
校园生态 U$_5$	0.034	社会声誉 U$_{51}$	0.312	0.011
		校园文化 U$_{52}$	0.21	0.007
		校园环境 U$_{53}$	0.135	0.005
		基础设施 U$_{54}$	0.09	0.003
		校园安全 U$_{55}$	0.09	0.003
		包容性 U$_{56}$	0.079	0.003
		制度环境 U$_{57}$	0.042	0.001
		人文情怀 U$_{58}$	0.042	0.001

10.2.3 基于舆情信息聚合的高校形象评价分析实例

以网络舆情监测系统中采集的"中大限外"事件的评价信息为例，对文本信息进行预处理，排除无关评论，基于意见挖掘①和观点提取②，分析网民对涉事主体的情感倾向性。表 10-23 所示为二级指标的单项情感倾向分值。

表 10-23　　　　　　　　　　评论内容情感倾向得分表

二级指标	负面得分–	正面得分+	二级指标	负面得分–	正面得分+
行为 U_{11}	2	7	行为 U_{21}	3	1
态度 U_{12}	2	3	态度 U_{22}	1	0
学习能力 U_{13}	4	1	学术道德 U_{24}	3	1
学风 U_{15}	3	5	影响力 U_{26}	2	0
辨别能力 U_{17}	2	0			
行为 U_{31}	4	4	机关作风 U_{35}	2	0
态度 U_{32}	5	1	服务意识 U_{36}	2	1
管理效率 U_{33}	8	6	学习能力 U_{38}	1	3
信息公开 U_{41}	2	0	社会声誉 U_{51}	10	5
科学民主决策 U_{42}	1	2	校园文化 U_{52}	6	0
人员问责 U_{43}	3	1	校园环境 U_{53}	13	2
引导力度 U_{44}	2	0	基础设施 U_{54}	0	2
制度措施配套 U_{46}	5	2	校园安全 U_{55}	0	26
管理方法 U_{48}	6	9	包容性 U_{56}	23	0
创新水平 U_{49}	2	5	制度环境 U_{57}	2	6
			人文情怀 U_{58}	2	3

　　根据表 10-22 得分乘以表 10-23 对应二级指标的权重计算得：

---

①　陈忆金，曹树金，陈桂鸿．网络舆情意见挖掘：用户评论情感倾向分析研究[J]．图书情报知识，2013(6)：90-96.

②　陈忆金，黄彦齐．网络舆情动态分析研究[J]．情报资料工作，2016(6).

学生 U_1：

$(7-2) \times 0.143 + (3-2) \times 0.104 + (1-4) \times 0.052 + (5-3) \times 0.034 + (0-2) \times 0.011 = 0.709$

教师 U_2：

$(1-3) \times 0.070 + (0-1) \times 0.042 + (1-3) \times 0.042 + (0-2) \times 0.009 = -0.284$

行政教辅 U_3：

$(4-4) \times 0.066 + (1-5) \times 0.040 + (6-8) \times 0.040 + (0-2) \times 0.024 + (1-2) \times 0.024 + (3-1) \times 0.006 = -0.3$

高校管理行为 U_4：

$(0-2) \times 0.021 + (2-1) \times 0.021 + (1-3) \times 0.014 + (0-2) \times 0.011 + (2-5) \times 0.005 + (9-6) \times 0.005 + (5-2) \times 0.003 = -0.062$

校园生态 U_5：

$(5-10) \times 0.011 + (0-6) \times 0.007 + (2-13) \times 0.005 + (2-0) \times 0.003 + (26-0) \times 0.003 + (0-23) \times 0.003 + (6-2) \times 0.001 + (3-2) \times 0.001 = -0.132$

将所得一级指标分数相加，通过计算：

$0.709 - 0.284 - 0.3 - 0.062 - 0.132 = -0.069$

得到在"中大限外"这一网络舆情事件中，中山大学高校形象评价总体得分结果为 -0.069。

从总体结果来看，在这个舆情事件中，中山大学的形象受到了负面影响。其次，从一级指标的得分来看，学生的得分最高，表明在此次事件中学生的表现得到了网友的肯定；而得分最低的为行政教辅，说明网友对行政教辅人员的能力存在着不满意。

第 11 章　结论与展望

　　本书主要对如何运用深度聚合手段实现社会管理决策领域网络舆情信息资源的有效组织与利用进行探索，在决策需求、研究与应用现状分析、网络舆情分析与应对决策活动分析、信息增值等研究基础上，分解网络舆情信息资源的类型、信息要素，构建网络舆情事件本体，基于本体对网络舆情信息资源进行挖掘和组织，将分散的信息聚合成有机联系的知识化聚合单元，概括对信息进行聚合的主要模式，在情境下呈现信息分析结果；在聚合思想指导下对舆情信息主题自动抽取、情感意见挖掘算法进行探索，以及以网络舆情事件中的组织机构形象为聚合基点，探究采用舆情信息聚合方法实现组织机构网络形象分析的指标体系，以形成符合用户需求的网络舆情分析报告，用以辅助社会管理领域的决策。

　　本章将总结信息聚合对社会管理领域网络舆情应对决策的支持，提出本书的总体结论，概括理论价值，以及对应用与未来研究做出展望。

11.1　研究结论

　　(1)社会管理领域网络舆情信息聚合研究需要与应对决策密切结合

　　首先，网络舆情研究现状分析表明，随着互联网技术的迅速发展以及网络舆情研究的深化，多学科交叉是网络舆情研究的本质属性。其次，网络舆情工作实践情况显示，组织机构面临的危机或潜在危机与互联网网络舆情的关系密切。由此显示，从理论层面上看，危机信息管理与网络舆情信息资源管理之间的研究，危机治理、网络治理与政府治理之间的研究，网络舆情信息分析与决策理论之间的研究，大众心理学与网络舆情用户认知之间的研究，以及网络信息传播与公共关系沟通之间的研究等，无论研究范畴和理论，还是研究方法等层面都面临着跨学科融合的趋势。

从实践层面上看，网络舆情信息聚合的角色是支持决策者对网络舆情信息和知识的获取与利用，这就需要分析者将相关的网络舆情事件相关的信息与知识绳贯珠联，呈现在决策者面前。更重要的是，通过信息聚合，可以帮助分析者与决策者在茫茫的数据海洋中发现未见之见、不知之知，并揭示其相互关系。

因此，本书除了分析网络舆情信息本身的特点和规律以外，还将面向社会管理领域网络舆情应对决策全过程的舆情信息分析活动与信息增值的实现过程等研究也同时纳入研究视野，实现技术属性与辅助决策价值的统一整合。

(2)社会管理领域网络舆情信息的聚合对象是多来源分层次的

面向应对决策，社会管理领域的网络舆情信息聚合研究首先需要解决的问题是聚合对象是什么、有哪些。围绕这一问题，本书从网络舆情工作实践需求、网络舆情应对决策过程，以及网络舆情应对决策中的知识需求三个方面深入剖析，明确网络舆情信息聚合的对象是多来源、分层次的，需要根据决策不同阶段的需求，聚合不同来源、不同层次的信息资源。

网络舆情工作实践情况显示，具体实践中组织机构普遍存在网络舆情分析能力偏弱等问题，一方面，虽然网络舆情研究机构发展渐趋成熟，但是还存在舆情分析效果不佳、聚合数据源不够等问题，难以及时为社会管理部门提供高价值、高效率的网络舆情分析结果，另一方面，资金、技术与人员能力的不足，让政府尤其是地方政府在应对网络舆情方面的能力有待提升，网络舆情管理的重要性、舆情管理方法的创新性等需要在社会管理领域的各个部门得到充分重视。

　　网络舆情信息需求结果显示，首先，网络舆情信息分析者与决策者普遍对目前网络舆情分析仅能提供情感倾向极性表示不满足，其次，决策者希望获取更多与应对方案有关的非结构化信息，而不仅仅是停留在传播趋势统计等结构化信息的呈现上。从应对决策的角度出发，为了有针对性地解决问题、有效应对，决策者需要分析者提供更多能反应网民观点内容、利益诉求等方面的细节内容，这些内容需要通过细粒度的观点聚合才能得到，而观点聚合的目的决定了网络舆情信息聚合的对象。

　　从信息需求、决策理论和信息价值增值等理论角度出发，网络舆情应对决策与信息需求之间的关系得到了深入剖析。在访谈阶段，针对聚合对象问题，分别从分析者与决策者的知识需求角度进行了讨论。分析者认为分析人员应该跳出纯网络舆情信息分析的范畴，需要更多与事件相关的背景知识或需要更多专家意见的支持，才能更好地把握主要矛盾与次要矛盾，发现网络舆情事件的风险所在。决策者则认为社会管理领域的舆情事件中网民评论只是问题的一部分，制定应对决策方案，需要与之相关的政府文件、科研成果、过往案例等的知识支持，全方位还原问题的本来面目以及反映问题的本质。

　　以上几个方面相互结合，本书从构建知识库的基础——知识分类的角度提出，面向应对决策的社会管理领域网络舆情信息聚合的聚合对象的确定，可以从两种不同的角度进行。首先，从知识拥有主体看，除了要根据网络舆情数据聚合得到微观层面反应网民诉求的观点内容以外，还需要把与事件主题相关的科研成果、政府文件、过往案例、风险评估报告等信息资源作为聚合数据的来源。其次，从知识类型看，除了需要事实性知识以外，还需要概念性知识、程序性知识以及元认知知识。来自社会实践(如社交媒体、互联网采集的数据)、科学研究成果以及政策文件或政府数据等方面的事实性、概念性、程序性和元认知知识伴随着问题识别、分析定义、问题解决和解决方案的声明四个阶段，每向前推进一个阶段，都需要各种不同类型的知识及其运用、转化，并逐渐向大范围扩散。

从知识拥有主体角度的划分可以确定聚合对象的来源，从知识类型角度的划分则可以确定聚合对象的层次。舆情应对决策情景的复杂性、网络舆情信息分析活动的复杂性、分析者与决策者之间的知识鸿沟，使网络舆情信息分析者需要根据网络舆情应对决策所处的不同阶段，聚合不同来源、不同层次的信息，并且使一部分隐性知识在一定程度上得到显性化，便于满足决策者的知识需求。

(3)网络舆情信息聚合模型能有效支持应对决策过程

明确了聚合对象之后，社会管理领域的网络舆情信息聚合研究需要解决的第二个问题是如何实现纷繁复杂的网络舆情信息的聚合。围绕这一问题，本书首先分析网络舆情应对决策过程中知识生产、分享和运用中存在的障碍，采用数据—信息—知识—智慧框架以及网络舆情知识连续体两种工具，结合应对决策过程与网络舆情信息分析过程，提出一个网络舆情信息聚合模型，从数据定义、对象定义、环境定义、威胁评测、知识管理等五个层次展示对网络舆情信息资源从低级到高级处理的过程及其对应的聚合目标。该聚合模型不但从整体上实现了网络舆情信息聚合分析者与决策者的知识需求映射，还为解决不同层次的聚合单元的抽取、实现聚合单元从频次到语义的转化等提供了整体概念框架，使网络舆情信息分析的深度得到提高。

决策者的信息需求得到满足的程度越高，决策方案产生的效果将越好[1][2]。本书提出的网络舆情信息聚合模型是面向应对决策过程而提出的，可以缩小网络舆情分析者与决策者之间的知识鸿沟，使网络舆情信息分析结果更有效辅助网络舆情应对决策的四个阶段。

第一阶段是问题识别阶段，与该决策阶段对应的信息分析阶段是数据聚

---

① Keri L, Watson R T. The impact of natural language processingbased textual analysis of social media interactions on decision making[J]. 2013.

② Dobrzykowski D D, Leuschner R, Hong P C, et al. Examining absorptive capacity in supply chains: Linking responsive strategy and firm performance[J]. Journal of Supply Chain Management, 2015, 51(4): 3-28.

合，包括数据的识别、采集、预处理、存储与组织。也就是要在海量数据中识别机会或威胁，这些数据可能来自内部或外部的数据源。从信息聚合层级看，这些数据的来源可能是分散的，需要分别从各处识别并采集、预处理之后存储进数据库中以供后续分析使用，层级 0 "数据定义" 解决了如何通过数据定义使数据组织满足用户需求的问题。数据来源和数据类型得到定义以后，所选择的多元异构数据才能形成有序、规范的数据用以分析，这是与目前 Oracle① 的聚合信息框架的第一步是一致的，与 Fisher 等人② 提出的大数据管道的获取阶段也是一致的。

例如，由于来自网络的数据可能包含组织内部数据（内部文件、内部论坛等）、社交网络数据、科研数据、文本、图片、视频、音频、表格等，需要根据决策者的需求对所需要的数据来源和数据类型进行定义。利用用户定义词典或其他工具扫描并采集关于某一机构/人物/地点/主题的网络信息，当决策任务是 "发现当前发生的与某机构有关的网络舆情事件"，数据定义时，数据来源定义为社交网络数据、新闻网站数据、论坛数据，数据类型定义为文本、图片、视频、音频数据等。当决策任务是 "发现与当前网络舆情事件有关的最新法律法规或有关往来文件" 时，数据来源则主要为政府文件数据和内部文件数据，数据类型为文本数据。确定了数据来源和数据类型后，再对每种来源的数据的具体特征以及关系进行定义。该层级的数据聚合，除了对聚合数据源的选择、定义以外，还需要构建或使用专有名称词典，例如机构名称词典，用以准确识别与 "机构" 相关的信息。

第二阶段是问题定义阶段，与该决策阶段对应的信息分析阶段是信息分析，包括对已经定义的数据集进行分析模型的规划以及识别数据间的潜在关系，也就是要在该阶段赋予网络舆情信息以决策情境，帮助决策者快速定义决策问题。从信息聚合层级看，已经定义好的数据集需要经过层级 1 "对象

---

① Oracle. Information architecture: An architect's guide to big data[J]. An Oracle White Paper in Enterprise Architecture, Oracle Corporation, 2012: 1-54.

② Fisher D, Deline R, Czerwinski M, et al. Interactions with big data analytics[J]. Interactions, 2012, 19(3): 50-59.

定义"分别对数据集的词汇特征和文档特征进行定义，以及层级 2"环境定义"选择相应的数据分析模型，实现符合决策者需求的信息聚合。本书采用的基于网络舆情事件本体挖掘信息中的聚合单元，即实体、实体属性，以及聚合单元间的关系，再根据决策任务，选择相应的聚合模式来实现信息聚合，是可以有效满足问题定义阶段决策者需求的方法。

从微观层面看，在应对网络舆情事件过程中，分析者可以根据决策者的不同需求，分别为其提供：

①网络舆情事件描述，包括频率统计分析，如起始传播节点、关键传播节点、事件热度、网民意见倾向值、参与者身份特征等；以及采用基于人物关联的聚合、基于机构关联的聚合、基于地点关联的聚合、基于来源平台关联的聚合、基于地点-来源平台的聚合、基于人物-来源平台的聚合、基于机构-来源平台的聚合、基于地点-人物的聚合、基于地点-机构的聚合、基于人物-机构的聚合等多种聚合模式来分析网络舆情事件参与者的时间、空间范围，呈现人、时间、空间、来源平台四者之间的多种联系。事件基本信息描述可以帮助决策者发现网络舆情事件的发展状态、传播格局、影响面等。

②网络舆情事件观点分析。从观点持有者的角度，可以分为专家观点聚合、网民观点聚合、官方观点聚合三大类。从观点数据特征角度，可以采用基于主题-来源平台的聚合、基于人物-主题的聚合、基于机构-主题的聚合、基于地点-主题的聚合、基于主题关联的聚合等多种聚合模式生成的聚合信息，分别呈现来源平台、人物、机构、地点与主题之间的联系，分析网络舆情事件中的与人物相关的观点、与机构相关的观点、与地点相关的观点、与来源平台相关的观点，以及人物所持观点、机构所持观点。添加时间轴，可以分析以上各类观点随时间变化的趋势。除了来自社交网络的数据以外，通过聚合案例库、内部文件数据库、政府文件数据库、科研数据库等更多来源的数据，给予决策者更多与主题相关的知识或经验、对价值多元化的认识、提供体系化的社会管理知识或参照依据，增进决策者对当前网络舆情事件主要矛盾和关键问题的理解。观点分析可以帮助决策者洞察网络舆情事件中各

方利益诉求、全面把握应对网络舆情事件的决策情境。

从宏观层面看，在社会管理实践中，分析者可以根据决策者的需求，为其提供某一空间或时间范围的网络舆情演化趋势，包括热点主题变换、热点机构变换、热点人物变换、热点地区变换等，或者针对社会管理领域的特定主题、机构、人物、地点的热议程度变化或者各方观点的聚合，帮助决策者全面掌握当前公众主要关注社会管理领域哪些问题、评估某一时期的热议主题、人物、机构或地区，通过横向或纵向比较评估网络舆情事件的影响力，以及相关人物、机构或地区的网络形象，洞悉民意及社会心态的变化，为舆情引导、议程设置、政务公开、资源配置等社会管理决策提供更多知识支持。

第三阶段是决策方案设计阶段，与该决策阶段对应的信息分析阶段是理解与评估，包括从上两个阶段的分析结果中理解当前舆情应对决策所处的情境，评估舆情事件影响力及风险，选择可行的应对方案。第二阶段执行的所有分析结果都将在本阶段以相应图表的方式呈现，通过合理的呈现方式，可以帮助决策者更好地发现不同分析变量之间的联系，以及它们随时间变化的趋势，理解应对网络舆情事件的关键，更好的做出决策方案的选择。同时，风险评估是应对网络舆情时必不可少的步骤，是制定决策方案的重要依据，更是选择应对方案的必要参考。因此，理想的信息聚合模型在该阶段可以通过层级3的"风险测评"实现风险评估与前面各层级的聚合，例如采用风险评估常用的贝叶斯方程，分别将多位专家对变量的赋值作为输入，实现实时的网络舆情事件风险评估。

第四阶段是问题解决声明阶段，与该决策阶段对应的信息分析阶段是呈现与应用，包括呈现完整的分析结果与最终选择的应对方案，使分析结果和应对方案得以应用，解决问题，并获得相关反馈。这个阶段与Oracle① 提出的聚合信息框架中的决策阶段相似，是决策真正发生，并且是在信息聚合结

---

① Oracle. Information architecture：An architect's guide to big data[J]. An Oracle White Paper in Enterprise Architecture，Oracle Corporation，2012：1-54.

果的基础上，通过评估应对方案而做出的最好或最适合的选择。最后，决策者充分利用自己的智慧实施该应对方案，如 EMC① 的数据分析生命周期中的最后阶段一样，选择的方案得以实施，并且继续收集该实施的结果以及实时或一段时间之后的反馈信息。对于信息聚合模型来说，该阶段需要进行层级 4 的知识管理，首先需要将生成的所有分析报告、设计的所有备选应对方案、做出的最终选择及其实施效果和反馈信息等以案例的形式存储进案例数据库中，其次是对层级 0 至层级 3 的所有变量或参数进行更新和维护，以保证信息聚合的效率和效果。

（4）网络舆情事件本体的构建提高了网络舆情信息分析的深度

在信息聚合模型的基础上，本书重点探讨了网络舆情事件本体的构建。网络舆情信息分析与聚合需要本体库作为资源描述和聚合处理的主要数据规范体系，网络舆情事件本体是本书研究的核心知识库，是解决信息资源如何聚合问题的关键所在。本书从聚合对象的信息要素分析出发，概括总结构成网络舆情事件本体的 7 个核心类：来源、人物、机构、时间、地点、关键词、主题描述。并对 7 个核心类的定义和属性进行了详细分析。在人物名称词典、机构名称词典的辅助下，可以实现从网络资源中抽取人物、机构、时间、地点等实体。同时，本书还进一步深入分析了人物-人物之间的关系类型、机构-机构之间的关系类型、人物-机构之间的关系类型，概括了各种关系的识别词或识别模式，丰富了本体核心类之间的关系种类。

从网络舆情意见挖掘细粒度聚合的角度而言，已有关于细粒度聚合的研究大部分是从意见情感极性（消极、积极、中性等）出发进行信息单元的挖掘，虽然挖掘粒度已经细化到特征级别或实体级别，但仍以计算情感倾向值为目标进行（实体/实体特征，情感词）这种意见对的识别与分类为主。本书将网络舆情信息挖掘粒度细化到实体级，提出落实到实体来抽取和组织聚合单元的思路，据此构建网络舆情事件本体。网络舆情事件本体是在信息聚合模型的基础上构建的，同时也是进行细粒度网络舆情信息挖掘的基础，本体

---

① Data Science and Big Data Analytics[J]. EMC Education Services, 2012(1): 1-508.

的主要概念、概念间的关系也是从资源内外部的共现、耦合、句法等关系中识别建立，无论何种数据源，均需要经过数据定义，生成网络舆情事件本体所需的数据结构并存储。

基于网络舆情事件本体，还可以实现网络舆情信息挖掘结果与来自政府文件或政府数据库、科研成果数据库、案例库和风险评估报告等信息资源的聚合，使事实数据与知识在更高层次上聚合形成知识网络，充分满足分析者与决策者的知识需求，既可以实现数据-信息-知识的增值，又有利于促进科研成果、应对经验等知识的利用、转化与创新。

网络舆情事件本体的构建，不但解决了网络舆情信息资源如何组织的核心技术问题，还为解决信息聚合单元的挖掘，根据聚合单元间的关系进行推理而实现信息向知识的转化提供了整体解决方案，是对网络舆情意见挖掘的发展。

(5)观点聚合与聚合网络模式能有效呈现网络舆情信息分析结果

信息聚合单元抽取和组织之后，面向应对决策的社会管理领域网络舆情信息聚合需要解决的问题是如何构建聚合模式，实现聚合结果的呈现。围绕这一问题，本书认为，聚合单元要彼此之间的关联性，在词频统计基础上通过关联关系构建聚合体，形成具有一定语义关系或知识结构的聚合网络，直观呈现网络舆情信息分析结果，同时，通过聚合模式和关联维度的选择，可以实现对应不同应对决策需求，聚合形成不同的分析报告，更有针对性地辅助决策。

本书首先以实体及其属性的共现，生成上下文特征以及实体-上下文向量，计算实体与其属性之间的相关度，根据相关度大小即可判断属性对于实体的重要程度，由此生成 EntityView，实现观点聚合，将网络舆情信息文本挖掘得到的观点聚合结果呈现出来。

其次，基于网络舆情事件本体，以本体中的核心类与类的共现为途径，从用户数据、资源数据、主题数据三个维度，以人物间关系、机构间关系、人物与机构间的关系、共现耦合关系等作为聚合依据，总结概括出包含一维关联、二维关联、三维关联在内的两种聚合模式(基于时间轴的聚合模式和不带时间轴的聚合模式)、共计 20 种二元或多元聚合网络，以及各种聚合网络的主要应用情景，每种聚合网络都可以呈现网络舆情信息分析的结果，实现从信息到知识的转化。

观点聚合提供了直观的网络舆情信息要素与要素之间基于上下文关系的联系，各种聚合依据为网络舆情信息聚合提供了丰富的环境定义，同时也是情报学方法在社会管理领域网络舆情分析中的应用和拓展，从多种数据来源中提取的实体，以及实体间存在的显露或隐藏的关系中，不但可以还原网络舆情事件中各方观点的主要内容或关键内容，呈现多种利益诉求之间的博弈情景，同时，这些基于不同文本之间相同信息要素进行相关信息单元的聚合方法，更可以实现多源信息之间的互补。对信息聚合单元的聚合与组织的目的不但是为了发现知识，而且通过相关信息的发现可以减少或消除决策过程中的不确定性。类似于马赛克理论，将若干非重大的信息或信息片段，结合起来可以形成具有重要价值的信息①。这对识别同主题或同对象(实体)的不同文本之间的跨文本关系、丰富跨文档结构理论也具有重要参考价值。

本书在舆情信息聚合实践研究中，以舆情事件中涉及的组织机构为信息聚合基点，通过构建组织机构网络形象评价指标，从舆情信息中抽取相应的信息以实现组织机构网络形象的实时评价。这种信息聚合方法的应用，可以使网络舆情实分析目标更明确，实实在在实现精准、细致的微观层面的舆情分析方面所作的深入探索，对舆情分析方法、舆情动态管理等均具有理论参考价值。

11.2 理论价值与应用展望

11.2.1 理论价值

(1) 面向应对决策，深化网络舆情信息分析研究
网络舆情信息聚合研究的目标是建立起信息聚合机制，支持社会管理领

---

① 韦景竹. 马赛克理论及其发展[J]. 保密工作，2013(3)：41-42.

域用户在应对决策过程中获取所需的信息或知识。虽然已有网络舆情信息分析的研究纷纷探索使用自然语言处理技术,从零散分布的非结构化数据中对网络舆情中的情感极性、反应的网民情绪、网络社会心态等方面展开研究,但这些研究大多忽略了网络舆情信息分析的主要面向对象,忽略了管理决策者中应对决策过程中的认知与需求,缺乏坚实的理论根基,以关注技术层面或传播原理层面的问题居多,从而对网络舆情信息分析研究的深化发展产生了一定程度的制约。

本书认为,网络舆情信息分析需要充分的理论基础,才能保证分析目标不偏离决策需求,也就是说,需要跳出纯技术分析的局限,对网络舆情应对决策过程、网络舆情信息分析活动、网络舆情信息分析过程中分析者与决策者的知识需求以及知识获取和利用障碍进行深入剖析,从而夯实网络舆情信息分析的理论基础,从根本上保障网络舆情信息分析的高效性与准确性。因而,本书以决策论、知识论、信息资源相关理论为基础,从信息利用与不确定性的角度探索以上三个问题。

第一,在决策理论和问题解决模型的基础上,本书提出了网络舆情应对决策过程,指出网络舆情应对决策会面临多种不同情景的决策情况。

第二,在多种决策情景的驱动下,本书引入活动理论,深入剖析了面向应对决策的网络舆情信息分析活动的复杂关联。

第三,由于网络舆情信息分析活动自身的复杂性,引发对网络舆情分析者与决策者的需求及其匹配之间的探讨,在网络舆情管理周期的基础上总结网络舆情知识累积规律,在 DIKW 框架指导下分析网络舆情分析者与决策者分别在数据、信息、知识和智慧层面的需求差异,据此提出网络舆情应对决策过程中的知识需求框架,以及知识获取和利用的障碍。

这三个问题的解决,使面向应对决策的网络舆情信息分析活动的全过程及其过程中的各个阶段中,分析者和决策者的任务、目标、需求均得到了明确、深入的分析与概括,既对网络舆情信息聚合提供了理论依据,更夯实了面向应对决策的网络舆情信息分析的理论基础。

（2）为网络舆情信息聚合单元的识别、抽取、组织提供解决方案

网络舆情事件本体的构建是对网络舆情信息进行抽取、组织和聚合的基础。当前的网络舆情细粒度挖掘研究中，对于信息聚合单元抽取和组织的研究已经深入特征级别，研究领域多选择商业领域或经济领域，对产品特征进行挖掘、构建产品本体的研究居多。社会管理领域的网络舆情事件本体构建基本处于空白状态。

本书在明确了网络舆情信息的聚合对象以后，提出了网络舆情信息聚合模型，通过将网络舆情信息在不同层次实现聚合得到相应的分析结果，满足相应阶段的决策需求。为了实现聚合，需要抽取和组织信息单元。本书将网络舆情事件本体作为抽取和组织信息单元的解决方案，提取出七大核心类作为本体的核心概念，以及从语料文本内容分析中概括总结了人物间关系、人物机构间关系以及机构间关系用于构建本体，并探索了基于本体的网络舆情信息挖掘，为信息聚合做准备。

网络舆情事件本体的构建，不仅为聚合网络舆情信息提供了抽取和组织聚合单元的基础和解决方案，也为实现面向应对决策的多层次聚合、多维度聚合、多元化聚合，全面提高网络舆情信息分析效率和效果、构建社会管理领域的网络舆情知识库等提供了统一的基础。

（3）全面概括网络舆情信息聚合方法和模式，促进信息向知识的转化

目前信息资源聚合相关的研究纷纷从给特定情景与（如时间、地点、用户个性化需求等）信息的关联关系的情景聚合，基于知识、引用或社会关系的信息资源关联关系的关系聚合，基于信息单元之间关系的细粒度聚合①，以及进行意见挖掘的情感倾向聚合等方面展开研究，社会管理领域的网络舆情信息聚合方法与模式的研究也基本处于空白状态。

本书在实现信息聚合单元的抽取和组织后，通过构建实体与其属性之间相关性算法，实现给定文本集的观点内容聚合，赋予信息以语义，全面还原

---

①　马翠嫦. 多学科领域视角下网络资源聚合单元概念框架构建研究[C]. 全国情报学博士生学术论坛，2014.

参与舆情各方的关注焦点，据此推断参与者的利益诉求，实现信息向知识的转化。

此外，本书以实体间关系、共现耦合关系等为聚合依据，概括总结网络舆情信息聚合网络，实现用户数据、资源数据、主题数据之间的多维聚合，是对社会管理领域网络舆情信息聚合的首次全面概括，不但可以促进信息向知识的转化，也可以促进知识在不同领域间(社会实践、政府管理、科学研究等)的传递、扩散，促进知识创新。

11.2.2　应用展望

面向应对决策的社会管理领域网络舆情信息聚合研究具有实际的应用价值，可以使用在社会管理领域的网络舆情监测系统、社会舆情知识库等，改变现有网络舆情信息(监测、分析)系统信息组织、信息分析和获取相关资源的方式，增强现有系统的语义化信息分析水平，丰富信息分析结果的呈现方式，从而提升分析者的分析水平和决策者的决策水平。

(1)社会管理领域网络舆情信息的追踪溯源，分析网络舆情的演化趋势

从实体入手，以网络舆情事件本体为信息脉络，从海量网络舆情信息中梳理信息要素之间、用户之间、资源之间、主题之间的关系，基于时间要素，可以实现时间要素与人物、机构、地点、来源平台、关键词等各个维度要素进行多元聚合，得到特定网络舆情事件的议题、对象(人物、机构、地点)、来源平台、参与各方等的热度变化、传播追踪、观点变化等，有助于分析者与决策者对网络舆情事件演化趋势的全面把握和了解。

(2)分析人物、机构或地区的网络形象及其演化趋势

基于时间轴，以网络舆情事件本体定义的人物、机构、地点实体为横向线索，引入主题要素进行耦合分析，还可以发现与人物、机构或地点实体相关的主要观点及其变化情况，从信息聚合结果中回溯人物、机构、地点实体的形象发展变化过程，分析判断舆情引导方案的可行性。

从舆情信息聚合实践研究成果可知，以信息聚合为手段可以实现多维

度、细粒度的机构网络形象分析，动态呈现舆情事件中涉事主体的形态，为舆情研判和应对、舆评机制的建立等提供重要参考。

（3）社会管理领域网络舆情信息的深度分析

基于上下文的网络舆情信息观点聚合从实体与其相关属性的相关性角度出发，可以从语义分析的角度呈现观点内容及其重要程度。不添加时间轴的关联聚合模式则以人物关系、人物机构关系、机构关系、共现耦合关系等为依据，展现信息要素之间的深层关系，可以进行聚合资源的主题分析、类型分析，充分实现资源中的信息向知识的转化。

再者，在多主体来源的资源集合中，基于主题，可以实现舆情事件信息与政府文件、科研成果、案例、风险评估报告等资源的聚合，并以聚合网络展示出来，实现语义化检索，发现网络舆情事件中的主要问题、关键问题及其相应的政策、专家观点、应对经验、风险规避方法等，从而为决策者提供更具参考价值的舆情分析报告。

（4）网络舆情事件参与群体的划分

基于网络舆情事件本体和人物关联、机构关联构建聚合模式，根据用户数据与资源数据维度之间的关联，可以进一步挖掘出网络舆情事件参与群体。对参与讨论同一对象（人物、机构、地点等）、发表相似观点（关键词）的人物或机构建立起耦合关系，呈现网络舆情事件参与者之间的信息表达与交流情况，识别和发现关键人物或机构、识别水军或幕后推手，构建起人群、机构群的关系网络，及时反映当前参与者的分布态势，更好地为网络舆情应对决策的制定提供辅助。

11.3　研究不足之处及建议

面向应对决策的网络舆情信息聚合涉及网络舆情的理论、自然语言处理、统计分析、用户需求分析、信息计量学和可视化应用等方面的理论与方法的借鉴与融合。本书虽然在夯实和拓展网络舆情理论、发展情报学方法的应用等方面取得了一些初步的研究成果，但是仍然存在不足，根据这些不足提出未来研究展望。

(1)网络舆情事件本体构建的自动化和动态更新

网络舆情事件本体目前是在人工为主的情况下构建起来的。由于网络舆情信息中存在大量语法、语用等方面的不规范问题，本体中的人物、机构两大核心类的提取需要辅以人物名称词典、机构名称词典，并且由于人物名称或机构名称的表达极为随意，甚至直接省略，导致无法抽取，或者抽取准确率较低，因此需要专家对人物名称和机构名称进行人工标注、筛选或确定。人物关系、人物机构关系、机构关系的识别也有一些需要专家确定。如何继续改进与之相关的自然语言处理技术，提高人物名称、机构名称以及实体间关系识别的准确性、全面性，实现自动化构建本体，需要后续深入研究。

(2)聚合模型层级 3 的威胁测评

聚合模型层级 3 的威胁测评在本书中未做深入研究，仅以风险评估报告替代。社会管理领域的网络舆情风险分析是辅助应对决策必不可少的阶段，理想的信息聚合模型应该可以实现威胁测评的聚合，也就是基于风险评估概率模型，将不同专家给出的变量输入相应的评估方程，实现威胁测评的实时聚合。由于本人缺乏风险分析相关背景知识，因此未做深入研究。后续研究可以考虑实现本书第 5 章提出的将风险评估概率模型(例如贝叶斯方程)与层级 2 的情景定义分析结果进行聚合，生成威胁测评分析报告。

(3)聚合网络的可视化呈现

聚合网络的可视化呈现，尤其是多维多元聚合，需要对二元关联算法进行改进，在本书中未做深入研究，对聚合网络的验证也只能使用实例进行部分验证，无法呈现更多关于多维聚合、多元聚合的验证结果。后续研究可以考虑设计关联聚合算法，实现基于本体的多维、多元聚合的自动化，使聚合结果可视化呈现。

参考文献

[1] Ackoff R L. From data to wisdom[J]. Journal of Applied Systems Analysis, 1989: 170-172.

[2] Allen D, Karanasios S, Slavova M. Working with activity theory: Context, technology, and information behavior[J]. Journal of the American Society for Information Science & Technology, 2011, 62(4): 776-788.

[3] Allen D, Karanasios S, Slavova M. Working with activity theory: Context, technology, and information behavior[J]. Journal of the American Society for Information Science & Technology, 2011, 62(4): 776-788.

[4] Allen D. Information behavior and decision making in time-constrained practice: A dual-processing perspective[J]. Journal of the American Society for Information Science & Technology, 2011, 62(11): 2165-2181.

[5] Arens Y, Knoblock C A, Shen W M. Query Reformulation for Dynamic Information Integration [M]//Intelligent Integration of Information. Springer US, 1996: 11-42.

[6] Arguello J, Diaz F, Shokouhi M. Integrating and ranking aggregated content on the Web[EB/OL]. http://www2012.org/ proceedings/no companion/ TUTO_09. pdf. [2016-6-13].

[7] Aue A, Gamon M. Customizing Sentiment Classifiers to New Domains: A Case Study[C]. International Conference on Recent Advances in Natural Language

Processing, 2005: 33-39.

[8] Behrend M. Engeström's activity theory as a tool to analyse online resources embedding academic literacies [J]. Journal of Academic Language & Learning, 2014.

[9] Belkin N J, Belkin N J. Anomalous State of Knowledge for Information Retrieval [J]. Canadian Journal of Information Science, 1980, 5.

[10] Belkin N J, Croft W B. Information filtering and information retrieval: two sides of the same coin? [J]. Communications of the Acm, 1992, 35(12): 29-38.

[11] Bing L. Web Data Mining: Exploring Hyperlinks, Contents, and Usage Data (Data-Centric Systems and Applications) [J]. Acm Sigkdd Explorations Newsletter, 2008, 10(2): 23-25.

[12] Bird S, Klein E, Loper E. Natural language processing with Python [M]. 东南大学出版社, 2010: 10-19.

[13] Blei D M, McAuliffe J D. Supervised topic models. Proceeding of NIPS'07, 2007(21): 121-128.

[14] Boström H, Andler S F, Brohede M, et al. On the definition of information fusion as a field of research[J]. Neoplasia, 2007, 13(2): 98-107, IN1.

[15] Brickley D, Miller L. The friend of a friend (FOAF) vocabulary specification [J]. Apple Computer, 2007: 189-211.

[16] Brill E. A Simple Rule-based Part of Speech Tagger[C]. Proceedings of the Workshop on Speech and Natural Language, Association for Computational Linguistics, Harriman, New York, 1992: 112-116.

[17] Brooks B S. Journalism in the Information Age: A Guide to Computers for Reporters and Editors[M]. Allyn & Bacon, Inc. 1996: 128-135.

[18] Cambria E, Schuller B, Xia Y, et al. New Avenues in Opinion Mining and Sentiment Analysis[J]. IEEE Intelligent Systems, 2013, 28(2): 15-21.

[19] Cambria E, Speer R, Havasi C, et al. SenticNet: A publicly available semantic resource for opinion mining[J]. Aaai Csk, 2010.

[20] Cambria E, Havasi C, Hussain A. Senticnet 2: A semantic and affective resource for opinion mining and sentiment analysis[C]. FLAIRS Conference, 2012: 202-207.

[21] Charles L. Topic detection and tracking overview and perspective [C]. Proceedings DARPA Broadcast news transcription and understanding workshop, Lansdowne, VA, 1998: 17-31.

[22] Chawathe S S, Garcia-Molina H, Widom J. Flexible Constraint Management for Autonomous Distributed Databases[C]. IEEE Data Engineering Bulletin, 1970: 23-27.

[23] Chen R, Sharman R, Chakravarti N, et al. Emergency Response Information System Interoperability: Development of Chemical Incident Response Data Model[J]. Journal of the Association for Information Systems, 2008, 9: 200-230.

[24] Chen Z, Gangopadhyay A, Holden S H, et al. Semantic integration of government data for water quality management[J]. Government Information Quarterly, 2007, 24(4): 716-735.

[25] Court A W. The relationship between information and personal knowledge in new product development [J]. International Journal of Information Management, 1997, 17(2): 123-138.

[26] Culnan M J. Chauffeured Versus End User Access to Commercial Databases: The Effects of Task and Individual Differences[J]. Mis Quarterly, 1983, 7 (1): 55-67.

[27] Daft R L, Lengel R H. Organizational information requirements, media richness and structural design [J]. Management Science, 1986, 32(5): 554-571.

[28] Dai Y, Kakkonen T, Sutinen E. SoMEST: a model for detecting competitive intelligence from social media [C]//International Academic Mindtrek Conference: Envisioning Future Media Environments. ACM, 2011: 241-248.

[29] Das D, Petrov S. Unsupervised part-of-speech tagging with bilingual graph-based projections [C]//Meeting of the Association for Computational Linguistics: Human Language Technologies. Association for Computational Linguistics, 2011.

[30] Dasarathy B V. Sensor fusion potential exploitation — Innovative architectures and illustrative applications[J]. Proceedings of the IEEE, 1997, 85(1): 24-38.

[31] Data Science and Big Data Analytics[R]. EMC Education Services, 2000: 1-508.

[32] Davenport T H, Prusak L, Prusak L. Working knowledge: How organizations manage what they know[J]. Ubiquity, 2001, 26(4): 396-397.

[33] Dervin B L, Foremanwernet L, Lauterbach E. Sense-making Methodology Reader: Selected Writings of Brenda Dervin[J]. 2003.

[34] Digital Disruption: The Growth Multiplier [EB/OL]. [2016-09-10]. https://www. ccenture. com/us-en/insight-digital-disruption-growth-multiplier.

[35] Dilling L, Lemos M C. Creating usable science: Opportunities and constraints for climate knowledge use and their implications for science policy[J]. Global Environmental Change, 2011, 21(2): 680-689.

[36] Ding X, Liu B, Yu P S. A holistic lexicon-based approach to opinion mining [C]//International Conference on Web Search and Web Data Mining, WSDM 2008, Palo Alto, California, Usa, February. 2008: 231-240.

[37] Dobrzykowski D D, Leuschner R, Hong P C, et al. Examining Absorptive Capacity in Supply Chains: Linking Responsive Strategy and Firm Performance[J]. Journal of Supply Chain Management, 2015, 51(4): 3-28.

[38] Dwyer P. An approach to measuring influence and cognitive similarity in computer mediated communication[J]. Computers in Human Behavior, 2012 (28): 540-551.

[39] Engeström Y. Activity theory as a framework for analyzing and redesigning work[J]. Ergonomics, 2010, 43(7): 960-74.

[40] EventsML-G2, Version 2. 9 [EB/OL]. [2015-08-29]. http: //www. iptc. org/site/ News_Exchange_Formats/EventsML-G2/Specification/.

[41] Fisher D, Deline R, Czerwinski M, et al. Interactions with big data analytics [J]. Interactions, 2012, 19(3): 50-59.

[42] Frické M. The knowledge pyramid: a critique of the DIKW hierarchy[J]. Journal of Information Science, 2009, 35(6): 131-142.

[43] Fu T, Abbasi A, Zeng D, et al. Sentimental Spidering: Leveraging Opinion Information in Focused Crawlers [J]. Acm Transactions on Information Systems, 2012, 30(4): 1-30.

[44] Gaihua F. FCA based ontology development for data integration [J]. Information Processing and Management, 2016(52): 765-782.

[45] Gantz J, ReinselD. IDC iView: Big Data, Bigger Digital Shadows, and Biggest Growth in the Far East, 2012[R/OL]. [2016-04-26]. http: //www. emc. com/collateral/analyst-reports/idc-the-digital-universe-in-2020. pdf.

[46] Garcia-Moya L, Anaya-Sanchez H, Berlanga Llavori R. Retrieving Product Features and Opinions from Customer Reviews[J]. Intelligent Systems IEEE, 2013, 28(3): 19-27.

[47] Gimpel K, Schneider N, O'Connor B, et al. Part-of-speech tagging for Twitter: annotation, features, and experiments [C]//The Meeting of the Association for Computational Linguistics: Human Language Technologies, Proceedings of the Conference, 19-24 June, 2011, Portland, Oregon, Usa-Short Papers. 2011: 42-47.

[48] Glaser R. Thoughts on expertise [M]//Schooler C, Schaie W, eds. Cognitive Functioning and Social Functioning over the Life Course Norwood, NJ: Ablex, 1987: 81-94.

[49] Goh C H. Representing and Reasoning about Semantic Conflicts in Heterogeneous Information Systems [M]. Massachusetts Institute of Technology, 1997: 54-63.

[50] Gordon Wells. The role of dialogue in activity theory [J]. Mind Culture & Activity, 2002, 9(1): 43-66.

[51] Grassi M, Cambria E, Hussain A, et al. Sentic Web: A New Paradigm for Managing Social Media Affective Information [J]. Cognitive Computation, 2011, 3(3): 480-489.

[52] Gruber T R. Toward principles for the design of ontologies used for knowledge sharing? [J]. International Journal of Human Computer Studies, 1995, 43 (5-6): 907-928.

[53] Gruninger M U M. Ontologies: principles, methods and applications [J]. Knowledge Engineering Review, 1996, 11(2): 93-136.

[54] Hall D L, Mcneese M, Llinas J, et al. A framework for dynamic hard/soft fusion [C]. International Conference on Information Fusion. IEEE, 2008: 1-8.

[55] Han Y J, Park S Y, Park S B, et al. Reconstruction of People Information based on an Event Ontology [C]. International Conference on Natural Language Processing and Knowledge Engineering, 2007: 446-451.

[56] Hangya V, Farkas R. Target-oriented opinion mining from tweets [C]// IEEE, International Conference on Cognitive Infocommunications. 2013: 251-254.

[57] Hu M. Mining and summarizing customer reviews [J]. Proc. acm Sigkdd Int. conf. knowledge Discovery & Data Mining, 2004: 194-210.

[58] Hutton R J B, Klein G. Expert decision making[J]. Systems Engineering, 1999, 2(2): 32-45.

[59] Ibrahim N H, Allen D. Information sharing and trust during major incidents: Findings from the oil industry [J]. Journal of the American Society for Information Science & Technology, 2012, 63(63): 1916-1928.

[60] Herring J P. Key intelligence topics: a process to identify and define intelligence needs [J]. Competitive Intelligence Revies, 1999, 10 (2): 4-14.

[61] Jennex M E. Re-Visiting the knowledge pyramid[J]. 2009: 1-7.

[62] Jeong S, Kim H G. SEDE: An ontology for scholarly event description[J]. Journal of Information Science, 2010, 36(2): 209-227.

[63] Kasperson R E. Integrating Science and Policy[M]//Integrating Science and Policy: Earthscan, 2011: 1063-1068.

[64] Keri L, Watson R T. The impact of natural language processingbased textual analysis of social media interactions on decision making[J]. 2013.

[65] Khaleghi B, Khamis A, Karray F O, et al. Multisensor data fusion: A review of the state-of-the-art [J]. Information Fusion, 2013, 14 (1): 28-44.

[66] Khaleghi B, Khamis A, Karray F O, et al. Multisensor data fusion: A review of the state-of-the-art [J]. Information Fusion, 2013, 14 (1): 28-44.

[67] Kim W, Seo J. Classifying Schematic and Data Heterogeneity in Multidatabase Systems[J]. Computer, 1991, 24(24): 12-18.

[68] Kirkwood, A. Discounting the unexpected: The limitations of isomorphic thinking [J]. Risk Management, 1999, 1(4): 33-44.

[69] Kiss T, Strunk J. Unsupervised Multilingual Sentence Boundary Detection [J]. Computational Linguistics, 2006, 32(4): 485-525.

[70] Klein G A. A Recognition-Primed Decision(RPD) Model of Rapid Decision Making[M]. US: New Jersey, Ablex Publishing, 1993.

[71] Klein, G. Sources of Power: How People Make Decisions [M]. Cambridge, MA: MIT Press, 1998: 104-113.

[72] Korpela M, Mursu A, Soriyan H A. Information Systems Development as an Activity [J]. Computer Supported Cooperative Work, 2002, 11 (1-2): 111-128.

[73] Kumar A, Sebastian T M. Sentiment Analysis: A Perspective on its Past, Present and Future [J]. International Journal of Intelligent Systems & Applications, 2012, 4(10).

[74] Kutti K. Activity theory, transformation of work, and information systems design[M]//Engeström Y, Miettinen R, Punamaki R L, eds. Perspectives on Activity Theory. Cambridge University Press, New York, pp. 360-376.

[75] Lagoze C, Hunter J. The ABC ontology and model[J]. Journal of Digital Information, 2001, 2(2): 1-18.

[76] Laney D, 3D Data Management: Controlling data volume, Velocity and Variety [R/OL]. [2016-4-26]. http://blogs.gartner.com/doug-laney/files/2012/01/ad949-3D-Data-Management-Controlling-Data-Volume-Velocity-and-Variety.pdf.

[77] Lim C P, Hang D. An activity theory approach to research of ICT integration in Singapor eschools[J]. Computers & Education, 2003, 41(1): 49-63.

[78] Litvaj I, Stancekova D. Decision-Making, and Their Relation to The Knowledge Management, Use of Knowledge Management in Decision-Making [J]. Procedia Economics & Finance, 2015, 23: 467-472.

[79] Liu B. Sentiment Analysis and Opinion Mining[C]. Synthesis Lectures on Human Language Technologies, 2012: 152-153.

［80］Liu B, Hu M, Cheng J. Opinion observer: Analyzing and comparing opinions on the Web［C］. Proceedings of the 14th international world wide web conference (WWW-2005). ACM Press, 2005: 10-14.

［81］Lu B. Overview of the study of internet public opinion mining［J］. Information & Documentation Services, 2010, 31(2): 41-45.

［82］M. Ruiz-Primo, Shavelson R. Problems and Issues in the Use of Concept Maps in Science Assessment［J］. Journal of Research in Science Teaching, 1996, 33 (6): 569-600.

［83］Manning C D, Raghavan P Sch& #, et al. Introduction to Information Retrieval［M］. Cambridge University Press, 2008: 153-169.

［84］Marrese-Taylor E, Velásquez J D, Bravo-Marquez F, et al. Identifying customer preferences about tourism products using an aspect-based opinion mining approach［J］. Procedia Computer Science, 2013, 22: 182-191.

［85］Marrese-Taylor E, Velásquez J D, et al. Opinion Zoom: A Modular Tool to Explore Tourism Opinions on the Web［C］//IEEE Wic. Acm, International Joint Conferences on Web Intelligence. IEEE Computer Society, 2013: 261-264.

［86］Mate J, et al. Ontology-based data integration between clinical and research systems［C］. Plos One, 10(1): E0122172.

［87］Matsumura N, Ohsawa Y, Ishizuka M. Influence diffusion model in text-based communication［J］. Journal of the Japanese Society for Artificial Intelligence, 2002, 13(3): 259-267.

［88］Mccoy M E. Dark alliance: News repair and institutional authority in the age of the Internet［J］. Journal of Communication, 2002, 51(1): 164-193.

［89］Means B, Salas E, Crandall B, & Jacobs T O. Training decision-makers for the real world［M］//Klein G, Orasanu J, Calderwood R, & Zsambok C, eds. Decision Making in Action: Models and Methods Norwood, NJ: Ablex. 1993: 306-326.

[90] Mesbah A, Bozdag E, Deursen A V. Crawling AJAX by Inferring User Interface State Changes [C]//Eighth International Conference on Web Engineering, ICWE 2008, 14-18 July 2008, Yorktown Heights, New York, Usa. 2008: 122-134.

[91] Miao Q, Li Q, Zeng D. Mining Fine Grained Opinions by Using Probabilistic Models and Domain Knowledge [C]//IEEE Wic. Acm, International Conference on Web Intelligence and Intelligent Agent Technology. 2010: 358-365.

[92] Miller G A. WordNet: a lexical database for English[J]. Communications of the Acm, 1995, 38(11): 39-41.

[93] Mittelstraß J. The loss of knowledge in the information age[J]//de Corte, Erik, et al. From information to knowledge, from knowledge to wisdom: Challenges and changes facing higher education in the digital age London: Portland Press, 2010(-S): 19-23.

[94] Mohey D, Hoda M O, Ismael O. Online Paper Review Analysis [J]. International Journal of Advanced Computer Science & Applications, 2015, 6(9): 242-258.

[95] Moser S C, Ekstrom J A. A framework to diagnose barriers to climate change adaptation[J]. Proceedings of the NationalAcademy of Sciences, 2010, 107 (51): 26-31.

[96] Nakagawa T, Inui K, Kurohashi S. Dependency tree-based sentiment classification using CRFs with hidden variables [C]//Human Language Technologies: Conference of the North American Chapter of the Association of Computational Linguistics, Proceedings, June 2-4, 2010, Los Angeles, California, USA. 2010: 786-794.

[97] Noelle-Neumann E. The Spiral of Silence: Public Opinion—Our Social Skin[J]. Social Forces, 1986, 64(3): 110-122.

[98] Noy N F. Semantic integration: A survey of ontology-based approaches[J]. Acm Sigmod Record, 2004, 33(4): 65-70.

[99] O'Leary D E. An Activity Theory Analysis of RFID in Hospitals [J]. International Journal of Applied Logistics, 2010, 1(2): 64-81.

[100] Olejniczak K, Raimondo E, Kupiec T. Evaluation units as knowledge brokers: testing and calibrating an innovative framework[J]. Evaluation, 2016, 22 (2): 168-189.

[101] Oracle. Information Architecture: An Architect's Guide to Big Data, An Oracle White Paper in Enterprise Architecture, Oracle Corporation, 2012: 1-54.

[102] Othman S H, Beydoun G. Model-driven disaster management [J]. Information & Management, 2013, 50(5): 218-228.

[103] Pak A, Paroubek P. Twitter as a Corpus for Sentiment Analysis and Opinion Mining [C]//International Conference on Language Resources and Evaluation, Lrec 2010, 17-23 May 2010, Valletta, Malta. 2010.

[104] Palmer D, Text preprocessing [C]. Handbook of Natural Language Processing, 2nd Edition. , Machine Learning and Pattern Recognition, CRC Press, New York, NY, USA, 2010: 31-35.

[105] Palmonari M, Sala A, Maurino A, et al. Aggregated search of data and services[J]. Information Systems, 2011, 36(2): 134-150.

[106] Pang B, Lee L, Opinion mining and sentiment analysis, Found. Trends Inf. Retrieval, 2008, 2(1-2): 1-135.

[107] Pang B, Lee L, Vaithyanathan S. Thumbs up? Sentiment Classification using Machine Learning Techniques[J]. Computer Science, 2009: 79-86.

[108] Pang B, Lee L. Seeing stars: exploiting class relationships for sentiment categorization with respect to rating scales[C]//Meeting on Association for Computational Linguistics. Association for Computational Linguistics, 2005:

115-124.

[109] Pang B, Lee L, and Vaithyanathan S. Thumbs up? Sentiment classification using machine learning techniques[C]. Proceedings of the Conference on Empirical Methods in Natural Language Processing, 2002 (EMNLP): 79-86.

[110] Peace J. The use of ontology to represent nursing knowledge about family health history and facilitate automated search for clinical practice guidelines[D]. Madison: University of Wisconsin-Madison, 2008.

[111] Perez A G, Benjamins V R. Overview of Knowledge Sharing and Reuse Components: Ontologies and Problem-Solving Methods[C]//Stockholm V R, Benjamins B, Chandrasekaran A, eds. Proceedings of the IJCAI-99 workshop on Ontologies and Problem-SolvingMethods (KRR5) 1999, 1-15.

[112] Perkowitz M, Etzioni O. Towards adaptive Web sites: conceptual framework and case study[J]. Computer Networks, 2000, 31(99): 1245-1258.

[113] Poria S, Gelbukh A, Hussain A, et al. Enhanced SenticNet with Affective Labels for Concept-Based Opinion Mining[J]. Intelligent Systems IEEE, 2013, 28(2): 31-38.

[114] Porter M F. An algorithm for suffix stripping[C]. Morgan Kaufmann Publishers Inc. 1997: 130-137.

[115] Quan C Q, Ren F J. Construction of a Blog Emotion Corpus for Chinese Emotional Expression Analysis[C]. Proceedings of EMNLP' 2009, 2009: 1446-1454.

[116] Ramage D, Hall D, Nallapati R, & Manning C D. Labeled LDA: A supervised topic model for credit attribution in multi-labeled corpora. Proceedingsof the 2009 conference on empirical methods in natural language processing[R]. Association for Computational Linguistics, Vol. 1, 2009: 248-256.

[117] Randel J M, Pugh H L, Reed S K. Differences in expert and novice situation awareness in naturalistic decision making[J]. International Journal of Human-Computer Studies, 1996, 45(5): 579-597.

[118] Rebolledo V L, L'Huillier G, Velásquez J D. Web Pattern Extraction and Storage[M]. Advanced Techniques in Web Intelligence-I, 2010: 49-77.

[119] Riloff E, Wiebe J. Learning extraction patterns for subjective expressions [J]. Proceedings of Emnlp', 2003: 105-112.

[120] Ronald R B, Doel E. Roger A. Pielke, Jr. The honest broker: making sense of science in policy and politics [J]. Policy Sciences, 2010, 43 (1): 95-98.

[121] Rowley J. The wisdom hierarchy: Representations of the DIKW hierarchy [J]. Journal of Information Science, 2007, 33(2): 163-180.

[122] Rowley J. Where is the wisdom that we have lost in knowledge? [J]. Journal of Documentation, 2006, 62(2): 251-270.

[123] Saif H, He Y, Fernandez M, et al. Contextual semantics for sentiment analysis of Twitter[J]. Information Processing & Management, 2015, 52 (1): 5-19.

[124] Saif H, He Y, Fernandez M, et al. Semantic Patterns for Sentiment Analysis of Twitter[M]. The Semantic Web-ISWC 2014.

[125] Sala A. Data and service integration-architectures and applications to real domains [D]. Italy: University of Modena and Reggio Emilia, 2010.

[126] Sanda R, Baizal Z K A, Nhita F. Opinion mining feature-level using Naive Bayes and feature extraction based analysis dependencies[J]. 2015, 1692 (1): 43-50.

[127] Saracevic A, Zhang Z, & Kusunoki D. Decision making tasks in time-critical medical settings[C]//GROUP 12, ACM, Florida, 2012.

[128] Savolainen R. Time as a context of information seeking [J]. Library &

Information Science Research, 2006, 28(1): 110-127.

[129] Somprasertsri G, Lalitrojwong P. Extracting product features and opinions from product reviews using dependency analysis[C]//Seventh International Conference on Fuzzy Systems and Knowledge Discovery. IEEE, 2010: 206-211.

[130] Soylu A, Modritscher F, Wild F, Causmaecker P D, Desmet P. Mashups by Orchestration and widget-based personal environments: key challenges, solution strategies, and an application [J]. Electronic library and information systems, 2012, 46(4): 226-234.

[131] Spiekermann R, Kienberger S, Norton J, et al. The Disaster-Knowledge Matrix-Reframing and evaluating the knowledge challenges in disaster risk reduction[J]. International Journal of Disaster Risk Reduction, 2015, 13: 96-108.

[132] Stuckenschmidt H, Van Harmelen F. Ontology-based metadata generation from semi-structured information[C]//International Conference on Knowledge Capture. ACM, 2001: 163-170.

[133] Studer R, BenjaminsV R, Fensel D. Knowledge Engineering, Principles and Methods [J]. Data and Knowledge Engineering, 1998, 25 (1-2): 161-197.

[134] Suen C, Huang S, Eksombatchai C, et al. NIFTY: A System for Large Scale Information Flow Tracking and Clustering [C]//International Conference on World Wide Web. 2013: 1237-1248.

[135] Takamura H, Inui T, Okumura M. Extracting Semantic Orientation of Words using Spin Model[J]. Ipsj Sig Notes, 2010, 2005(22): 79-86.

[136] Tang X, Yang C C. TUT: a statistical model for detecting trends, topics and user interests in social media [C]//Proceedings of the 21st ACM international conference on Information and knowledge management. ACM,

2012: 972-981.

[137]Targowski A. From Data to Wisdom[J]. Dialogue & Universalism, 2005, 15(5): 55-71.

[138] Taylor S R. Question-negotiation an information-seeking in libraries [J]. College and Research Libraries, 1968, 29(3): 178-194.

[139]Teymourian K, Paschke A. Towards semantic event processing[C]//ACM International Conference on Distributed Event-Based Systems, Debs 2009: 1-2.

[140]Thelwall M, Buckley K, Paltoglou G, et al. Sentiment strength detection in short informal text [J]. Journal of the American Society for Information Science & Technology, 2011, 62(2): 200-208.

[141] Toscani G. Kinetic models of opinion formation [J]. Communications in Mathematical Sciences, 2006, 4(3): 481-496.

[142] Tsytsarau M, Palpanas T, Castellanos M. Dynamics of news events and social media reaction[J]. Climatic Change, 2014, 90(1-2): 31-55.

[143] Turney P D, Littman M L. Measuring praise and criticism: Inference of semantic orientation from association[J]. Acm Transactions on Information Systems, 2003, 21(4): 315-346.

[144]Turney P D, Pantel P. From frequency to meaning: vector space models of semantics[J]. Journal of Artificial Intelligence Research, 2010, 37(1): 141-188.

[145] Turney P D. Learning to Extract Keyphrases from Text. NRC Technical Report ERB-1057, National Research Council, Canada. 1999: 1-43.

[146] Turney P. Thumbs up or thumbs down? Semantic orientation applied to unsupervised classification of reviews. In Proceedings of the Association for Computational Linguistics (ACL), 2005: 417-424.

[147]Vakkari P. Growth of theories on information seeking: An analysis of growth

of a theoretical research program on the relation between task complexity and information seeking[J]. Information Processing & Management, 1998, 34 (2-3): 361-382.

[148]Vilares D, Alonso M A, Gómezrodríguez C. A syntactic approach for opinion mining on Spanish reviews [J]. Natural Language Engineering, 2014, 21(1): 1-25.

[149]Vural A G, Cambazoglu B B, Senkul P. Sentiment-focused web crawling [C]//ACM International Conference on Information and Knowledge Management. ACM, 2012: 2020-2024.

[150]Wache H, Scholz T, Stieghahn H, et al. An Integration Method for the Specification of Rule-Oriented Mediators[C]//International Symposium on Database Applications in Non-Traditional Environments. IEEE Computer Society, 1999: 109-112.

[151]Wache H, Visser U, Stuckenschmidt H, et al. Ontology-Based Integration of Information-A Survey of Existing Approaches[J]. Ijcai'01 Workshop on Ontologies & Information Sharing, 2002: 108-117.

[152]Wang H, Lu Y, Zhai C. Latent aspect rating analysis on review text data: a rating regression approach[C]//ACM SIGKDD International Conference on Knowledge Discovery and Data Mining, Washington, Dc, Usa, July. 2010: 783-792.

[153]Weick B K E. The collapse of sensemaking in organizations—The Man Gulch Disaster[C]//2013: págs. 628-652.

[154]Werner Kuhn. Ontologies in support of activities in geographical space[J]. International Journal of Geographical Information Science, 2001, volume 15 (7): 613-631(19).

[155]White F E. Data Fusion Lexicon[J]. Data Fusion Lexicon, 1991.

[156]William L. Benoit. Sears' repair of its auto service image: Image restoration

discourse in the corporate sector[J]. Communication Studies, 1995, 46 (1): 89-105.

[157] Wilson T D. A re-examination of information seeking behaviour in the context of activity theory[J]. Information Research, 2015, 11(4).

[158] Wilson T. Exploring models of information behaviour: the "uncertainty" project [J]. Information Processing & Management, 1999, 35 (6): 839-849.

[159] Wittgenstein L, Schulte J. Philosophical Investigations[M]//Philosophical investigations. B. Blackwell, 2004: 711-719.

[160] Wu S, Crestani F. A geometric framework for data fusion in information retrieval[J]. Information Systems, 2015, 50(2): 20-35.

[161] Wu Y, Zhang Q, Huang X, et al. Phrase dependency parsing for opinion mining[C]//Conference on Empirical Methods in Natural Language Processing, Volume. Association for Computational Linguistics, 2009: 1533-1541.

[162] Xia R, Zong C, Hu X, et al. Feature ensemble plus sample selection: domain adaptation for sentiment classification[C]//International Conference on Artificial Intelligence. AAAI Press, 2015.

[163] Xu T, Peng Q, Cheng Y. Identifying the semantic orientation of terms using S-HAL for sentiment analysis[J]. Knowledge-Based Systems, 2012, 35 (15): 279-289.

[164] Yi-Chen. Web-Using Behavior in Context of the Home Use Environment: Toward a Multidimensional Framework [J]. Journal of Library&information Science, 2008, 34(2).

[165] Yu H. and Hatzivassiloglou V. Towards answering opinion questions: Separating facts from opinions and identifying the polarity of opinion sentences[C]. Proceedings of the Conference on Empirical Methods in

Natural Language Processing (EMNLP), 2003.

[166] Zarsky B T. Mine your own business！: making the case for the implications of the data mining or personal information in the forum of public opinion [C]//Yale Journal of Law & Technology. 2012.

[167] Zeleny M. Knowledge-information autopoietic cycle: Towards the wisdom systems [J]. International Journal of Management & Decision Making, 2006, 7(7): 3-18.

[168] Zeleny M. Management Support Systems: Towards Integrated Knowledge Management[J]. Human Systems Management, 1987, 7(1): 59-70.

[169] Zhang C, Zeng D, Li J, et al. Sentiment analysis of Chinese documents: From sentence to document level[J]. Journal of the American Society for Information Science & Technology, 2009, 60(12): 2474-2487.

[170] Zhang J, Hong Y. Opinion evolution analysis for short-range and long-range Deffuant-Weisbuch models [J]. Physica A Statistical Mechanics & Its Applications, 2013, 392(21): 5289-5297.

[171] Zhao Y, Qin B, Liu T. Creating a Fine-Grained Corpus for Chinese Sentiment Analysis[J]. Intelligent Systems IEEE, 2015, 30(1): 36-43.

[172] Zhou L, Chaovalit P. Ontology-supported polarity mining[J]. Journal of the American Society for Information Science & Technology, 2008, 59(59): 98-110.

[173] Zhou Z Q, Qi G L, Glimm B. Exploring parallel tractability of ontology materialization [C] //European Conference on Artificial Intelligence, Hague, Netherlands, August 29-September 2. 2016: 73-81.

[174] Zhu J, Ahmed A, & Xing E P. Medlda: Maximum margin supervised topic models[J]. The Journal of Machine Learning Research, 2012, 13(1): 2237-2278.

[175] 艾新革. 政府舆情信息需求理论初探[J]. 图书馆论坛, 2011, 31(2):

9-13.

[176]布卢姆. 教育目标分类学[M]. 上海：华东师范大学出版社，1986：60-73.

[177]蔡健平，林世平. 基于语义理解的意见挖掘[C]. 中国计算技术与语言问题研究——第七届中文信息处理国际会议论文集[C]. 2007：5.

[178]曹树金，陈忆金. 网络舆情信息分析与利用的功能与模型研究[J]. 信息资源管理学报，2011，01(3)：11-19.

[179]曹树金，马翠嫦. 信息聚合概念的构成与聚合模式研究[J]. 中国图书馆学报，2016(3)：4-19.

[180]曹随，陆奇. 政府机关形象设计与形象管理[M]. 北京：经济管理出版社，2002.

[181]曾建勋. 基于引文的知识链接系统构建[J]. 情报理论与实践，2012，35(2)：58-63.

[182]曾润喜，陈强，赵峰. 网络舆情在服务型政府建设中的影响与作用[J]. 图书情报工作，2010，54(13)：115-119.

[183]曾焱. 公关目标下的政府形象评价体系——以公共危机为实证研究[D]. 浙江大学，2006.

[184]陈福集，陈婷. 基于SEIRS传播模型的网络舆情衍生效应研究[J]. 情报杂志，2014(2)：108-113.

[185]陈福集，胡改丽. 网络舆情热点话题传播模式研究[J]. 情报杂志，2014(1)：97-101.

[186]陈福集，黄江玲. 基于演化博弈的网络舆情传播的羊群效应研究[J]. 情报杂志，2013(10)：1-5.

[187]陈福集，黄江玲. 三方博弈视角下政府应对网络推手的对策研究[J]. 中国行政管理，2013(11)：18-21.

[188]陈福集，介静涛. 网络舆情管理中政府隐性知识共享因素分析[J]. 情报杂志，2014(5)：148-152.

[189]陈桂鸿，曹树金，陈忆金．网络舆情信息提取与预处理研究[J]．图书情报知识，2011(6)：50-54.

[190]陈桂鸿，网络舆情主题标引与意见挖掘研究．广州：中山大学硕士学位论文，2010：63-70.

[191]陈洪澜．论知识分类的十大方式[J]．科学学研究，2007，25(1)：26-31.

[192]陈磊．文本表示模型和特征选择算法研究[D]．中国科学技术大学，2017.

[193]陈潭，黄金．群体性事件的网络舆情及其传播逻辑[J]．理论探讨，2011(4)：140-142.

[194]陈伟．用户参与的社会性标签信息组织探讨[J]．图书馆学研究，2012(6)：79-82.

[195]陈险峰．微博舆情分析系统的设计与实现[D]．华南理工大学，2015.

[196]陈晓美．网络评论观点知识发现研究[D]．吉林大学，2014：194-210.

[197]陈烨，赵一鸣，姜又琦．基于关联数据的知识组织研究述评[J]．情报理论与实践，2016，39(2)：139-144.

[198]陈忆金，曹树金，陈桂鸿．网络舆情意见挖掘：用户评论情感倾向分析研究[J]．图书情报知识，2013(6)：90-96.

[199]陈忆金，曹树金，陈桂鸿．网络舆情意见挖掘：用户评论情感倾向分析研究[J]．图书情报知识，2013(6)：90-96.

[200]陈忆金，曹树金，陈少驰，等．网络舆情信息监测研究进展[J]．图书情报知识，2011(6)：41-49.

[201]陈忆金，黄彦齐．网络舆情动态分析研究[J]．情报资料工作，2016(6).

[202]陈友，程学旗，杨森．面向网络论坛的突发话题抽取[C]//全国信息检索学术会议，2009.

[203]程慧．网络舆情的形成机制研究[D]．江西师范大学，2011：64-70.

[204]戴建华，杭家蓓．基于模糊规则的元胞自动机网络舆论传播模型研

究[J]. 情报杂志, 2012, 31(7): 16-20.

[205]邓胜利. 信息聚合服务的发展与演变研究[J]. 情报资料工作, 2012
(1): 79-83.

[206]邓瑛. 基于语料库的英国媒体关于中国制造报道的话语分析[D]. 上海
交通大学, 2011: 55-63.

[207]邓志鸿, 唐世渭, 张铭, 杨冬青, 陈捷. Ontology 研究综述[J]. 北京
大学学报(自然科学版), 2002(5): 730-738.

[208]第 44 次 CNNIC 中国互联网发展报告[EB/OL]. http: //www. cnnic.
net. cn/[2020-01-20].

[209]董坚峰. 面向公共危机预警的网络舆情分析研究[D]. 武汉大学,
2013: 39-46.

[210]董婧灵, 李芳, 何婷婷, 等. 基于 LDA 模型的文本聚类研究[C]//中
国计算语言学研究前沿进展. 2011.

[211]董婧灵. 基于 LDA 模型的文本聚类研究[D]. 华中师范大学, 2012.

[212]杜晖. 基于耦合关系的学术信息资源深度聚合研究[D]. 武汉大学,
2013: 3-18.

[213]杜振雷. 面向微博短文本的情感分析研究. 北京信息科技大学硕士学
位论文, 2013: 49-57.

[214]方付建. 突发事件网络舆情演变研究[D]. 华中科技大学, 2011:
130-142.

[215]方薇, 何留进, 宋良图. 因特网舆情传播的协同元胞自动机模型[J].
计算机应用, 2012, 32(2): 399-402.

[216]冯希莹, 王来华. 舆情概念辨析[J]. 社会工作, 2011(5): 83-87.

[217]付静, 直面网络管理问题 提高互联网管理水平, [EB/OL]. http: //
yuqing. people. com. cn/n/2015/1029/c210107-27754467. html [2016-04-
10].

[218]傅柱, 王曰芬, 徐绪堪, 关鹏, 丁绪辉. 基于知识元的中文专利文献
知识描述框架[J]. 情报理论与实践, 2019, 42(04): 145-150.

[219]高继平，丁堃，潘云涛，等．知识元研究述评[J]．情报理论与实践，2015，38（7）：134-138．

[220]高青苗．网络舆情的生成演变与应对的现实困境研究[D]．重庆大学，2013：99-108．

[221]高天宏．互联网舆情分析中信息采集技术的研究与设计[D]．北京邮电大学，2015：80-86．

[222]郭金玉，张忠彬，孙庆云．层次分析法的研究与应用[J]．中国安全科学学报，2008，18(5)：148-153．

[223]郭睦庚．知识的分类及其管理[J]．管理科学，2001，14(2)：11-14．

[224]郭岩，刘春阳，余智华，等．网络舆情信息源影响力的评估研究[J]．中文信息学报，2011，25(3)：64-71．

[225]郭艳敏．基于知识元的非常规突发事件情景模型及生成[D]．大连理工大学，2012．

[226]国务院授权网信办负责互联网信息管理工作[EB/OL]．http：//www.gov.cn/xinwen/2014-08/28/content_2741612.htm，[2016-10-20]．

[227]韩运荣，喻国明．关于舆论领袖的"素描"[J]．新闻知识，2005(6)：9-12．

[228]韩长青，从雅斯贝尔斯看舆情研究[EB/OL]．http：//toutiao.com/i6264306393113690626/[2016-05-28]．

[229]胡百精．新媒体、公关"元话语"与道德遗产[J]．国际新闻界，2010(8)：15-20．

[230]胡百精，李由君．互联网与信任重构[J]．当代传播，2015(4)：19-25．

[231]胡昌平，胡吉明，邓胜利．基于社会化群体作用的信息聚合服务[J]．中国图书馆学报，2010，36(3)：51-56．

[232]胡宁生．中国政府形象战略[M]．中共中央党校出版社，1998．

[233]黄军．社交网络热点话题公众情感极性实时计算研究．杭州电子科技大学，2015：54．

[234]黄晓斌，赵超．文本挖掘在网络舆情信息分析中的应用[J]．情报科

学，2009，27（1）：94-99.

［235］活动理论［EB/OL］. www. baike. baidu. com［2016-01-21］.

［236］机器学习常见算法分类汇总［EB/OL］.［2016-05-18］. http：//www. ctocio. com/ hotnews/15919. html .

［237］江颖红. 微博事件的卷入度研究——以上海地区用户分层为例［D］. 上海师范大学，2013：12-13.

［238］姜胜洪. 网络舆情的内涵及主要特点［J］. 理论界，2010（3）：151-152.

［239］姜鑫，田志伟. 微博社区内信息传播的"小世界"现象及实证研究——以腾讯微博为例［J］. 情报科学，2012（8）：1139-1142.

［240］蒋凡，高俊波，张敏，等. BBS 中主题发现原型系统的设计与实现［J］. 计算机工程与应用，2005，41（31）：151-153.

［241］金燕. 基于本体的 Web 信息抽取研究综述［J］. 图书馆学研究，2012（16）：2-6.

［242］聚合. 百度百科［EB/OL］. http：//baike. baidu. com/［2016-1-10］.

［243］卡尔·波普尔. 客观的知识［M］. 杭州：中国美术学院出版社，2003：109，111-112.

［244］郎淳刚，刘树林. 国外自然决策理论研究述评［J］. 技术经济与管理研究，2009，4：63-66.

［245］李昌祖. 论社会舆情的汇集与干预机制［J］. 社会科学，2007（9）：75-82.

［246］李恒训，张华平，秦鹏，等. 基于主题词的网络热点话题发现［C］//全国信息检索学术会议. 2009.

［247］李建伟. 基于知识元的突发事件情景研究［D］. 大连理工大学，2012.

［248］李劲，程秀峰，宋红文，等. 基于语义的馆藏资源深度聚合模型探析［J］. 湖北民族学院学报：自然科学版，2013，31（2）：212-215.

［249］李景鹏. 政府的公信力是在公众的质疑中逐渐实现的［J］. 国家行政学院学报，2011（6）：14-16.

［250］李雷，张亚茹. 浅析知识组织工具的发展趋势［J］. 河南图书馆学刊，

2012（2）：52-54.

[251]梁战平．情报学若干问题辨析[J]．情报理论与实践，2003，26（3）：193-198.

[252]廖为建．论政府形象的构成与传播[J]．中国行政管理，2001（3）：36-37.

[253]廖卫民．突发公共事件中网络舆论传播特征[J]．新闻前哨，2010（11）：19-22.

[254]林晶靓．基于领域本体的图情博客语义搜索系统研究[D]．南京农业大学，2010.

[255]刘继，李磊．基于微博用户转发行为的舆情信息传播模式分析[J]．情报杂志，2013（7）：74-77.

[256]刘江华．一种基于kmeans聚类算法和LDA主题模型的文本检索方法及有效性验证[J]．情报科学，2017，35（02）：16-21+26.

[257]刘锦锦．基于BitTorrent的流媒体系统关键技术研究与实现[D]．浙江大学，2011：101-113.

[258]刘勘，朱怀萍，刘秀芹．基于支持向量机的网络伪舆情识别研究[J]．现代图书情报技术，2013（11）：75-80.

[259]刘明岩．面向语义关系发现的文本挖掘研究[D]．南京：南京理工大学，2010：22-39.

[260]刘茜．XTM主题图与知识组织体系互操作[D]．四川大学，2003.

[261]刘心报．决策分析与决策支持系统[M]．北京：清华大学出版社，2009.

[262]刘毅．略论网络舆情的概念、特点、表达与传播[J]．理论界，2007，2007（1）：11-12.

[263]刘毅．网络舆情信息理论体系的构建研究[D]．天津外国语学院，2007：33-40.

[264]柳军，蔡淑琴．微内容的网络舆情传播特征分析[J]．情报杂志，2013（1）：1-4.

[265]龙宇. 互联网舆情信息采集系统的设计与实现[D]. 电子科技大学，2013：3-19.

[266]娄德成，姚天昉. 汉语句子语义极性分析和观点抽取方法的研究[J]. 计算机应用，2006(11)：2622-2625.

[267]陆汝钤，金芝. 从基于知识的软件工程到基于知件的软件工程[J]. 中国科学：E辑，2008，38（6）：843-863.

[268]罗伯特希斯. 危机管理[M]. 北京：中信出版社，2004：207.

[269]马翠嫦. 多学科领域视角下网络资源聚合单元概念框架构建研究[C]//全国情报学博士生学术论坛. 2014.

[270]马费成. IRM-KM范式与情报学发展研究[M]. 武汉：武汉大学出版社，2008：134.

[271]马费成. 论情报学的基本原理及理论体系构建[J]. 情报学报，2007，26(1)：3-13.

[272]马费成等. 信息管理学基础[M]. 武汉：武汉大学出版社，2002：7.

[273]孟广均，徐引篪. 国外图书馆学情报学研究进展[M]. 北京：北京图书馆出版社，1999：161-167.

[274]牛津现代英汉双解词典[M]. 北京：外语教学与研究出版社，2003：38.

[275]潘明慧. 基于词典的中文微博情绪分析. 南京航空航天大学硕士学位论文，2014：38-49.

[276]漆桂林，高桓，吴天星. 知识图谱研究进展[J]. 情报工程，2017，3(1)：4-25.

[277]邱均平，王菲菲，基于共现与耦合的馆藏文献资源深度聚合研究探析[J]. 中国图书馆学报[M]. 2010(3)：25-33.

[278]人民网. 2015年第一季度网络舆论共识度研究报告[EB/OL]. http://yuqing. people. com. cn/n/2015/0420/c364391-26874520. html. [2016-01-29].

[279]阮光册. 基于LDA的网络评论主题发现研究[J]. 情报杂志，2014(3)：161-164.

[280] 师容，李兆友. 论政府决策知识的配置[J]. 广东行政学院学报，2015，27(3)：16-20.

[281] 施寒潇. 细粒度情感分析研究[D]. 苏州大学，2013：4-21.

[282] 石晶. 中文文本的主题分析技术研究[D]. 中国科学院软件研究所，2007：4-20.

[283] 数据[EB/OL]. [2016-1-18]. http：//www. baike. baidu. com.

[284] 司徒俊峰，特定学科领域的网络资源语义聚合研究[D]. 中山大学博士学位论文，2016.

[285] 苏柏佳，赵彦. 政府形象评估维度的解构和重建[J]. 台声·新视角，2005(2)：32-33.

[286] 孙健. 网络舆论对政府公共决策的影响及优化路向——以突发性公共事件为基本视角[J]. 西北师范大学学报(社会科学版)，2014(4)：16-21.

[287] 孙玲芳，周加波，徐会，等. 基于改进 K-means 的网络舆情热点事件发现技术[J]. 计算机与现代化，2014(4)：143-147.

[288] 孙玲芳，周加波，徐会，等. 网络舆情危机的概念辨析及指标设定[J]. 现代情报，2014，34(11)：25-28.

[289] 唐涛. 基于情报学方法的网络舆情监测研究[J]. 情报科学，2014(1)：35-42.

[290] 唐晓波，房小可. 基于文本聚类与 LDA 相融合的微博主题检索模型研究[J]. 情报理论与实践，2013，36(8)：85-90.

[291] 汤艳莉，赖茂生. Ontology 在自然语言检索中的应用研究[J]. 现代图书情报技术，2005(2)：33-36，52.

[292] 滕广青，毕强. 知识组织体系的演进路径及相关研究的发展趋势探析[J]. 中国图书馆学报，2010 (5)：45-53.

[293] 王程韡. "大数据"是"大趋势"吗：基于关键词共现方法的反事实分析[J]. 科学学与科学技术管理，2015，36 (01)：3-11.

[294] 王崇德，李美. 论超文本信息系统[J]. 中国图书馆学报，1996 (4)：

30-35.

[295] 王飞跃. 社会计算的基本方法与应用[M]. 杭州：浙江大学出版社，2013：132-15-40.

[296] 王国华. 解码网络舆情[M]. 武汉：华中科技大学出版社，2011.

[297] 王继民等. Web 搜索引擎日志挖掘研究框架[J]. 数字图书馆论坛，2011(8)：25-31.

[298] 王佳. 支持 Ajax 技术的主题网络爬虫系统研究与实现[D]. 北京交通大学，2011：90-92.

[299] 王洁. 基于确定话题的网络舆情分析系统的设计与构建[D]. 南京邮电大学，2013：46-49.

[300] 王娟. 突发事件中网络舆论的治理[J]. 长春理工大学学报(高教版)，2007(4)：71-75.

[301] 王来华，林竹，毕宏音. 对舆情、民意和舆论三概念异同的初步辨析[J]. 新视野，2004(5)：64-66.

[302] 王兰成，徐震. 基于情感本体的主题网络舆情倾向性分析[J]. 信息与控制，2013，42(1)：46-52.

[303] 王兰成，娄国哲. 基于知识图谱的网络舆情管理方法与实践研究[J/OL]. 情报理论与实践：1-7[2020-02-10]. http：//kns. cnki. net/kcms/detail/11. 1762. G3. 20191223. 0858. 002. html.

[304] 王绍光. 中国公共政策议程设置的模式[J]. 中国社会科学，2006(5)：42-56.

[305] 王涛. 基于关联数据的馆藏信息资源聚合研究[J]. 图书馆学刊，2012(8)：44-46.

[306] 王伟，赵东岩. 中文新闻事件本体建模与自动扩充[J]. 计算机工程与科学，2012，34(4)：171-176.

[307] 王文远. 面向情感倾向分析的微博表情情感词典构建及应用. 东北大学硕士论文，2012：29-33.

[308] 王小华，徐宁，谌志群. 基于共词分析的文本主题词聚类与主题发

现[J]. 情报科学，2011(11)：1621-1624.

[309]王向前，张宝隆，李慧宗. 本体研究综述[J]. 情报杂志，2016，35
(6)：163-170.

[310]王雨. 基于社会网络分析的数字图书馆资源聚合研究[D]. 吉林大
学，2014.

[311]王泽贤. 基于 CNMARC 的 FRBR 化 OPAC 系统开发初探[J]. 现代图书
情报技术，2008(7)：81-85.

[312]王知津，韩正彪，周鹏. 活动理论视角下的情报学研究及转向模
型[J]. 图书情报知识，2012(1)：4-14.

[313]韦景竹. 马赛克理论及其发展[J]. 保密工作，2013(3)：41-42.

[314]魏超. 新媒体技术发展对网络舆情信息工作的影响研究[J]. 图书情报
工作，2014，58(1)：30-34.

[315]温有奎，焦玉英. 基于知识元的知识发现[M]. 西安：西安电子科技
大学出版社，2011.

[316]温有奎，温浩，徐端颐，等. 基于知识元的文本知识标引[J]. 情报学
报，2006 (3)：282-288.

[317]文庭孝，侯经川，龚蛟腾，刘晓英，汪全莉. 中文文本知识元的构建
及其现实意义[J]. 中国图书馆学报，2007(6)：91-95.

[318]吴娟. 地方政府应对网络舆情的联动应急机制研究[D]. 华中师范大
学，2013：47-49.

[319]吴文岫. 短文本分类语料库的构建及分类方法的研究[D]. 安徽大学，
2015：33-46.

[320]西蒙. 管理行为(珍藏版)[M]. 机械工业出版社，2013：107-120.

[321]习近平：网络宣传要创新改进[EB/OL]. [2016-10-20]. http：//
epaper. jinghua. cn/ html/2014-02/28/content_67865. htm.

[322]习近平：抓紧制定互联网立法规划[EB/OL]. [2016-10-20]. http：//
epaper. ynet. com/ html/2014-02/28/content_43340. htm？ div=-1.

[323]肖军勇. 政府形象评价指标体系的理论与实践[D]. 中南大学，2007.

[324]谢海光，陈中润. 互联网内容及舆情深度分析模式[J]. 中国青年政治学院学报，2006，25(3)：95-100.

[325]谢海光，陈中润. 互联网内容及舆情深度分析模式[J]. 中国青年政治学院学报，2006(3)：95-100.

[326]谢金林. 网络舆论生态系统内在机理及其治理研究——以网络政治舆论为分析视角[J]. 上海行政学院学报，2013，14(4)：90-101.

[327]谢科范，赵湜，陈刚，等. 网络舆情突发事件的生命周期原理及集群决策研究[J]. 武汉理工大学学报(社会科学版)，2010，23(4)：482-486.

[328]谢耘耕，陈玮，刘锐，等. 大数据背景下的舆情决策支持系统研究综述[J]. 新媒体与社会，2014(4)：5-12.

[329]辛立艳. 面向政府危机决策的信息管理机制研究[D]. 吉林大学，2014：130-142.

[330]信息分析，http：//baike. baidu. com/view/1355865. htm[2011-07-21].

[331]信息分析[EB/OL]. http：//wiki. mbalib. com/wiki/信息分析[2016-01-21].

[332]信息加工[EB/OL]. http：//wiki. mbalib. com/wiki/信息加工[2016-01-21].

[333]信息加工过程，http：//baike. baidu. com/view/2165950. htm[2011-07-21].

[334]邢梦婷，王曰芬. 国内外社会舆情研究的回顾与展望[J]. 情报理论与实践，2015，38(11)：139-144.

[335]熊美淋. 面向危机决策的政府知识供给模式及其保障机制研究[D]. 中南大学，2013：67-80.

[336]徐国东，邹艳. 产学研共建实体下的知识共享障碍因素研究[J]. 情报理论与实践，2008，31(6).

[337]徐荣生. 知识单元初论[J]. 图书馆杂志，2001(7)：2-5.

[338]许鑫，章成志，李雯静．国内网络舆情研究的回顾与展望[J]．情报理论与实践，2009，32(3)：115-120.

[339]薛玮．网络舆情信息挖掘系统的研究[D]．北京交通大学，2008：102-113.

[340]严怡民等．现代情报学理论[M]．武汉：武汉大学出版社，1996：89-90.

[341]杨超，冯时，王大玲，等．基于情感词典扩展技术的网络舆情倾向性分析[J]．小型微型计算机系统，2010，31(4)：691-695.

[342]杨梅．网络舆情热点发现的研究[D]．北京交通大学，2008：63-71.

[343]杨永红．基于数据挖掘技术的网络舆情研究[D]．重庆大学，2010：55-59.

[344]杨永军，张彩霞．社会舆情的传播效应探析[J]．现代传播：中国传媒大学学报，2012，34(1)：137-138.

[345]叶鹰．试论情报学的三大重点研究领域[J]．图书情报知识，2003(6)：2-5.

[346]佚名．以知识为基础的经济——经济合作与发展组织1996年年度报告[J]．中国工商管理研究，1998(7)：59-63.

[347]易臣何．突发事件网络舆情的演化规律与政府监控[D]．湘潭大学，2014：71-82.

[348]喻国明谈"社会舆情"[EB/OL]．[2015-11-12]．2015. http://study.ccln. gov. cn/fenke/xinwenchuanboxue/xwyqts/212717. shtml.

[349]扎勒．公共舆论[M]．北京：中国人民大学出版社，2013：7.

[350]张芳源．基于网络舆情的政府决策信息平台功能设计[D]．安徽大学，2013：56-70.

[351]张合斌．高校百度贴吧舆情研究[J]．新闻爱好者月刊，2009(9)：122-123.

[352]张克生．舆情机制是国家决策的根本机制[J]．理论与现代化，2004

（4）：71-73.

[353]张鹏翼，周妍，袁兴福．公众议题知识库的多层本体设计［J］．图书情报工作，2013，57（13）：132-139.

[354]张鑫．政府公共危机沟通与网络舆情治理研究［D］．苏州：苏州大学，2013：36-41.

[355]张元龙．关于"舆情"及相关概念的界定与辨析［J］．浙江学刊，2009（3）：182-184.

[356]赵爱华．面向网络新闻的话题检测技术研究［D］．山东师范大学，2013：45.

[357]赵恒煜．政务微博对政府形象的塑造与消解研究［D］．华南理工大学，2014.

[358]赵红州，蒋国华．知识单元与指数规律［J］．科学学与科学技术管理，1984（9）：39-41.

[359]赵琦，刘建华，冯浩然．从 ACE 会议看信息抽取技术的发展趋势［J］．现代图书情报技术，2008（03）：18-23.

[360]赵蓉英，张心源．基于知识元抽取的中文智库成果描述规则研究［J］．图书与情报，2017（1）：119-127.

[361]赵婷婷．网络舆论对我国公共决策的影响研究［D］．首都经济贸易大学，2010：13-20.

[362]张晓林，李宇．描述知识组织体系的元数据［J］．图书情报工作，2002（2）：64-69.

[363]赵一鸣．知识图谱是一种知识组织系统吗？［J］．图书情报知识，2017（5）：2.

[364]中共中央办公厅、国务院办公厅印发《关于全面推进政务公开工作的意见》［EB/OL］．［2016-10-20］．http：//www.gov.cn/xinwen/2016-02/17/content_5042791.htm.

[365]中共中央宣传部．网络舆情信息工作理论与实务［M］．北京：学习出

版社，2009：102-113.

[366]中国信息社会发展报告 2016［EB/OL］.［2016-10-21］. http：//www. sic. gov. cn/archiver/SIC/UpFile/Files/Htmleditor/201605/201605181600 03970. pdf.

[367]中华人民共和国中央人民政府．国务院办公厅印发《关于全面推进政务公开工作的意见》实施细则的通知［M/OL］.［2016-10-11］. http：// www. gov. cn/zhengce/content/2016-11/15/content_5132852. htm.

[368]钟义信．信息科学原理(第三版)［M］．北京：北京邮电大学出版社，2002：189.

[369]周杰．网络舆情话题情感倾向性分析技术研究［D］．解放军信息工程大学，2010：3-19.

[370]朱恒民，李青．面向话题衍生性的微博网络舆情传播模型研究［J］．现代图书情报技术，2012(5)：60-64.

[371]祝华新等，2015 年网络舆情分析报告［EB/OL］.［2016-5-30］. http：//yuqing. people. com. cn/ n1/2015/1224/c401685-27972434. html.

[372]庄彩云，陈福集．基于霍尔三维结构的政府网络舆情知识需求分析［J］．图书馆学研究，2015(6)：21-30.

附录一 政府网络舆情管理制度建设情况(部分)

2006—2019 年政府网络舆情管理制度建设情况一览表

类型	文件名称	制定单位	发布时间
领导讲话	中共中央政治局 23 日举行第 38 次集体学习,胡锦涛强调掌控网络舆论主导权	新华社	2006 年 12 月 24 日
领导讲话	习近平:以"闻过则喜"的态度全力支持舆论监督	人民日报	2007 年 5 月 18 日
领导讲话	胡锦涛在人民日报社考察工作时指出:"互联网已成为思想文化信息的集散地和社会舆论的放大器,我们要充分认识以互联网为代表的新兴媒体的社会影响力""通过互联网来了解民情、汇聚民智,是一个重要的渠道"。	人民网《网络舆情》杂志	2008 年 6 月 20 日
领导讲话	致广东网民朋友的一封信	羊城晚报	2009 年 1 月 19 日
政府文件	绥化市人民政府办公室关于印发市政府网络舆情信息收集受理反馈工作规定的通知	绥化市人民政府办公室	2009 年 10 月 19 日

续表

类型	文件名称	制定单位	发布时间
政府文件	山东省人民政府办公厅关于做好政府新闻发布和舆情应对工作的通知	山东省人民政府办公厅	2010 年 4 月 9 日
政府文件	关于提高地方政府应对网络舆情能力的建议	张家港市人民政府新闻办	2011 年 5 月 10 日
政府文件	舟山市人民政府办公室关于建立政府系统网上舆情回复反馈工作机制的通知	舟山市人民政府办公室	2011 年 7 月 28 日
政府文件	莆田市司法局网络舆情管理与处置实施办法	莆田市司法局	2011 年 8 月 10 日
政府文件	关于进一步做好网络舆情引导管理工作的通知	绍兴市越城区人民政府办公室	2011 年 8 月 22 日
政府文件	关于印发《突发重大网络舆情应急处置预案》的通知	巴中市文化局	2012 年 3 月 5 日
政府文件	乐都县网络舆情管理及应急处置工作实施意见	海东市乐都区人民政府	2012 年 6 月 29 日
政府文件	市国土资源局关于建立网络舆情导控应急反应机制的意见	襄阳市人民政府办公室	2012 年 7 月 25 日
政府文件	全国人民代表大会常务委员会关于加强网络信息保护的决定	全国人民代表大会常务委员会	2012 年 12 月 28 日
政府文件	关于加强和改进教育宣传和舆情应对工作的意见	甘肃省教育厅	2013 年 2 月 22 日
政府文件	关于开通"清风临颍"政务微博加强纪检监察网络舆情和网评工作的通知	临颍县党风廉政网	2013 年 3 月 19 日
政府文件	海北州人民政府办公室关于印发州政府网络舆情信息收集受理办理反馈工作规程通知	海北州人民政府办公室	2013 年 5 月 29 日

类型	文件名称	制定单位	发布时间
政府文件	关于加强网络舆情事件处置应对工作的通知	达拉特旗人民政府	2013 年 7 月 31 日
领导讲话	在全国宣传思想工作会议上习近平发表重要讲话,并指出,"要把网上舆论工作作为宣传思想工作之重中之重来抓"	全国宣传思想工作会议	2013 年 8 月 19 日
领导讲话	把网上舆论工作作为宣传思想工作的重点	人民日报	2013 年 9 月 17 日
领导讲话	把网上舆论工作作为宣传思想工作的重中之重	中国共产党新闻	2013 年 10 月 31 日
政府文件	《中共中央关于全面深化改革若干重大问题的决定》第十一条"关于文化体制机制创新"中指出,要"健全基础管理、内容管理、行业管理以及网络违法犯罪防范和打击等工作联动机制,健全网络突发事件处置机制,形成正面引导和依法管理相结合的网络舆论工作格局。"	新华网	2013 年 11 月 15 日
政府文件	关于加强网络舆情监控及处置工作的通知	焦作市城市管理局	2014 年 2 月 10 日
领导讲话	习近平谈关于加快完善互联网管理领导体制	新华网	2014 年 2 月 25 日
领导讲话	习近平主持召开中网络安全和信息化领导小组第一次会议	新华网	2014 年 2 月 27 日
领导讲话	习近平:创新改进网上宣传把握网上舆论引导的时度效	新华网	2014 年 2 月 28 日

续表

类型	文件名称	制定单位	发布时间
政府文件	安全生产网络舆情应对预案	国家安全生产监督管理总局通信信息中心	2014年4月30日
政府文件	关于加强党政机关网站安全管理的通知	中央网络安全和信息化领导小组办公室	2014年5月10日
政府文件	嘉峪关市人民政府办公室关于进一步加强网络舆情和网民留言办理工作的意见	嘉峪关市人民政府办公室	2014年5月12日
政府文件	贵港市人民政府办公室关于印发贵港市食品安全舆情监测与处置办法(试行)的通知	贵港市人民政府办公室	2014年6月9日
政府文件	即时通信工具公众信息服务发展管理暂行规定	中央网络安全和信息化领导小组办公室	2014年8月8日
政府文件	洪湖市局完善网络媒体舆情导控工作机制	湖北省国土资源厅	2014年8月28日
政府文件	吉安市人民政府办公室关于进一步加强政府系统网络舆情管理的通知	吉安市人民政府办公室	2014年9月10日
法律法规	刑法修正案(九)草案拟完善网络犯罪规定	全国人大常委会	2014年10月27日
政府文件	全国新闻网站采编人员将持证上岗	国家网信办	2014年10月29日
政府文件	安徽省人民政府办公厅关于建立政务舆情收集研判和回应机制的通知	安徽省人民政府办公厅	2014年11月3日
政府文件	国务院办公厅关于加强政府网站信息内容建设的意见	国务院办公厅	2014年11月17日

续表

类型	文件名称	制定单位	发布时间
政府文件	滁州市人民政府办公室关于建立政务舆情收集研判和回应机制的通知	滁州市人民政府办公室	2014 年 12 月 26 日
政府文件	宣城市人民政府办公室关于印发《网络政务舆情收集研判和回应工作实施办法》的通知	宣城市人民政府办公室	2015 年 1 月 4 日
领导讲话	国家网信办副主任：营造积极健康向上的网络舆论环境	新华网	2015 年 7 月 21 日
政府文件	国土资源部办公厅关于切实加强新闻宣传工作的通知	国土资源部办公厅	2015 年 9 月 18 日
领导讲话	习近平九论互联网	人民网	2015 年 10 月 12 日

附录二　组织机构网络舆情工作情况及需求调查问卷

组织机构网络舆情工作情况及需求调查问卷

尊敬的先生/女士：

您好！本问卷是为开展国家社科基金项目采集一手资料而设计，诚挚邀请您参与调查。您所提供的信息将严格保密，数据分析结果仅作为科研项目的重要参考。谢谢您的配合！

中山大学网络舆情分析课题组

1. 目前贵单位最可能存在的危机是(可多选)：

　　A. 诚信危机　　　　B. 形象危机　　　　C. 产品质量安全危机

　　D. 公共安全危机　　E. 财务危机　　　　F. 其他类型的危机

　　G. 没有

2. 目前贵单位已经遭遇过的危机是(可多选)：

　　A. 诚信危机　　　　B. 形象危机　　　　C. 产品质量安全危机

　　D. 公共安全危机　　E. 财务危机　　　　F. 其他类型的危机

　　G. 没有遭遇过

3. 以上危机有无在互联网上产生，或因网络传播而加速事态发展：

　　A. 没有　　　　　　B. 有　　　　　　　C. 不知道

4. 目前贵单位有指定专门负责网络舆情工作的部门或人员吗？

    A. 没有   B. 有   C. 不知道

5. 目前贵单位的负责人对开展网络舆情工作曾发出过明确指令吗？

    A. 没有   B. 有   C. 不知道

6. 您认为贵单位目前在网络舆情预警与应对方面的能力：

    A. 非常弱   B. 比较弱   C. 一般

    D. 较强   E. 非常强

7. 您认为贵单位开展网络舆情工作的必要性如何？

    A. 完全没必要   B. 没必要   C. 一般

    D. 有必要   E. 非常有必要

8. 您认为网络舆情工作对以下几个方面的帮助有多大（1 表示最小，5 表示最大）：

    1）整合舆情应对中的不同意见   1   2   3   4   5

    2）提高管理者危机预测与应对的能力 1   2   3   4   5

    3）影响管理决策的制定   1   2   3   4   5

    4）提高单位对舆情工作意义的认识   1   2   3   4   5

9. 现实中，贵单位负责人对网络舆情工作所持的态度是：

    A. 非常支持   B. 比较支持   C. 重视和参与程度不够

10. 您所从事的工作与网络舆情工作有无关系：

    A. 完全没关系   B. 部分涉及   C. 主要工作任务之一

11. 您对网络舆论的关注程度是：

    A. 完全不关注   B. 较少关注   C. 一般

    D. 比较关注   E. 非常关注

12. 目前贵单位采集网络舆情信息的方法是：

    A. 人工采集   B. 系统自动采集

    C. 人工与系统自动采集兼用

    D. 外包   E. 没有采集

13. 贵单位对从事网络舆情工作的人员进行过培训吗？

　　A. 没有培训　　　　　B. 以前没有，正准备

　　C. 有，不够充分　　　D. 非常充分　　　E. 不清楚

14. 贵单位员工对网络舆情工作的目的了解吗？

　　A. 完全不了解　　　　B. 不了解　　　　C. 一般

　　D. 了解　　　　　　　E. 非常了解　　　F. 我不清楚

15. 贵单位员工对网络舆情工作的内容了解吗？

　　A. 完全不了解　　　　B. 不了解　　　　C. 一般

　　D. 了解　　　　　　　E. 非常了解　　　F. 我不清楚

16. 贵单位员工对网络舆情工作的方法熟悉吗？

　　A. 完全不懂　　　　　B. 不熟悉　　　　C. 一般

　　D. 熟悉　　　　　　　E. 非常熟悉　　　F. 我不清楚

17. 贵单位鼓励开展网络舆情工作吗？

　　A. 完全不鼓励　　　　B. 不鼓励　　　　C. 一般

　　D. 鼓励　　　　　　　E. 非常鼓励

18. 您认为以下因素阻碍开展网络舆情工作的程度是(1 表示最小，5 表示最大)：

　　1)资金　　　　1　　2　　3　　4　　5

　　2)人员　　　　1　　2　　3　　4　　5

　　3)设备　　　　1　　2　　3　　4　　5

　　4)领导　　　　1　　2　　3　　4　　5

19. 您认为在由网络舆情引发的危机预警与应对中，以下能力的重要程度如何(1 表示最小，5 表示最大)：

　　1)及时响应　　　　1　　2　　3　　4　　5

　　2)信息透明　　　　1　　2　　3　　4　　5

　　3)组织公信力　　　1　　2　　3　　4　　5

　　4)动态反应　　　　1　　2　　3　　4　　5

5)人员问责　　　　　　　1　　2　　3　　4　　5

6)网络技巧　　　　　　　1　　2　　3　　4　　5

20. 请判断贵单位对网络舆情工作的具体需求(1 表示最小，5 表示最大)：

1)网络信息实时监测　　　　　　　　1　　2　　3　　4　　5

2)与本单位相关的热点话题及时发现　1　　2　　3　　4　　5

3)媒体报道和网络发文趋势统计　　　1　　2　　3　　4　　5

4)关键词分时段轨迹追踪　　　　　　1　　2　　3　　4　　5

5)媒体和网络文章观点聚合　　　　　1　　2　　3　　4　　5

6)网民情绪倾向分析　　　　　　　　1　　2　　3　　4　　5

7)事件影响力分析　　　　　　　　　1　　2　　3　　4　　5

8)机构-人物关系网络分析　　　　　　1　　2　　3　　4　　5

9)相似舆情应对案例　　　　　　　　1　　2　　3　　4　　5

10)可行应对情景模拟及效果评估报告　1　　2　　3　　4　　5

11)定期舆情简报　　　　　　　　　　1　　2　　3　　4　　5

12)异常预警报告　　　　　　　　　　1　　2　　3　　4　　5

13)舆情热点应对效果评估报告　　　　1　　2　　3　　4　　5

21. 您的性别：

　　A. 男　　　　　　　　B. 女

22. 您的年龄：

　　A. 25 岁以下　　　　　B. 26~35 岁　　　　C. 36~45 岁

　　D. 46~60 岁　　　　　E. 60 岁以上

23. 您的工作单位行政级别：

　　A. 科级以下　　　　　B. 科级　　　　　　C. 处级

　　D. 厅/局级　　　　　E. 省部级及以上　　F. 没定行政级别

24. 您的行政职务级别：

　　A. 科员　　　　　　　B. 科级　　　　　　C. 处级

D. 厅级及以上　　　　E. 没有级别

25. 您所在单位属于：

A. 政府机关　　　　B. 事业单位　　　C. 企业

D. 社会组织　　　　E. 其他

26. 根据您的了解，网络舆情工作现状的最突出特征是什么？近期和远期各需要解决的最突出的问题是什么？加强网络舆情工作的关键是什么？

~占用您宝贵的时间了，再次感谢您的热心参与！谢谢！~

附录三　访谈提纲

访谈提纲一(分析师)

(1)随着网络信息的迅速增加，您认为自己的具备网络舆情分析知识结构和能力水平能否适应网络舆情方面的严峻挑战？

(2)面临网络舆情应对决策时，作为网络舆情信息分析人员，您认为自己的主要动力、角色和任务分别是什么？需要使用哪些工具和方法？网络舆情分析活动会受到哪些人的影响？网络舆情分析方案需要考虑的约束条件有哪些？

(3)根据决策阶段的不同，需要为决策者提供不同的信息或知识以辅助其做出决策。网络舆情分析在舆情应对决策各阶段存在哪些知识鸿沟？需要如何解决？

(4)您认为，面向应对决策的网络舆情分析过程中，信息或知识的获取、分享和利用存在哪些主要障碍？

(5)您认为，在网络舆情分析过程中，与决策者进行沟通的重要性如何？沟通时最关键的目的是什么？

访谈提纲二(组织管理者/决策者)

(1)网络舆情工作在贵单位开展的情况如何？包括：完善的工作机制、人员与设备的配备、舆情系统的主要功能等。网络舆情工作最关键的是什么？

(2)根据您的了解，在网络舆情应对决策中，需要哪些知识和能力？您从哪里获取这些知识和能力？

(3)现有网络舆情分析报告能否满足您的决策需求，如果不能，您认为最欠缺的是什么？需要网络舆情分析人员给予哪些支持？例如舆情事件描述、风险评估需要包含哪些信息和知识？

(4)您认为，在网络舆情分析过程中，与分析人员进行沟通的重要性如何？沟通时最关键的目的是什么？

附录四　舆情事件案例概述

案例一　山东非法疫苗事件概述

山东疫苗案件是指 2016 年 3 月，山东警方破获案值 5.7 亿元非法疫苗案，疫苗未经严格冷链存储运输销往 24 个省市。疫苗含 25 种儿童、成人用<u>二类疫苗</u>。

此次涉及疫苗买卖线索的共有安徽、北京、福建、甘肃、广东，广西、贵州、河北、河南、黑龙江、湖北、吉林、江苏、江西、重庆、浙江、四川、陕西、山西、山东、湖南、辽宁、内蒙古、新疆等 24 个省份近 80 个县市。

2016 年 3 月 19 日晚，<u>山东省食品药品监督管理局</u>网站发布了<u>济南市食品药品监督管理局</u>在协助公安机关侦破庞某等非法经营疫苗案件中掌握的 107 条上线线索和 193 条下线线索。据<u>最高人民检察院</u>微博消息，检察机关已对涉嫌非法经营疫苗犯罪的 125 人批准逮捕，立案侦查职务犯罪 37 人。

2017 年 1 月 24 日，山东省济南市中级人民法院对被告人<u>庞红卫</u>、<u>孙琪</u>非法经营案开庭宣判，认定被告人庞红卫犯非法经营罪判处有期徒刑十五年，并处没收个人全部财产，与前罪刑罚并罚，决定执行有期徒刑十九年，并处没收个人全部财产；对被告人孙琪犯非法经营罪判处有期徒刑六年，并处没收个人财产人民币七百四十三万二千八百五十九元四角。扣押在案的疫苗等药品依法予以没收。

截至 2018 年 3 月 26 日，在中国裁判文书网查到 2016 年 1 月与"山东疫苗案"有关的刑事判决书91份；涉及山东、湖北、湖南、河南、广西、陕西等18个省份，共137人各因非法经营、滥用职权、毁灭伪造证据、贪污、故意泄露国家秘密等5项罪名获刑，其中涉及国家公职(工作)人员64人。

基于政安-互联网舆情监测评估系统，截至2016年7月24日13：00，共搜索到"长生生物疫苗事件"相关信息330余万条，其中网站新闻报道51849条，论坛36597条，微博信息3111097条，微信公众号信息50644篇，客户端信息39928篇，博客4604篇、政务网站2156篇，报刊信息2049篇，视频信息1694条，外媒数据218条。从媒体来源看，除双微意外，今日头条发布数量较高，其次是乐讯社区和百度贴吧。

（来源：百度百科，https：//baike.baidu.com/item/山东非法疫苗案/19467587？fr=aladdin）

案例二 广州城管被小贩砍舆情事件概述

2013年3月17日下午，广州天河区车陂街城管执法中队"六乱二组"队员苏家权和钟泳德驾驶执法车(粤A896KJ)巡查东圃大马路。14时08分，巡查到东圃大马路靠近前进街一侧时，他们发现有小贩在人行道上占道经营，当即下车进行劝离。停车场管理员苏小姐看到，一位城管队员从车上下来，表情十分严肃，对着小贩大声喊。小贩向东侧报刊亭退去，该城管队员也跟着往东走。据官方通报，执法队员一直进行着劝离工作，但小贩拒绝离开。14时11分许，一名兜售菠萝的小贩突然挥刀砍向苏家权。苏家权身中七刀，血流不止。而该小贩则丢下手推车逃窜。截至2013年3月20日13时，至少46万网友参与讨论和超过7.8万条网友评论。

（来源：人民网，http：//yuqing.people.com.cn/n/2013/0320/c212785-20854870.html）

后　记

本书内容是作者六年研究成果的汇总，系统呈现了图书情报学视角下分析网络舆情信息的方法和路径，对于信息聚合研究中已有的方向，提供了一个统一的语境，尽可能全面呈现挖掘网络舆情信息价值的可能性。此刻的华南师范大学，异木棉绚烂绽放，一如我的心潮澎湃。

感谢曹树金教授对本书撰稿全过程给予的悉心指导，老师严谨治学的学术态度时时鞭策我明辨笃行，在我感到迷茫和困难的时刻，总能赋予我坚定前行的勇气和动力。我诚惶诚恐，唯盼自己能孜孜为善以报师恩！

陈桂鸿、陈升密、张茜茜、刘淑贤、黄彦齐、陈欣欣、林丽桂、黄家文、朱志鹏等同学参与了书稿中部分章节内容的资料收集或实验设计，为本书成文做出了重要贡献，在此对他们的辛勤劳动和无私付出致以诚挚的谢意！

感谢华南师范大学经济与管理学院给予我空间和资助，尤其感谢彭璧玉教授、董志强教授、刘志铭教授、奉国和教授对本人研究方向的认可，感谢他们对创办华南师范大学网络情报大数据协同创新研究中心的鼎力支持。感谢彭连清老师、黎敏妮老师等消弭本书出版过程遇到难题时的耐心和责任心。在华南师范大学工作的每一天，我将终生难忘。

感谢我的家人、各位亲爱的长辈们这些年来对我探索学术之路的无限支持，对他们的爱以及他们对我的爱，助我跨过了学术成长路上的沟沟坎坎。感谢武汉大学出版社詹蜜女士为本书出版提供的高质量编辑工作，她的敬业精神值得作者和读者都为之称赞。

欢迎读者对书中内容作出批评指正，提出宝贵的专业意见，愿读者与我都能从中有所获益！感恩，感谢！

是为后记。

陈忆金

2020 年于华南师范大学玉兰路